外国人眼中的中国文化

——基于国际生论文与调查报告

王晓华　王晓慧　吴雅云　著

浙江工商大学出版社
ZHEJIANG GONGSHANG UNIVERSITY PRESS
·杭州·

图书在版编目(CIP)数据

外国人眼中的中国文化：基于国际生论文与调查报告 / 王晓华，王晓慧，吴雅云著. — 杭州：浙江工商大学出版社，2021.12(2022.10重印)

ISBN 978-7-5178-4735-9

Ⅰ. ①外… Ⅱ. ①王… ②王… ③吴… Ⅲ. ①中华文化—研究 Ⅳ. ①K203

中国版本图书馆 CIP 数据核字(2021)第 235305 号

外国人眼中的中国文化
——基于国际生论文与调查报告
WAIGUOREN YANZHONG DE ZHONGGUO WENHUA
——JIYU GUOJISHENG LUNWEN YU DIAOCHA BAOGAO

王晓华　王晓慧　吴雅云 著

责任编辑	唐　红	
责任校对	李远东	
封面设计	沈　婷	
责任印制	包建辉	
出版发行	浙江工商大学出版社	
	(杭州市教工路 198 号　邮政编码 310012)	
	(E-mail：zjgsupress@163.com)	
	(网址：http://www.zjgsupress.com)	
	电话：0571-88904980,88831806(传真)	
排　版	杭州朝曦图文设计有限公司	
印　刷	杭州宏雅印刷有限公司	
开　本	710mm×1000mm　1/16	
印　张	19	
字　数	226 千	
版 印 次	2021 年 12 月第 1 版　2022 年 10 月第 2 次印刷	
书　号	ISBN 978-7-5178-4735-9	
定　价	58.00 元	

目录

Contents

/ 绪 论
中国文化镜像研究与国际生文化观重建

一、研究缘起

在全球化纵深发展和中国和平崛起的背景下,"人类命运共同体"是人类发展的美好愿景。中国国家主席习近平在传承、创新与发展中华优秀传统文化的基础上提出了构建人类命运共同体的理念。"人类命运共同体,顾名思义,就是每个民族、每个国家的前途命运都紧紧联系在一起,应该风雨同舟,荣辱与共,努力把我们生于斯、长于斯的这个星球建成一个和睦的大家庭,把世界各国人民对美好生活的向往变成现实。"[①]2017年2月10日,"构建人类命运共同体"理念首次被写入联合国决议。构建人类命运共同体理念作为一份思考人类未来的"中国方略",获得了广泛的国际认同。

人类社会的发展史,是一幅不同文明和文化相互交流、借鉴、融合的画卷,是一部不断创造文明、创新文明的历史书。正是不同文明、不同文

---

① 《携手建设更加美好的世界——习近平在中国共产党与世界政党高层对话会上的主旨讲话》,《人民日报》2017年12月2日第2版。

化之间的交流、互鉴、融合，推动着人类社会的发展与进步。构建人类命运共同体，首先必须让世界了解中国、认识中国，知晓中华文化的理念价值。中华文化积淀着中华民族最深沉的精神追求，是中华民族生生不息、发展壮大的丰厚滋养。中华民族历史上优秀的文化遗产和当今中国社会新的现代文化是中国文化软实力的重要组成部分，它们共同为人类命运共同体的打造提供了智慧和力量。习近平主席在《携手构建合作共赢新伙伴，同心打造人类命运共同体》的重要演讲中强调"文化相处需要和而不同的精神"，"要尊重各种文明，平等相待，互学互鉴，兼收并蓄，推动人类文明实现创造性发展"。人类命运共同体的核心理念可以归纳为"和平、发展、合作、共赢"，是国际主义思想与中国历史文化传统中的"天下主义""和合主义"的结合①。人类命运共同体的建构需要文化支撑，这一文化支撑一方面来自人类文明的新复兴，另一方面来自新人文主义的发展，而中国作为倡议者更应担负起文化共识的塑造角色。从文化层面倡导命运共同体的思想源于 1939 年印度哲学家的表达，时至今日再次得到国际社会的强烈认同和支持，具有重要的现实意义。而古代中国丝绸之路的文化沉淀，今日中国的"一带一路"倡议以及中华传统文化的丰富资源将为"人类命运共同体"文化建构提供路径。② 中华文化具有"水"文化的包容，因此完全有自信引领世界文化转型过程中的复合建构，同时通过新的文化创造推动人类命运共同体的建构。人类命运共同体理念是对中华"和"文化的继承与创新，强调构建人类命运共同体是中华"和"文化走出去的重要途径，有利于增强中华文化的软实力，提升中国的国际影响力和

---

① 李爱敏：《"人类命运共同体"理论本质、基本内涵与中国特色》，《中共福建省委党校学报》2016 年第 2 期，第 96—102 页。

② 陈强：《"人类命运共同体"的文化构建与"精神丝绸之路"》，《西北民族大学生报（哲学社会科学版）》2016 年第 4 期，第 104—109 页。

话语权,为解决复杂多变的国际问题提供中国智慧和中国方案。

国家文化形象是指国内外公众对于一个国家文化价值理念、文化传统、文化行为、文化成果等的总体认知与评价。国家文化形象是国家形象的重要构成部分,同时可以作为独立形象彰显国家文化实力和民族精神风貌。在人类命运共同体的构建中,如何在国家形象传播的战略框架内做好文化形象传播,理应成为中国国家形象传播的重要议题。

美国社会学家和社会心理学家查尔斯·霍顿·库利的"镜中我"理论①认为在自我意识心理学中,别人对自己的态度犹如一面镜子照出自己的形象,人们由此而形成自我概念的印象,这种现象被称为镜像效应。中国文化在自己的历史进程中自塑形象,又在对外传播过程中被认知、评价、记忆,从而形成他者心目中的形象。中国文化以何种形象出现于世界多元文化之中,或者说中国文化给外国民众留下什么印象,不仅取决于中国文化的自我表现,亦取决于中国文化被如何传播、被谁传播、被如何解读、被如何评价。从某种特定的文化视野中看另一国文化形象,是一种文化对另一种文化的体察和认知,但一种文化对于异质文化的选择、认知和解释往往是以自身生存和发展为基点的。以往,外国民众的中国认知多来自间接知识而非直接经验,关于中国文化的印象主要通过各类媒介获得,而且主要通过本国媒介获得。近年来,中国文化形象传播得到前所未有的重视,中国正通过积极的对外传播影响外国民众的中国文化认知,探寻如何在多元文化互动共生的语境中进行文化对话,加强文化沟通,展示中国文化形象,帮助外国民众跨越各种屏障准确理解中国文化,正确认识中国这个东方大国,消解中国文化形象的自塑与他塑、客

---

① 刘文:《拉康的镜像理论与自我的建构》,《学术交流》2006 年第 7 期,第 24—27 页。

观实际与主观认知的反差，正面发挥镜像效应的作用以提升中国文化的吸引力、影响力。

纵观历史，在西方文化视野中，中国文化镜像经历了一个漫长的演变过程，在不同历史时期呈现了不同的中国文化镜像，这与文化信息传播的客观条件和传播主体的需要有着密切的关系，也与传播者的文化精神和意识形态息息相关。在文化全球化的今天，中华文明不能只是作为西方的一个幻象而存在，我们应该紧紧抓住文化全球化这一历史机遇，利用更为广阔、更为宽容的多元化空间，发掘出中国文化的新精神和新生命，重塑东方大国的新姿态，拓展和加大中国文化对外的传播渠道和传播力，以高度的文化自觉和自信积极进行中西文化对话，构建中国文化的世界舞台，塑造中国文化新形象。

二、国际生论文中的中国文化镜像

库利指出，所谓"镜中自我"是指人们通过观察别人对自己行为的反应而形成自我概念。他以"镜中自我"（looking-glass self）来形容自我是与别人面对面互动的产物。镜中自我有三方面的要素：一是我以为别人看到我什么，这并不一定就是别人真的看到我什么，而是我以为他看到的；二是我以为别人看到我的这些后会有什么想法，其实也并不真的就是别人有的想法，而是我以为他有的想法；三是我对我以为的别人的想法产生的想法。①

在他看来，人的行为在很大程度上取决于对自我的认识，而这种认识主要是通过与他人的社会互动形成的，他人对自己的评价、态度等，是反

---

① 查尔斯·霍顿·库利：《人类本性与社会秩序》，华夏出版社 1999 年版，第 23 页。

映自我的一面"镜子"。他的"镜像自我"理论表明,我们形成其他人在我们身上所看到的形象,就像我们在镜子里看自己一样。近年来,随着人们重新对自我这一课题恢复兴趣,特别是对团体行为的广泛研究,库利的著作又一次为人们所关注。镜像理论可以理解为自我的建构离不开自身也离不开自我的对应物,即来自镜中自我的影像。从这一理论来看,文化战略的镜像阶段就是如何在自我和他者的互动中来达成自我文化认证的完成。具体到中国文化,学者们普遍认为汉语的国际传播承载着文化镜像的功能和意义。无论是主张当代美国华裔文学的表现重点是中国文化如何融入美国语境,还是提出马来西亚华文文学除了具有作为文学的自身价值之外,还有海外中国的文化镜像意义,都表明中国文化的镜像效应获得了越来越多的关注。① 实际上在自身文化背景中建构文化形象,可以以"镜像—溢出"效应来归纳。其中,"镜像效应"体现于对西方国家建构"中国形象"的分析与阐释,"溢出效应"则用于解决西方"中国形象"建构在全球范围内跨国界流动的问题。本书的研究材料以国际生关于中国文化的论文为主,跨文化跨语言跨文体的书写可为中国文化镜像的研究提供新的视野。

　　"中国正处在一个巨大的转型过程中,每一秒钟它都在前进。如果想要了解中国,就必须到这里来,感受她的每一分钟。"住在杭州世贸丽晶域从事橄榄油生意的西班牙学生志远,其论文如是开头。"在加拿大或者欧洲这些地方,每个领域里的人都满了,如果你要上位,就必须等到那些人离开。但在中国有许多机会,只要你有能力、有动力,你就能在这里做出点什么来。"杭州师范大学的加拿大外教语言生 David 如是表述。"又可

---

　　① 　龙杨表:《作为文化镜像的海外中文——马华文学及其学术价值》,《世界华文文学论坛》2016 年第 1 期,第 26—30 页。

爱,又可怕。"在中国待了 13 年之后,法语联盟法方院长阿克曼的中文十分流利,他是个中国通了,他在题为《中国印象》的论文中表示,现在的中国,与 13 世纪末马可·波罗眼中的中国形象大不相同了。

一名巴西学生的论文讨论的重点是比较中巴菜肴特点。他首先介绍了巴西美食的形成环境和中华美食的背景,进而以地域差异、日常饮食、餐厅类型为切入点,分别介绍了中巴菜肴的特点。他赞同食物与地理、文化有非常大的关系,但也吐槽中国人吃蛇肉,批评中国某地有狗肉节,在网上看到活熊取胆做中药的视频更是无法理解,等等。

一名喀麦隆学生在"The Arrival of a New Baby in Cameroon and China"一文中,从饮食、生活起居等方面讨论喀麦隆和中国人如何庆祝迎接一个新生儿。在喀麦隆的某些族群中,女性被期待先生一个男孩儿。怀孕期间,根据族群不同,孕妇被要求或禁止吃特定的食物。比如不可吃猴子或者蛇,否则生出的小孩会长得像猴子;再比如如果吃太多鸡蛋,小孩会没有头发。在古代中国,妇女怀孕后应尽量避免任何改变,例如不要搬家,不要参加婚礼和葬礼。从饮食上来说,孕妇也只能吃健康的食物,避免吃生冷辛辣的食物。另外,孕妇还要避免一切伤害,例如,怀孕不足三个月不可公布喜讯。在中国,还有一些习俗,怀孕后要坐月子,新生儿满月之后还要摆满月酒,准备红蛋,客人要送红包,新生儿满百日时要准备一些纪念品,等等。文章最后强调,虽然喀麦隆和中国是两个完全不同的国家,但在迎接新生儿方面,两个国家有很多共同之处。如二者都有关于食物的禁忌和喜好。生育文化是个很好的文化研究切入点,学生对此也基本理解到位。不过论文文本反映学生对中国生育文化的相关认知更多地还只停留在饮食和习俗层面,要让他们理解计划生育、人口红利、人口老龄化等问题还有难度。

德国学生在"Comparation of Chinese and German Funeral Customs"论文中比较了中国和德国的传统葬礼习俗。德国主要信仰罗马天主教、福音天主教及北欧宗教。中国主要信仰佛教和道教,同时中国的宗教文化还融合了儒家思想。受此影响,中德的葬礼文化也有很大差异。如从葬礼衣服的颜色看,中国传统丧服为深色,小孩和媳妇应穿黑色,重孙们穿蓝色,女婿和其他来宾穿更浅的颜色。同时,由于红色代表了幸运和幸福,因此,参加葬礼是不允许穿红色的,而亲近的家属更是在一段时间内不允许穿红色。德国人参加葬礼应着黑色,其他深色也可被接受。葬礼之后,其他人可着任何颜色衣服,唯有寡妇需要穿一年黑色衣服。中国对逝者的纪念日为每年的 4 月 4 日或 4 月 5 日,中国人会为逝者摆放祭品、鲜花或他生前喜欢的东西。德国大部分传统罗马天主教信仰者会在 11 月 2 日纪念逝者,这个日子被称为万灵节(All Souls' Day)。根据宗教信仰,逝者的灵魂会在那一日返回地球。活着的人会为逝者在其墓前准备面包。中国习俗是保留逝者的遗体一些时日供亲属及朋友瞻仰道别,而德国会交由葬礼公司处理,不会把逝者放在家里。德国根据逝者信仰的宗教不同,可能有多种方式安葬。中国民族不同,安葬方式也不同,汉族会将逝者火化。葬礼是中国文化中比较独特的一环,它既反映了宗教特色,又体现了儒家传统,是一个值得讨论的话题。这篇论文对中国人参加葬礼的服装颜色及安葬方式有所误解,在传统中国葬礼中,亲属是需要"披麻戴孝"的,换言之,应着白色或黄色麻服,而不是深色衣服。另外,传统的汉族葬礼是土葬,并非火化。

三、中国文化的镜像效应与国际生文化观的重建

倡导和推动"构建人类命运共同体"体现了中国的大国智慧与大国

担当,同时,中国文化也具有引领世界文化发展创新的天然优势。而充分了解其他文化背景者对中国文化的理解、接受与反馈程度也是十分必要的。因此,开展人类命运共同体构建中的中国文化镜像研究具有必要性与迫切性。近五年来,我们收集了来自四十多个国家的近一千名学生关于中国文化话题的论文数据,思考在人类命运共同体构建过程中际生对中国及中国文化的认知水平,同时探讨中国文化对其既有文化观的影响。

中国文化在国际生的眼中是什么样的形象?与其知识文化背景结合后将形成什么样的意象?国际生对其学习认知的中国文化进行自我解析之后又会构成什么样的想象?既有研究大多从中国文化自身特点出发,探索中华传统文化传播与人类命运共同体构建的契合,其研究对象是相对静态的。引入镜像理论之后,我们可以清楚地发现,在人类命运共同体的视阈下,中国文化在对外传播过程中的方式、被理解程度、接受与反作用,这是一个动态的过程。既有研究中关于文化镜像的阐释主要集中于对文学作品的分析,而我们的中国文化镜像研读材料来源于国际学生关于中国文化的论文,如何分析和解析学生论文所反映的中国文化镜像,特别是不同文化背景对文化传播和认同的影响,需要研究者有充分且客观的判断。

镜像理论认为随着获得程度的加深,人们对既有知识会有新的发现和认知,自我则通过对"镜中之我"影像的认同而实现。就中国文化镜像而言,在国际生学习和理解中国文化的过程中,中国文化也在潜移默化地影响着他们的自我认知,特别是其文化观的调整与重构。林曦在他的《形象建构的"镜像—溢出"效应——论跨文化形象学的认识论原则》中提出,他国形象构建的镜像研究必须关注八个因素。① 这八个因素都可以在国际生论文中找到相关的案例,正是对这样的镜像效应做进一步分析才能有针对性地策划对应的传播路径。

一是想象动机污染因素,对于他国的文化形象有两种构建方式,意识形态的或者乌托邦式的,西方国家大多关注使用意识形态。

二是与事实无涉因素,既然他者文化都是基于主观意识构建的,那就和客观事实描述并无直接关联。

三是文化形象构建只和具体的社会历史情境相关。近几年来,随着中国经济的发展,中国和中国人的国际地位迅速提高,国际生关于中国文化的论文大多充满了褒奖羡慕,但是他们关注的焦点大多集中在"新四大发明"上,即高铁、网购、支付宝和共享单车。

四是主观置信因素,也就是他只相信他愿意相信的部分。比如有的国际生在他们的论文中对中国人际交往中重面子不满,但在现实校园生活中却屡屡要求照顾,还固执地认为这是他们的自由。其实越来越多的中国年轻人早已经摈弃了这种所谓的温情关系,更依赖于规则和法律来解决问题。

五是西方建构之霸权因素,西方长期宣传之下的中国只是地大物博、历史悠久,其他很少被提及,因此国际生写中国文化中最感兴趣的话题是中国饮食文化、中国建筑文化和中国旅游文化,最敬佩的人物位列前三的是李小龙、成龙和李连杰。

六是形象差序因素,非西方国家对于中国文化形象的构建有一种盲目的迷信,认为越是拉近与西方的距离越能彰显现代性,而靠近中国就会

---

① 林曦:《形象建构的"镜像—溢出"效应——论跨文化形象学的认识论原则》,《厦门大学学报(哲学社会科学版)》2013 年第 4 期,第 11—16 页。

被贴上传统的标签,所以非洲和"一带一路"国家的国际生虽然对于中国文化有着天然好感,但是在论文中常常强调他们迷恋的是中华古文明。

七是合谋因素,非西方国家对于西方国家的中国形象的建构是缺乏反思的,忽略了自身需要甄别批判建构的必要性,变得人云亦云。比如澳大利亚、南亚国家国际生对于孔子学院的排斥,比如个别非洲国家国际生对于援助非洲的中国企业的无端指责。

八是多元排除因素,在全球化的今天,西方对于中国形象构建的霸权性力量,加上非西方国家的参与,排斥了多元中国形象构建的可能性。因此镜像研究可以提醒并帮助我们调整传播策略,冲破单一中国形象的构建格局。实际上正如莎士比亚所言,一千个人心目中有一千个哈姆雷特,摒弃种种主观因素,真正进行他者形象的建构,才能获得相对清晰的镜像。

四、结束语

改革开放以来,我国经济迅速发展,引起了世界的广泛关注。然而,中国文化形象等软实力的发展滞后于硬实力的发展。作为"文化使者"的在华国际生对于中国文化形象的认知,关系到中国文化形象积极有效的传播。目前,来华留学的国际生规模不断扩大,而且大多会在中国稳定地居住 2—4 年。国际生一般受过或正在接受良好的教育,而长期在中国居住使他们可获得一般商人和旅行者不可能获得的中国文化方面的知识,因此,国际生对于中国认知的广度和深度、中国文化在其心目中形成了怎样的文化镜像,是非常值得研究的课题。而且,通过研究分析来华外国留学生对我国文化形象的认知状况,可有针对性地提出有效树立和传播中国文化形象的措施。

（一）有利于中国价值观传播

塞万提斯学院、法语联盟、英语协会——全世界各个国家都在通过语言教学传播文化，传播各自的价值观，到 2012 年底，中国在美国就已经建立了 23 个孔子学院和 86 个孔子学堂，威廉帕特森大学每年在新泽西州要培训超过 100 个有执照的中小学汉语老师。广泛且无障碍地传播中华文化、提升国家软实力依赖于受众对于中国文化的接受和反馈。中国作为历史悠久、富有活力、不断推进改革开放的文化大国，要重视和研究文化的镜像效应，消除偏见。

（二）有利于中国文化教学

学生接触到的中国文化，并不一定是他们理想中的或者想象中的中国文化，只有他们反馈出来的获得认同的那一部分才是我们传播成功的文化。如何运用镜像理论获得学生的正反馈，并因此适当调整传播策略以推进中国文化教学，是当前亟待解决的问题。

（三）有利于在人类命运共同体构建中发挥中国文化的作用

2015 年 3 月，习近平主席在博鳌亚洲论坛发表"迈向命运共同体，开创亚洲新未来"的主旨演讲时提到，亚洲命运共同体包括四大支柱，一是政治上坚持各国"相互尊重、平等相待"；二是经济上坚持"合作共赢、共同发展"；三是安全上坚持实现"共同、综合、合作、可持续"；四是文化上坚持不同文明"兼容并蓄、交流互鉴"。文化上的交流互鉴需要正确传播、正常理解、正面反馈，所以如何发挥镜像效应至关重要。

(四)探索中国文化对外传播策略

文化的传播并非简单的"输出—输入"过程,就他国人来说,在体验中国文化的过程中,其内在经历了一个"接收—认知—镜像—再认知—表达"的过程,其中以镜像阶段最为关键。镜像阶段有何特点,影响镜像效应的动机因素、情境因素、主观因素、差序因素等要素分别如何发挥作用、产生何种效力,这是我们研读分析国际生论文的主要目的。①

---

① 雅克·拉克:《作为我之功能形成的镜像阶段》,1949 年苏黎世第十六届国际精神分析学会年会。

第一章
中国和中国人

第一节 一言以蔽之：一个词概括中国

从说相声的大山开始，到上海洋女婿阿福，被中华文化"圈粉"的外国人越来越多。无论是传统的中国文化，如诗词、书法、戏曲，还是来自中国"智造"的微信、高铁，都拥有不少"洋粉丝"，甚至有很多外国人将"中国文化"作为一种日常习惯或者生活方式。他们爱中国的文化，对中国的一切都痴迷，从初级阶段只会说"你好""再见""谢谢"，逛名胜古迹，吃北京烤鸭，到晋级阶段为了学习中国话满大街找人聊天，逛菜市场，去本地人去的餐馆吃饭，尝试着喝二锅头、女儿红，喜欢坐动车、高铁去各个地方旅行，学一两句当地方言。从偶尔来中国旅行的旅行者变成"中国通"的老外也不少，他们大多找机会在中国定居下来，呼朋唤友去吃麻辣烫、臭豆腐、烤串，每天早上来一套煎饼果子或豆浆、油条。从黄焖鸡米饭到沙县小吃，从陕西肉夹馍到重庆小面，偶尔他们还能下厨包个饺子或者蒸个馒头，见谁都用一口地道方言跟人打招呼。

　　那么,在这些外国人的眼中,中国到底是怎样的形象,说到中国,他们脑海里出现的第一个词是什么?

　　中国外文局 2018 年 2 月 17 日首次发布的《中国话语海外认知度调研报告》显示,这两年来中国词语以汉语拼音的形式在国外的接触度、理解度急剧上升。调研选取了美国、英国、澳大利亚、菲律宾、南非、加拿大、新加坡和印度等 8 个英语圈国家的民众作为调研对象,并统计了 300 多个中国话语词条在英语国家主流媒体的网络平台报道量,形成进入英语话语体系的汉语拼音词汇认知度 TOP100 总榜。进入英语圈认知度 TOP100 的汉语拼音词汇涵盖政治、经济、科技、宗教、哲学、传统文化、自然景观、传统美食等各领域。《调研报告》同时公布了中国词汇的热词榜,在排名前 100 的词汇里,中国传统文化类词语数量最多,占比超过四成。和中国节日有关的词语入榜数量增长最快,春节、重阳、清明、元宵、端午、中秋等传统节日悉数上榜。而"春节"在外国人心里最具影响力,就连相关的红包、春联、灯笼等习俗或春运等词,也排到了榜单中游。有一类词的出现让人意外,像熊猫、针灸、长城等,跟龙、凤、故宫、长江、黄河一样,虽然都有对应的英语单词,但是现在其中文名字也开始深入人心,比如熊猫,外国人不光知道 panda,还知道这个憨态可掬的家伙的中文名叫"熊猫"。榜单排名最靠前的,非中国功夫莫属。"少林""武术""气功""功夫""太极""师父""武侠",其中少林高居榜首。① 以"孔子""老子""阴阳气""道""八卦""孙子""妈祖""儒""孟子""中庸"为代表的中国传统哲学领域的词汇也表现突出,"八卦""孟子"两个词也以拼音的方式收录进了《牛津英语词典》,当然还有"户口""关系""加油"和"中国大妈"这些词。

---

　　① 《中国话语海外认知度调研报告发布》,央视网,2018 年 2 月 17 日,http://news.cctv.com/2018/02/17/ARTIdtP2bkaw7hAN11DjN7Ed180217.shtml.

如果说用拼音进行热词搜索不一定准确，那么作者收集的近五年来自30多个国家数千名国际生的调研结果就很能说明问题了。谈到中国和中国文化，你所能想到的第一个词是什么？关于这个问题，我们收到排在前10位的答案是：阿里巴巴、汉字、孔子、微信、支付宝、高铁、美食、春节、麻将、功夫。其中的微信、支付宝、高铁及共享单车更被国际生们戏称为新"四大发明"。

一、传统文化源远流长：孔子、汉字、功夫

（一）孔子

外国人：孔子是哲学家，中国人都喜欢儒学，孔子学院是要向外国人传播儒家思想。

中国人：孔子是思想家、教育家，虽然老子道家和孔子儒家是中国哲学两大基石，其实在中国民间儒释道是一家，小村庄里土地庙更普及。

孔子（公元前551年9月28日—公元前479年4月11日），姓孔，名丘，字仲尼，祖籍宋国栗邑（今河南省商丘市夏邑县），生于春秋时期鲁国陬邑（今山东省曲阜市），中国著名的思想家、教育家、政治家，与弟子周游列国十四年，晚年修订六经，即《诗》《书》《礼》《乐》《易》《春秋》，被联合国教科文组织评为"世界十大文化名人"之首。孔子一生修《诗》《书》，定《礼》《乐》，序《周易》，作《春秋》（另有说《春秋》为无名氏所作，孔子修订）。相传孔子有弟子三千，其中有贤人七十二。孔子去世后，其弟子及其再传弟子把孔子及其所有弟子的言行语录和思想记录下来，整理编成儒家经典《论语》。孔子在古代被尊奉为"天之木铎"，被后世统治者尊为孔圣人、至圣、至圣先师、大成至圣文宣王先师、万世师表，全国很多地方都建有孔

庙。他创立的儒学成为中国传统文化的基石之一，以仁、义、礼、智信五德为代表的儒家思想对中国和世界都有深远的影响，北美很多高校的哲学系开设有专门的孔子学说课程。因此，与德国语言学会把它在世界上的德语教学机构命名为歌德学院、西班牙人把他们在外国开设的传播西班牙文化的机构命名为塞万提斯学院类似，中国国家汉办把在国外开设的传授中文和中国文化的教学机构叫作孔子学院。

（二）汉字

外国人：汉字像天书一样，每个字都是图腾，太难认太难写了。

中国人：汉字不仅有历史，还有文化。汉字字形不仅表音，有时还表意。比如闷，就是被关在门里出不去，心里不舒服。

关于汉字的起源，中国古代文献上有种种说法，如"结绳""八卦""图画"等，古书上还普遍记载有黄帝史官仓颉造字的传说。最近几十年，中国考古界先后发布了一系列较殷墟甲骨文更早、与汉字起源有关的出土资料。这些资料主要是指原始社会晚期及早期出现在陶器上面的刻画或彩绘符号，另外还包括少量刻写在甲骨、玉器、石器等上面的符号。可以说，它们共同为解释汉字的起源提供了新的依据。

外国人对中国的汉字可谓又爱又恨，恨的是学起来太难，每个字看起来就像一幅画，爱的是每个字都有不同的意思，实在太不可思议了。他们不但要学，还异常痴迷于中国字；他们不仅要穿中文 T 恤，还要把中文文在身上。外国人对于汉字有种迷信，感觉其包含了某种神秘的力量，因此贝克汉姆文了"生死有命富贵在天"在身上，NBA 球星艾弗森文了"忠"字。不过他们也会闹笑话，所以下次文身的时候还是先搞清楚每个字的意思再文比较好，像贾斯丁·比伯文个"怂"字就很搞笑了。

(三)功夫

外国人:中国功夫很厉害,中国人都是李小龙。

中国人:中国功夫只有从小练功的才会,而且中国功夫主要是用于表演的,不是拳击哦。

很多老外在第一次来中国之前都认为每个中国人都像成龙、李小龙一样会功夫。不少非洲学生说他们国家有些地区的治安非常糟糕,不过在那里工作的中国人如果遇上抢劫,只要摆出架势大喝一声就能把暴徒吓得屁滚尿流。但事实是,会功夫的中国人大多都在各个省市的武术队,吴京、甄子丹这样的武术明星练的是套路,也就是提前设计好的对打表演。太极拳更是以强身健体为主,并不适合真刀真枪拼出胜负。硬要看普通人秀功夫的话,可能只能给你展示一套广播体操了。

二、休闲娱乐令人向往:美食、春节、麻将

(一)美食

外国人:不要让我看见除了肉以外的器官,尤其不要让动物头部和眼睛出现在我面前。

中国人:夫妻肺片再来一碗! 麻辣兔头打包带走!

中国饮食博大精深,看外国人吃臭豆腐、烤羊腰子、卤鸡爪、大肠、炸蚕蛹等这些中国常见小吃时的恐怖表情就了解了。其实广东人吃蛇是因为蛇可以去湿气,南方人吃的青蛙也早已经被养殖的牛蛙代替,传说中天上飞的地上跑的什么都吃的现象早已经一去不复返了。反而是很多外国人现在入乡随俗,在本地人的熏陶下每天不吃一碗卤煮、炒肝就浑身不自在了。

（二）春节

外国人：春节可以吃大餐、拿红包。

中国人：春节全家团聚，就是再远也要回家。

中国的春节拥有独特的魅力，很多传统文化词汇如"春联""红包"，就因为春节而一起被海外认识并了解。越来越多庆祝春节的活动也在世界各地举行。英国《经济学人》杂志 2017 年发表文章《中国最大节日正走向全球》，并配发了英国女王在当地参加庆祝春节活动的照片。而中国推出的"欢乐春节"活动，光在 2017 年，就吸引了全球 140 多个国家和地区的 2.8 亿人次参与。联合国教科文组织驻华代表直言，她当初爱上中国，就是因为参加了一次纽约的庆祝春节的活动。西班牙驻上海经济商务领事表示："你知道为什么要把福字倒着贴吗？我知道，福就是福气，把它倒过来，福气也就'到（倒）'了"。① 很多国际时尚品牌像香奈儿、爱马仕，纷纷借助春节期间常见的元素，像"龙""凤""牡丹"，以及每年的中国生肖，设计出一款款具有国际范儿的时尚产品。现如今，加拿大、马来西亚等十多个国家已经把中国的春节确定为本国法定节日，春节已经成为中国文化走出去的一张靓丽的"中国名片"。

（三）麻将

外国人：麻将看起来很难，但又很有意思。

中国人：这可是国粹，里面包含了游戏规则和体育精神。

---

① 《中国词儿　世界范儿——海外民众对中国话语的认知度理解度大幅上升》，《北京周报》2018 年 2 月 18 日。

麻将①是中国人发明的博弈型游戏,打麻将是家庭团聚、好友重逢、单位活动、宅家无聊之必备活动。打麻将不仅可以提神醒脑,还能预防老年痴呆,可谓中国的"国粹"之一。而当麻将走向世界后,各国麻友们组的"大局"可谓层出不穷,重量级的麻将竞技赛事包括世界麻将锦标赛和一些被列为重要项目的公开赛。还记得2014年中国选手在欧洲麻将锦标赛中惨败,然后被网友痛批是"国耻"的新闻吗? 老外中也不乏麻将高手,不可小觑哦!

三、现代科技中国应用:微信、阿里巴巴

(一)微信

外国人:我们以前只用Twitter和Facebook,现在发现微信比较流行。

中国人:我们用微信,不仅可以聊天约会,还可以购物付款,最重要的是可以抢红包。

微信用户群越来越庞大,就连外国人也爱上了玩微信,仅在2014年一年,微信在美国的用户就疯涨了十一倍,外国人甚至都将带有微信功能的手机收藏到了博物馆里。在中国,微信作为主要社交平台,不仅仅用于沟通,还被赋予了支付、缴费、共享单车扫码等多种功能,可谓"一机在手,什么都有"。2020年年初新冠疫情肆虐,微信更是发挥了不可替代的作用,各种各样的微信群成为连接人与人之间的最亲密的纽带。

---

① 麻将,起源于中国,粤港澳及闽南地区俗称麻雀,由中国古人发明的博弈游戏。娱乐用具一般是用竹子、骨头或塑料制成的小长方块,上面刻有花纹或字样,北方麻将每副136张,南方麻将多8个花牌,分别是春、夏、秋、冬、梅、竹、兰、菊,共计144张。

（二）阿里巴巴

外国人：杰克马是天才，阿里巴巴是中国最大的公司。

中国人：中国有很多世界 500 强公司，带"中国"字头的基本都是，比如中国移动、中国石油、中国工商银行等，阿里巴巴是最大的私营企业之一，不过马云占的股份并不多。

阿里巴巴网络技术有限公司是以曾担任大学英语教师的马云为首的 18 人于 1999 年在浙江杭州创立的。阿里巴巴集团经营多项业务，业务和关联公司的业务包括：淘宝网、天猫、聚划算、全球速卖通、阿里巴巴国际交易市场、1688、阿里妈妈、阿里云、菜鸟网络等。2014 年 9 月 19 日，阿里巴巴集团在纽约证券交易所正式挂牌上市；7 月，《财富》发布 2019 世界 500 强，阿里巴巴位列第 182 位。

外国人以他们自己的方式阅读中国，了解中国。其中有误读，也会闹笑话，不过就是在不断被修正的中国印象中，在他们每日所见的中国普通人的日常生活中，外国人看到了最鲜活的中国。

在民以食为天的中国，见面问候"你吃了吗？"比说一句"你好！"更让人觉得亲切，不管在什么地方、什么时间、对什么样的人，这句简直就是百搭不厌的问候金句。就像外国人年龄不能问，宗教信仰不能聊，婚姻状况保密，中国人也有很多不方便说的话题，天气和美食是可以随便说的，全世界都一样。在从小就习惯喝冰水、吃冷盘的外国人眼里，热水只有两个作用，用来泡咖啡泡茶或者用来洗澡，因此当中国人在国外餐厅坚持只要一杯什么都不加的热水，可能连大厨都会跑来问"为什么"。外国人永远不能理解中国人为什么要带着电热水壶去欧洲旅行，而中国人也永远不理解生完孩子马上吃冰激凌的外国产妇们。可这又有什么关系呢，不过就是习惯使然，肠胃对于生冷食物的接受度不同罢了。

中国是农业大国，有土的地方就有菜，勤劳的中国人在阳台上种、花盆里种、院子里种、花园里种、绿化带里种，中国留学生父母还把鲜花、蔬菜种到了哈佛大学、耶鲁大学的校园里。其实对于种花外国人是很理解的，他们也热衷，只是他们认为在城市里种菜很魔幻而已，可是要知道在中国人的心目中，有时候蔬菜、水果、鲜花之间并没有严格的区别，比如西红柿、黄瓜在很多地方是当水果交易的，而芦荟是归在鲜切花类里的。

不管在城市还是农村，不管在小区还是广场，饭前饭后，都有一群年龄在 60 岁上下，俗称"中国大妈"的人群，自发抱团聚集在一起，踩着中国特色的流行乐节奏欢乐地跳起"广场舞"，"中国大妈"不仅上了牛津词典，还把这样的舞蹈跳到了香榭里大街和时代广场上，这和"中国大妈"拍照喜欢挥动纱巾一样，是她们表达生活富裕之后快乐心情的中国式狂欢。

当美图神器攻占了海外后，扎克伯格、马斯克、希拉里、特朗普的形象均已被粉丝们漫画化。在没有任何营销策划的前提下，美图秀秀在 App Store 上的排名从 900 名开外上升到第 35 名。自拍后必须 P 图才能发朋友圈成为自拍铁律，国际生们也深以为然，仿效者越来越多，其中不乏高手，颇有感受地赞同"P 图是 21 世纪最先进美容手术"的说法。

鲁迅在给《活中国的姿态》作序时写道："一个旅行者走进了下野的有钱的大官的书斋，看见有许多很贵的砚石，便说中国是文雅的国度；一个观察者到上海来一下，买几种猥亵的书和图画，再去寻寻奇怪的观览物事，便说中国是色情的国度……或许中国人在西方人眼里的难以理解，在这里可找到答案了。"他在《西方人看中国人的精神》①一文中认为尽管西方人眼里的中国人的形象变幻莫测,"始终夹杂着宗教、文化与政治的沙子",但西方人也是"第三只眼","西方人的眼睛是一面镜子,多照照西洋镜并没什么坏处。如果聪明一点,从这面镜子里,我们不仅能很好地看清自己,还能从镜子的折射中更好地看清西方人"。

---

① 本篇最初印入《活中国的姿态》。《活中国的姿态》,日本内山完造著,1955 年 11 月东京学艺书院出版;有尤炳圻的中文译本,书名改为《一个日本人的中国观》,1936 年 8 月开明书店出版。本篇原以日文写成,由作者自译为中文。

第二节 中国人不都说汉语：
多元一体的中华民族

人类社会处于一个多民族的生存环境中。2009 年 9 月发布的《中国的民族政策与各民族共同繁荣发展》白皮书中提到，"当今世界，约有 3000 个民族，分布在 200 多个国家和地区，绝大多数国家由多民族组成"。中国是全国各族人民共同缔造的统一的多民族国家，在漫长的历史进程中，"中国各族人民密切交往、相互依存、交流融合、休戚与共，形成了中华民族多元一体的格局"，共同推动了国家发展和社会进步。新中国成立以来，中国共产党和中国政府坚持以各民族共同团结奋斗、共同繁荣发展为主题，确立并实施了以民族平等、民族团结、民族区域自治和各民族共同繁荣为基本内容的民族政策，形成了比较完备的民族政策体系，并将其写入宪法。《中华人民共和国宪法》规定："中华人民共和国各民族一律平等。国家保障各少数民族的合法权利和利益，维护和发展各民族的平等、团结、互助关系。禁止对任何民族的歧视和压迫。"

一、中华民族大家庭

约在鲁昭公十七年（公元前 525 年），郯子第二次朝鲁，昭公盛宴款待。当时孔子在鲁国做官，在席间听到郯子介绍远古帝王少昊氏以鸟名官，觉得非常有意思，于是前去向郯子学习古代官制："吾闻之，'天子失官，学在四夷'，犹信。"孔子所说的"四夷"正是"四方之夷"，即东夷、南蛮、西戎、北狄。因此，或早在春秋之前，中华大地上就已经形成了五个大的民族集团——华夏、东夷、南蛮、西戎、北狄。在历史的长河中，生活于中华大地上的人们因生态环境、经济发展、战争祸乱、文化交流等诸多原因迁徙、交往、杂居、融合,新的民族不断产生,同时也有民族消亡。经过几千年的民族融合,中国最终发展为一个统一的多民族国家。虽然中国历史上曾出现过短暂的割据或分裂状态,但统一始终是历史的主流,也是各政权的政治目标。正是有了各民族人民的共同努力,中国才形成了今天的疆域和版图,才拥有了如此悠久灿烂的中华文化。正如《中国的民族政策与各民族共同繁荣发展》白皮书中介绍的,今天中国的疆域和版图也是中华大家庭中各民族在长期的历史发展中共同开发形成的,如"汉族的祖先最先开发了黄河流域和中原地区,藏、羌族最先开发了青藏高原,彝、白等民族最先开发了西南地区,满、锡伯、鄂温克、鄂伦春等民族的祖先最先开发了东北地区,匈奴、突厥、蒙古等民族先后开发了蒙古草原,黎族最先开发了海南岛,台湾少数民族的先民最先开发了台湾岛……"。

新中国成立以来,中央政府先后识别并确认了中国境内的 56 个民族,即汉、蒙古、回、藏、维吾尔、苗、彝、壮、布依、朝鲜、满、侗、瑶、白、土家、哈尼、哈萨克、傣、黎、傈僳、佤、畲、高山、拉祜、水、东乡、纳西、景颇、柯尔克孜、土、达斡尔、仫佬、羌、布朗、撒拉、毛南、仡佬、锡伯、阿昌、普米、塔吉克、怒、乌孜别克、俄罗斯、鄂温克、德昂、保安、裕固、京、塔塔尔、独龙、鄂伦春、赫哲、门巴、珞巴和基诺族。其中,汉族人口占绝大多数,其他 55 个民族人口相对较少,习惯上称为"少数民族"。根据国家统计局 2021 年 5 月公布的第七次全国人口普查相关数据,在大陆 31 个省、自治区、直辖市和现役军人的人口中,汉族人口占总人口数的 91.11%,各少数民族人口占 8.89%,但各少数民族人口数量相差较大。从人口分布的角度来看,各族人民大散居、小聚居、交错杂居,其中少数民族分布以西南和西北最为集中。

费孝通认为接触、混杂、联结和融合是世界各地民族形成的共同过程,但中华民族"多元一体格局"的出现有其独特之处——华夏是距今三千年前在黄河中游出现的一个由若干民族集团汇聚并逐步融合的核心,"它像滚雪球一般地越滚越大,把周围的异族吸收进了这个核心",并形成后来所称的汉族,"汉族继续不断吸收其他民族的成分日益壮大,而且渗入其他民族的聚居区,构成起着凝聚和联系作用的网络,奠定了以这疆域内部多民族联合成的不可分割的统一体的基础,形成一个自在的民族实体,经过民族自觉而称为中华民族"。[①] 换言之,汉族是中华民族多元一体格局的核心,起到了向心凝聚的作用。

秦朝首次在中国历史上实现了统一。学者们普遍认为,在秦汉于中原地区建立大一统王朝的同时,匈奴民族在北方实现了大一统局面,南北两个统一体的汇合促成了中华民族作为一个民族实体的进一步形成。此后的唐朝更为民族大融合提供了开放的社会环境。在统一和开放的社会环境下,少数民族为汉族提供了新鲜血液,汉族同时也在融入其他民族,并且少数民族内部也在不断地交流、融合、重组、出新,最终形成了现在的多元一体格局。费孝通同时指出,导致民族融合的具体条件是复杂的,社会和经济的需要是其内在动力,而汉族凝聚力的来源则应该是农业经济之于游牧民族的吸引力。

二、民族平等与民族团结

通过相关课程的学习,国际生一般都会了解到中国是一个以汉族为主体的多民族国家。但对于各民族的地位和关系,学生们会基于自己的

---

① 费孝通:《中华民族的多元一体格局》,《北京大学学报(哲学社会科学版)》1989 年第 4 期,第 1 页。

经验产生个体化的理解。在与学生的交流过程中,学生最常问的问题有"中国的少数民族主要住在哪里","少数民族的生活和汉族一样吗","少数民族和汉族沟通有语言上的障碍吗","少数民族有文化认同的问题吗",等等。因此,在与国际生交流和教学过程中,我们应当着重介绍少数民族的生存现状以及各民族的融合与团结。

实行民族平等是中国的宪法原则。在宪法的基础上,《中华人民共和国民族区域自治法》等法律法规对民族平等进行了具体而明确的规定。《中国的民族政策与各民族共同繁荣发展》白皮书中将保障民族平等的法律规范具体总结为:第一,各民族公民的人身自由和人身权利不受侵犯;第二,任何公民法律面前一律平等;第三,各民族平等地享有管理国家事务的权利,法律为少数民族的政治参与给予特殊保障;第四,每个公民平等地享有宗教信仰自由,政府帮助宗教团体建立宗教院校,培养少数民族宗教教职人员,并对少数民族地区部分宗教活动场所维修给予资助,对生活困难的少数民族宗教界人士给予补贴;第五,各民族享有使用和发展本民族语言文字的权利,国家保障少数民族语言文字的应用和发展;第六,各民族享有保持或改革本民族风俗习惯的自由,保障少数民族的饮食习惯,保障少数民族欢度本民族节日的权利。中国的民族平等政策是结合相关历史和现状所制定的、不断完善的、具有中国特色的民族政策。其中特别考虑到汉族与少数民族之间发展的不平衡性,少数民族还依法享有一些特殊的权益保障。因此,中国的民族平等政策不仅仅是形式上的平等,更是行动上的平等。它既体现于国家政治生活层面,也落实于少数民族语言、生活、习俗的方方面面。在为国际生介绍相关情况时应该充分举例,比如:在全国人民代表大会中,少数民族代表人数的占比一直高于同期少数民族人口占全国总人口的比例;在少数民族聚居地区,到处都是宗

教活动场所及从事宗教活动的群众；全国人民代表大会、中国人民政治协
商会议等重要会议均提供蒙古、藏、维吾尔、哈萨克、朝鲜、彝、壮等民族语
言文字的文件或语言翻译；人民币上除了有汉字之外，还印有蒙古、藏、维
吾尔、壮四种少数民族文字；等等。通过相关的法律法规介绍以及图片和
视频展示，国际生可以真实地感受到中国的民族平等政策及社会环境，从
而对少数民族的生存现状有具体且准确的了解。

　　中华民族一直是追求国家统一和民族团结的民族，而国家统一和民
族团结又是相辅相成的。中国作为世界上人口最多的发展中国家，从中
华人民共和国成立之初的经济落后、百废待兴成长为今天的世界第二大
经济体和世界经济增长最大的贡献者，这种成就与中国的社会安定和民
族团结密不可分。今日中国之成就是各族人民辛勤劳动、共同创造的结
果。正如朱碧波所说，"中华民族并不是一个想象的共同体，而是一个有
着共同历史叙事、集体记忆和命运关联的历史命运共同体"①。中华民族
大团结是几千年中华民族发展的结果，是各族人民的普遍共识，正所谓
"汉族离不开少数民族，少数民族离不开汉族，各少数民族之间也互相离
不开"。

　　此外，我们认为，民族团结促进了文化融合，它为中华民族的文化认
同提供了情感基础，而且"文化融合得越多，文化认同与国家认同重叠部
分就会越大"，"其他少数民族对统一国家的认同也非常强，这主要是文化
融合文化认同的结果"②。我们需要帮助国际生理解中华民族的文化融
合和文化认同并非国家推动下的被动结果，而是各族人民平等互助、团结

<hr>

① 朱碧波：《论中华民族共同体的多维建构》，《青海民族大学学报（社会科学版）》2016 年
第 1 期，第 26 页。
② 韩震：《论国家认同、民族认同及文化认同——一种基于历史哲学的分析与思考》，《北
京师范大学学报（社会科学版）》2010 年第 1 期，第 109 页。

共生的主动选择,在此基础上形成的文化认同和国家认同是历史和情感的产物,是人民的选择。

中华人民共和国成立前,绝大多数民族地区生产力水平低下,经济社会发展落后,少数民族群众的生活十分困苦,少数民族发展受到严重阻碍,有的民族甚至濒临灭绝。中华人民共和国成立后,"促进全国各民族的共同繁荣"被写入宪法,支持少数民族和民族地区发展的政策不断出台并得到有效落实。2000 年开始实施的西部大开发战略更把支持少数民族和民族地区加快发展作为首要任务。在国家政策的大力帮扶之下,少数民族地区的生活环境有了翻天覆地的变化,生态环境也有了极大的改善。2020 年,我国如期完成了新时代脱贫攻坚目标任务,消除了绝对贫困和区域性整体贫困,近 1 亿贫困人口实现脱贫,取得了令全世界刮目相看的重大胜利。这是中华民族共同努力的结果,是民族共同繁荣的体现。事实上,民族共同繁荣有助于各民族的人口流动,促进各族人民共同生活、增进交流。民族交往愈密切,文化融合愈深入。这都有助于打破各民族之间的文化壁垒、生活差异和语言障碍,进一步促进各民族"你中有我,我中有你"。因此,了解民族共同繁荣也有助于国际生正确认识中国少数民族的生活现状和文化认同问题。

三、中华民族文化的多样性

除了前面提到的疑问,国际生中还存在"中华文化就是汉族文化"的误读。产生这种误读主要还是因为学生对中华民族文化的多样性了解不够。中华民族是多元一体的,中华民族文化具有多样性的特征。

几千年的民族融合造就了今日的中华民族。何星亮认为中华民族文化的多样性特点十分明显,"一是宗教文化的多元性,中华民族文化是由

儒教为主,与道教、汉传佛教、藏传佛教、伊斯兰教和基督教文化和其他早
期宗教文化整合而形成的文化";"二是民族文化的多样性,中华民族文化
是由汉族文化即主流文化与少数民族文化整合而成的文化";"三是地域
文化的多样性,中国地域辽阔,千里不同风,百里不同俗,各地区均有自己
的文化特色";而中华民族文化的同一性存在于多样性之中。[1] 我们需要
帮助国际生认识到中华民族中的汉族和少数民族血脉相连、命运与共的
关系,同时也应该阐释中华文化的多样性和包容性,正是文化的多样性促
进了中华民族的文化融合和文化繁荣。

四、中国少数民族节日

中国有 55 个少数民族,几乎每个民族都有自己独特的节日,民俗活
动丰富多样。向国际生介绍少数民族节日,既能生动地展示少数民族在
中国社会中的活力和魅力,也可帮助学生理解中国的民族平等和民族团
结政策。在少数民族的节日中,既有基于某一民族生产生活需要和生活
环境特点而出现的,例如蒙古族的那达慕、傣族的泼水节、彝族的火把节、
藏族的转山会、苗族的踩花山节、壮族的"三月三"、白族的"三月街"等;也
有基于宗教信仰而多个民族庆祝的,例如,因信仰伊斯兰教,我国哈萨克
族、回族、东乡族、柯尔克孜族、维吾尔族、乌孜别克族等多个少数民族都
有庆祝开斋节和古尔邦节的传统和习俗。中华人民共和国重视少数民族
的文化保护和发展,近年来不少少数民族的节日被批准为国家级或省级
非物质文化遗产。下面,我们结合几个著名的少数民族节日谈一谈少数
民族节日的特点及其所体现的文化多样性。

---

　　[1]　何星亮:《中华民族文化的多样性、同一性与互补性》,《思想战线》2010 年第 1 期,
第 9—10 页。

(一)蒙古族的那达慕

中国幅员辽阔,各个地区的自然环境和地理特征有所不同,人们生产生活需求及生活方式也有所差异。很多少数民族节日的出现依托于其聚居地的生活条件,而后逐渐发展为该少数民族最主要的娱乐活动之一。那达慕正是这一类节日的代表。

辽阔的蒙古草原上的那达慕,蒙古族牧民也称之为"乃日",是基于传统游牧文化和原始信仰而出现的蒙古族最重要的节日,已有近800年的历史。历史上的蒙古族人以游牧生活为主,大家分散居住,那达慕成为把他们凝聚在一起的契机,维系了族人间的社会关系。在每年农历六月初四开始的为期5天的那达慕上,蒙古族人民会开展摔跤、赛马、射箭、套马、下蒙古象棋等民族传统活动,其中又以前三项"男儿三项竞技"最为精彩。由于历史原因,在清代,那达慕被设定为由官方定期召集的有组织有目的的游艺活动。2006年,锡林郭勒盟的民俗文化那达慕在首个文化遗产日中被批准列入第一批国家级非物质文化遗产名录,这一举措肯定了那达慕在蒙古族文化体系中的重要地位。

(二)傣族的泼水节

泼水节,亦称"浴佛节",傣族将这一节日称为"桑勘比迈",是我国西南地区傣族、阿昌族、布朗族、佤族等少数民族的传统节日,也是少数民族宗教性节日发展为民族娱乐活动的代表。《中国大百科全书·民族卷》所列词条中介绍,泼水节"与小乘佛教的传入有密切关系,其活动包含许多宗教内容。但就其以泼水为主要活动的原始意义来说,也反映出人们征服干旱、火灾等自然力的朴素愿望"。① 《中国风俗辞典》也提到,泼水节"起源于印度,后随小乘佛教传播,经缅甸、泰国和老挝传入我国傣族地区,故又称——'浴佛节'"。②

发展到今天,泼水节已不仅仅是少数民族的节庆,更是西双版纳地区重要的旅游资源。傣族的泼水节在每年傣历 6 月,一般持续 3—7 日,节日期间当地会举办各种庆祝活动,如赶摆、赛龙舟、浴佛、诵经、白象舞表演等,而泼水活动则将节日气氛推向高潮。人们盛装出席,用清水为佛像洗尘后再互相泼水,希望用得到佛灵保佑的圣洁之水冲走疾病和灾难。不论是当地居民还是游客,大家用各种容器盛水,尽情泼洒,互祝吉祥,欢歌笑语,"泼湿一身,终身幸福"。

2006 年,云南省西双版纳傣族自治州的傣族泼水节被批准列入第一批国家级非物质文化遗产名录。现在的泼水节不仅仅是各族人民大团结的重要纽带,也在我国与东南亚各国友好合作交流中起到了积极作用。

(三)白族的三月街

三月街是白族人民盛大的传统节日,流行于云南大理等地,于每年 3 月 15—21 日在大理城西的苍山脚下举行,是专门为商品交易而设定的民族节日。相传唐代南诏时期,观音于每年 3 月 15 日到大理传经,人们礼拜诵经并形成了讲经说佛的庙会。当时南诏是云南的政治、经济和文化中心,与东南亚各国往来密切。由于处于重要的地理位置,节日之时,除了礼佛信众,往来的商贾行人也很多,因此本是善男信女会集的"观音街"

---

① 包尔汉:《中国大百科全书 · 民族卷》,中国大百科全书出版社 1986 年版,第 362—363 页。

② 叶大兵:《中国风俗辞典》,上海辞书出版社 1990 年版,第 236 页。

逐渐发展为开展滇西贸易的"三月街"。久而久之,人们不仅是去礼佛,更是去赶集,相关诗词中亦不乏对当时贸易集市热闹情境的描述和记载。作为一年一度的重要集市,传统三月街以骡马、药材、茶叶的交易买卖为主,此外还有赛马及马术表演等传统活动,后来甚至发展为多国物资贸易的商业市场。毫无疑问,三月街在西南地区物资运输和文化交流中发挥着重要作用。2008 年,大理三月街被批准列入第二批国家级非物质文化遗产名录。

第三节　能顶半边天：中国女性成长史

有很多西方学者认为中国文化是通过女人的手传到西方去的，因为维吉尔（古罗马诗人）[①]的田园诗描述了中国村民们的服装，而《诗经》的早期诗篇中明确表达纺织品的制作是属于女性的行业。中国历史和神话中最早、最著名的女性形象是女娲，传说她是伏羲的妻子，她在共工怒触不周山后，用五色土修补了宇宙，五色土是金、木、水、火、土五行的起源，女娲也成为"地球母亲"的原型。1976 年在河南发现了妇好之墓，根据甲骨文的记载，妇好是商代第二十三代王武丁的妻子，曾多次率兵出征，立下赫赫战功，深得武丁的宠爱和臣民的敬仰。

一、中国女性形象的变迁

中国妇女在西方人眼里的形象可追溯到马可·波罗时代：漂亮、奢华。《马可波罗游记》中写道："这地方（建州，今福建建瓯）的女人美丽标致，过着安逸奢华的生活。""她们（杭州妇女）很有姿色，并且是娇生惯养长大的，她们的绸缎服装和浑身珠宝的昂贵，是令人无法想象的。""而且，男女间相互敬重，男人对自己的妻子表示出很大的尊重，没有妒忌和猜疑。"[②]到了 19 世纪，中国妇女的生活成为西方来华人员广泛讨论的话

---

① 普布留斯·维吉留斯·马罗（拉丁文：Publius Vergilius Maro，常据英文 Vergil 或 Virgil 译为维吉尔），是奥古斯都时代的古罗马诗人。其作品有《牧歌集》（*Eclogues*）、《农事诗》（*Georgics*）、史诗《埃涅阿斯纪》（*Aeneid*）三部杰作。因此，他也被当代及后世广泛认为是古罗马最伟大的诗人，乃至世界文学史上最伟大的文学家之一。

② 张跃铭：《〈马可波罗游记〉在中国的翻译与研究》，《江淮论坛》1981 年第 3 期，第 60 页。

题，传教士、外交官和文学家、诗人在写实作品和虚构文学作品中塑造了一些愚昧落后又封闭麻木的小脚女人形象，直到今天，这一形象还有一定的市场，形成了西方观察中国妇女的"套话"，影响了其对中国女性的正确认知。事实上，关于女权主义研究的重要著作中有一本是朱莉亚·克里斯特娃写的《中国妇女》，其中详细地阐述了中国女性近 100 年来在社会中的地位和表现，特别提到了觉醒了的中国妇女对缠足现象的批判。①

张爱玲的小说和王家卫的影片展现了部分大都市中国妇女 20 世纪前半段的形象，她们听西方音乐，吃西餐，多少有点冷漠，带有一点异国情调的忧伤。20 个世纪 90 年代后期，一些中国女人穿上了新潮的服装，特别是杨紫琼在《007 詹姆斯·邦德》的影片中出演一个角色后，这些服装更流行起来了。现在，外国人到中国来，特别是到一线城市北上广深，会注意到新一代中国女性完全不同于过去媒体和文学作品中塑造的传统中国妇女的贤妻良母群像，而是跟西方女性一样追求思想独立和经济独立。西方人从谭恩美的小说《喜福会》、严歌苓的小说《玛阁是座城》或电影《卧虎藏龙》《秋菊打官司》中得来的中国女性形象，只能说和中国女性有关，但是并不能涵盖全部。

进入 21 世纪后，跨国恋情已经不是什么稀奇的事情，越来越多的外国男人渴望娶一个中国女人回家当老婆，中国有五千年历史，神秘的文明古国里中国女性特有的含蓄美，构成了外国人说不清道不明的东方情结。中国在国际上的影响越来越大，对外宣传也越来越多，奥运会、世博会、G20，中国受到全世界前所未有的关注。"中国制造"的女性越来越受欢

---

① 1974 年，作为法国知识分子论坛《原样》(Tel Quel) 的一员，朱丽娅·克里斯蒂娃(Julia Kristeva)和杂志主编马尔塞林·普雷奈(Marcelin Pleynet)等人对中国进行了为期两个多月的参观访问。这次访问，产生了大批的相关著述。克里斯蒂娃应法国妇女出版社之约，当年就发表了这本纪实游记。

迎,对许多欧美男人来说,能娶到中国老婆是件十分自豪的事情,在亲朋好友面前是一副幸运加幸福的神情。尼古拉斯泰勒是美国俄勒冈州波特兰市一家保险公司的金融分析师,一年多前迎娶了中国太太。泰勒对中国女性最初的印象来自影视,感觉中国女人都会武功,身手不凡。工作后身边的中国同事慢慢多了,他才开始对中国和中国女性有了更多的了解。"我对中国女性的印象是她们非常亲和、温柔,而且厨艺一流。"泰勒表示,美国女性和中国女性在家庭和事业上有很多共同之处,但中国女性对家庭和事业都很看重,努力维持两者的平衡。他说,身边大部分美国女性在孩子上中学前在家做全职妈妈,而他认识的中国妈妈基本上都既要上班还要带孩子。她们在外努力工作,持家也很在行,美国太太在空闲时可能更多是去休闲健身;而中国太太更顾家,会花很多时间做家务。[①]

二、外国人眼里的中国女人

(一)中国女人看不出年龄

西方人早就已经达成共识,不能用相貌来判断一个东方女人的年龄,因为大多数中国女性看起来都比实际年龄小。外国人眼中的中国女人除了拍照时候喜欢用美颜相机,还有几个冻龄秘诀,他们总结如下:

(1)中国女性在美容产品上花费大概每月四分之一的收入或更多,相比于本国品牌,白领们更青睐韩国或日本品牌,富太太们喜欢欧洲品牌。去美容院做个护理,泡个澡早已是很多中国女性的固定消费项目了。

---

① 《温婉　坚韧　独立——外国人眼中的中国女性》,新华网,2016 年 3 月 7 日,http://www.xinhuanet.com//politics/2016-03/07/c_1118259890.htm。

（2）中国人以白为美，所谓一白遮百丑，中国女性为了保持漂亮的肤色，从防晒霜到墨镜、遮阳伞全副武装，还发明了一种只露出眼睛的游泳衣，被戏称为脸基尼。

（3）在身材保持方面，中国女性完全融入全球减肥潮流。事实上，很多不瘦的人都被认为是胖嘟嘟的。"强壮"用在女性身上是有侮辱意味的。

（4）中国的女孩是甜美可爱的，是永远的小公主。基于这样的理解，不同年龄的女性，甚至 30、40、50 岁的她们，都喜欢用柔和的色彩（尤其是粉红色）、动物饰品和鲜亮的丝巾来装扮自己。

（5）每天的日程是精心安排的，生活比较有规律，早餐、午餐和晚餐时间基本一致，早睡早起睡眠充足，午饭后还得睡个午觉，美其名曰"美容觉"。

（6）大多数中国女人似乎都知道在哪个季节哪些食物对女人有益。这样的食物通常会使人变得美丽和健康：生理期喝姜糖水，黑芝麻对头发好。

（7）中国女人一般不喜欢巧克力和糖果，他们喜欢吃咸的或辣的小吃，吃大量的蔬菜，喜欢喝热水。这对她们保持身材和健康有好处。

（8）中国女人不喜欢过于暴露的服装，每一个女孩心里都有一个婚纱梦和旗袍情结，旗袍可以看成是传统、保守又充分展示女性曲线的紧身连衣裙。

（9）关于中国女性，有一个有趣的传统——"坐月子"。新生婴儿的母亲生育后需要在床上待一个月。这期间，她不能出门，要穿最暖和的衣服。中国人认为在分娩过程中新手妈妈消耗了大量的能量，所以她们需要一个月的休息，身体才能恢复，甚至有时候还能治愈她分娩前的疾病。

(二)中国女人勤快爱学习

改革开放以来,中国女性的文盲率从 1982 年的 45.2％降至 2010 年的 7.3％,接受高等教育的比例则从 1982 年的 0.4％升至 2010 年的 8.9％。2014 年,普通高等学校本专科和硕士研究生在校生中的女生比例分别达到了 52.1％和 51.6％。这样的成就可谓惊人。① 在就业方面,美国贝恩咨询公司 2014 年的数据显示,中国有 73％的女性加入了劳动者大军,这个比例高于许多西方国家。近年来,中国女性创业的趋势极为明显。阿里巴巴集团的一份报告指出,在该集团旗下的淘宝网、天猫和聚划算的 8500 万家网店当中,有 50.1％由女性开设并经营。她们不仅经营服装和美容产品,还打入了传统上由男性把持的领域,比如电子产品和家具行业。值得关注的是,有很多精明强干的中国女性凭借自身能力跻身富豪行列,《福布斯》杂志 2015 年的调查发现,中国前 100 富翁榜单中,女性占到了近三分之一。

浙江工商大学"中国概况"课程连续五年在国际生中进行"中国社会生活小调查",其中一个问题就是:请你们用五个词来形容中国女人,调查结果排名前三的分别是美丽、勤劳、温柔。来自丹麦的比尔来攻读硕士学位之前在博世(杭州)集团工作,业余时间学习汉语,他说:"我来中国工作五年了,我认为中国是一个竞争非常激烈的国家,大学生毕业后马上就承受很大的经济压力。在北欧不是这样,人们都很悠闲,我们国家的社会保障制度使得大家都变成了懒汉。我喜欢努力工作,所以我更喜欢中国这样给年轻人创造机会的环境。中国的女孩子跟男孩子一样,有非常强的

---

① 联合国计划开发署:《中国人类发展报告》,2016 年。

赚钱的欲望。我曾先后交往过两个中国女朋友,她们都曾经是我的同事。她们工作非常努力,经常像我一样加班,下班后还认真准备去英国留学的考试。"

(三)中国女人是坚韧的虎妈、孝顺的女儿

凯文和他的中国太太林女士18年前在校园相识、相恋,现在一家四口幸福地生活在旧金山。凯文说,认识妻子前,他对中国以及中国文化几乎一无所知,中餐是他对中国文化的全部了解。认识妻子后,他才真正接触到中华文化,知道了中国民歌《康定情歌》,看了中国电影《我的父亲母亲》,从此迷上对中国文化"不能自拔"。无论是中国的文学、电影还是音乐,妻子对中国文化的执着之爱令他叹服,而她性格中最强烈的特点正是这种坚韧。在凯文看来,正是因为这一特点,美国公司里华裔女性相当受欢迎,她们好相处、工作能力强,总体上都相当成功。在家庭生活中,妻子能干,而且有原则,尤其是在教育孩子上。每个周日下午林女士都风雨无阻地送孩子去中文学校上课,凯文认同并感谢妻子的苦心和严格,不过偶尔也会调侃下家里的"虎妈":"晚饭时孩子们偶尔少吃几口蔬菜也没关系吧。"很多外国人从哈佛教授蔡美儿的自传里知道了"虎妈"这个词,他们到了中国,发现比蔡美儿更"虎"的中国妈妈比比皆是,因为在中国妈妈看来,这并不仅仅是中国文化的望子成龙,爱孩子就要给他们创造最好的条件,"父母之爱子,则为之计深远"①。对于孩子的学习和将来,父母是有不可推卸的责任的。

我们的外国朋友——意大利酒庄老板里卡多对自己的合伙人方女士

① 此名言出自《战国策·触龙说赵太后》。

非常赞赏。"我眼中的她总是那么阳光、自信,她的孝顺尤其令我感动。"里卡多说,一名独自带着两个女儿的妈妈在异国他乡艰难创业30年,从在服装厂打工,开美容美发店,到投资民宿旅游公司,最后有了自己的葡萄酒品牌,她今天取得的成就与她作为中国女性那种吃苦耐劳、不屈不挠的精神是分不开的。而最让里卡多敬重的,是她的孝顺。父亲去世后,方女士把母亲接到意大利与自己同住,只要不工作,她都在家陪母亲,而且亲自下厨做饭。即使到外地开会,她也会每天打电话问候母亲。里卡多说,在方母86岁寿辰时,方女士为母亲操办了寿宴。"当我看着她在忙碌的工作间隙抽空打电话邀请亲朋好友出席时,其体现的中国孝道让我特别感动。"

三、外国人对中国女人的误读

(一)中国女权主义盛行,女人地位很高

2019年3月8日国际劳动妇女节,《维度》联合腾讯理财着眼女性生存消费领域推出问卷调查,共计回收有效样本11556份。报告显示,近四成中国家庭由妻子主要负责日常开支,超20%女性的个人月收入占家庭月收入总和一半以上。"女性经济"这个提法的出现本身就很说明问题,不过一个不争的事实却是,虽然在中国大城市一半以上的家庭中,女性对于家庭支出具有一票否决权,但是家庭财产的大头还是掌握在收入比较高的丈夫手里,特别是在广大农村地区。

截至2010年,中国的女性就业率为74%,在金砖四国中最高。巴西为64%,印度为35%,俄罗斯为69%。联合国开发计划署发布的报告指出,中国女性就业率远远高于世界53%的平均水平,但歧视状况仍未明

显改善。在参与调查的 134 个国家中，中国男女平等程度排第 61 位，跟也门、巴基斯坦、埃塞俄比亚差不多。中国职业女性从事家务的时间是平均 137 分钟/天，而男人是 36 分钟/天。中国男人每天用于看电视、看报纸、学习、进修、娱乐的时间均远远高于女性，中国城市大量存在"丧偶式育儿"现象，也就是说在家庭教育中，父亲经常是缺席的。在欧美国家，如果一个女性既承担有偿工作，又承担家务，会被人认为神圣而崇高，因为太难做到了。但是在中国，这种状况是女性生活的常态。因此说中国是女权运动最成功的地区，实在名不副实。

1995 年，"女权是人权"的口号第一次从北京传到中国各地，联合国第四次世界妇女大会在北京召开。20 年后的 2015 年 8 月，中国社交媒体上最具影响力的女权账号"女权之声"发起了一项网络调查，邀请女性公众对与自身生活息息相关的性别平等问题做出评价。同年 9 月 24 日，"女权之声"公布了这一调查的初步结果。问卷通过网络（主要是微博和微信）发布，在三周时间里总共回收了有效问卷 3094 份。平等就业机会是比较突出的问题，有 85% 的受访者对此持负面评价，主要问题是招聘过程中存在的性别歧视。受访者提到的行业有外语、新闻、海洋化学、建筑行业、物流、厨师、医院、经济金融、IT 等，几乎涵盖了所有的行业。在平等财权方面，69% 的受访者认为在中国，特别是在中国农村地区，儿子、女儿并没有同等的财产权。负面评价最高的是针对妇女的暴力的立法和措施，包括家庭暴力和性骚扰等。

（二）"中国大妈"是个略显贬义的称谓

不可否认，近年来虽然中国经济飞速发展，但中国女性在美与雅的提升道路上，有顾此失彼的不协调现象。中国女性的礼仪修养和文化艺术素质亟待提高,这方面的缺失常常会造成种种尴尬,特别表现在国外的中国观光客群体中,往往出现讲话声音高、不排队、乱扔垃圾、着装缺乏格调、说话不顾公共环境的"五乱"现象(乱嚷、乱扔、乱挤、乱穿、乱说),以致外国人把"五乱"行为当作区别中国女性与其他亚裔女性的典型标志。对于拥有悠久礼仪之邦文化并为之自豪的我们来说,这无疑是需要每个国人深刻反思的现象。但是《牛津字典》收录"中国大妈"这个略带贬义的词条其实是不公平的,绝大部分的中国大妈有一颗勇敢善良、热心助人的心。

在浙江大学巴西交换生玛丽娜眼里,中国女性在当代社会中承担重要角色,女性一般都会像男性一样在接受教育后工作。南美女生结婚较早,而中国女生的自由度更大,她们结婚生子晚一些,留给自己更多的时间学习工作。玛丽娜说各个年龄段的中国女性都给她留下美好印象,尤其是退休后发挥余热的中国大妈。她说,在西湖边坐公交车总能看见挥舞着小旗、带着小黄帽子红袖标的大妈们在维持秩序、疏导人流,给路人指路,让初来乍到的异乡人感觉很温暖。在大学校园里,无论是宿管阿姨还是保洁阿姨,都对学生们照顾有加。

中国中老年女性这种暖暖的"人情味"也给获得"西湖友谊奖"的外籍教师劳拉留下了深刻印象。她说她养了几只小猫,每年暑假她和丈夫回法国的时候,都是对门的邻居大妈帮她照顾小宝贝们。国际生们在调查报告中具体描述了中国大妈,觉得无论在学习还是生活中,他们遇到的中国大妈都善良、体贴、贤惠,有耐心,特别是学校里的中老年女教师,她们有知识、有文化,能够更好地平衡家庭和工作的关系。

(三)中国女孩大胆开放

在外国人的眼里,中国女孩有两种类型。一是传统型:这类女孩往往性格温和、内向,对男人,特别是西方男人怀有很强的戒心。如果你夸赞她们的衣饰漂亮,她们会红着脸走开,想请她们吃饭、泡吧是非常困难的事情。第二种是西化型:这类女孩性格开朗、爱交际,除了肤色,和西方女孩已经没有太大的区别了。她们可以痛快地接受外国人的邀请,一起出去跳舞、旅行。这样的女孩子多了,以至于有些外国人就武断地认为中国女孩开放。其实中国女孩从骨子里认同传统文化描述的那种含蓄、内敛、矜持的美,比如曹雪芹笔下的林黛玉,以及四大美人中的王昭君、西施,再加上中国父母还不好意思对孩子进行性教育,因此很多女孩对性和生育十分谨慎,说她们开放还真是误会了她们。

从恋爱婚姻的角度来看,中国女人是非常重感情的,不要说古代四大爱情悲剧《梁祝》《白蛇传》《孟姜女哭长城》《牛郎织女》里面都有一位忠贞不渝的女主角,就是现代朦胧诗鼻祖舒婷,她也将中国式的完美爱情比喻为两棵相依的大树。在中国,占据主流的爱情观是独立、重情、忠诚,中国女性大多向往从一而终、执子之手与子偕老的婚姻,她们的传统爱情观包括五个方面的维度:一是忠贞,海枯石烂不变心,因此女性婚内出轨比例远远低于男性。虽然最近几年大城市的离婚率居高不下,但三四线城市视离婚为家族耻辱的依然不在少数。二是内敛含蓄,中国夫妻很少说"我爱你",中国女性更是羞于在公众场合表达对伴侣的感情。三是不完全自主自由,父母之命、媒妁之言虽然不多了,但是婚姻需要获得父母的祝福依然是大部分年轻人的共识,因此他们常常不得不容忍来自长辈的催婚、催生。四是淡泊隽永,强调心的距离而忽视身体的距离,两情若是久长时又岂在朝朝暮暮,对有些情侣来说异地恋、分居都不是问题。五是阶层限制,普遍看重门当户对。

已经毕业多年的英国学生麦克能讲一口流利的中文,他说:"无论是在职场、体育运动还是在科学领域,中国女性都不输男性。获得诺贝尔医学奖的屠呦呦就是一个极佳例证。"现在他在一家语言学校担任外教,娶了同事——一位来自中国江西小镇的姑娘,婚后很快生了一个千金,麦克觉得中国女孩很自立、坚韧、善良、贤惠,绝对是贤内助。他常常在朋友圈晒妻女。

四、误读背后的文化因素:中西方女性意识的觉醒

妇女解放从来就是一个民族、一个社会、一种文化变革的重要组成部分。"女性意识"的提出以及被强调重视,是女性自我意识逐步解放的必然,其根本宗旨就是争取并实现男女两性在各方面拥有平等权利。由于东西方历史文化的不同,女性的意识也存在着不同。[①]

(一)中西方女性意识的相似点

1.物质和精神的双重独立

不同地域、不同年代的婚姻和爱情有着诸多的相似:无论中西方,在传统的意识中,妇女都是男人的附属品,女性没有独立的人格。

在中国,男女在经济、性别和权力中的关系决定了女性的脆弱地位,儒家"三从四德"的观念大大阻碍了女性个性、人格和自由空间的发展。因此,在中国女性的爱情观里至今或多或少有"嫁汉嫁汉、穿衣吃饭"的功利因素和依赖心理。同样的,18世纪的英国女性的生活来源只是出嫁时有限的嫁妆,为了保证未来的生活衣食无忧,她们必须在出嫁之时即做长

---

① 王志华:《女性意识及其超越——论九十年代女性写作》,山东师范大学硕士学位论文,2001年。

远的打算,寻求能给她们足够财产的另一半。

正是在这样的压迫下,中西方的女性越来越清醒地认识到只有达到物质和精神上的双重解放,才能彻底摆脱男性的压迫,获得女性的真正自由和平等。正因为此,恩格斯才将妇女的彻底解放和婚姻的充分自主寄托在妇女经济地位的提高和阶级对立的消灭上。应该说,1949 年中华人民共和国成立后中国女性的地位获得了前所未有的提高,毛主席曾经旗帜鲜明地支持这样的变革:妇女能顶半边天。也是在这样的大背景下,妇女的就业率、受高等教育的比率一直在高位。

2.抗争是达到两性平等的唯一途径

在中国传统文化中,以男性为主宰的父权文化压抑着妇女,使其地位越来越低下,"唯女子与小人难养""女子无才便是德"便是印证。在西方的文学传统中,夏娃是亚当用肋骨变出来的,于是创造的能力和权力一直被赋予男子。在简·奥斯汀①生活的 18 世纪,詹姆斯·福迪斯就认为:"在造就你们女性时,大自然似乎没有赋予你们像男性那么多的精力。"②首先,中西方的女性意识强调女性在才智、理性和能力等方面丝毫不亚于男性,女性不应是历史发展长河中的旁观者,而应该是参与者。中国女性参加社会工作的比例为全世界最高,就算是全职太太也不意味着和社会完全脱节,女将军、女院士、女企业家、女领导在社会各行各业中发挥着自己的聪明才智。其次,中西方女性意识都强调女性要敢于同封建传统势力抗争,为女性寻求独立的人格而呼喊。前述的就业歧视、财产不平权、家暴、性骚扰,不仅是中国女性的问题,也是全世界女性共同面临的困境。

---

① 简·奥斯汀:Jane Austen,1775 年 12 月 16 日—1817 年 7 月 18 日,英国女小说家,主要作品有《傲慢与偏见》《理智与情感》等。
② 王颖:《〈傲慢与偏见〉中体现的女性意识》,《时代文学(上)》,2010 年第 6 期,第 159 页。

(二)中西方女性意识的不同点

1.中国女性"和为贵",西方女性"爱拼才会赢"

在中国,漫长的男权文化塑造了女性的"出嫁意识",使现代女性即使人格独立、经济自立、事业成功,也都免不了情感、精神、心理上对异性的寄托和依赖。同时儒家文化强调的是天地人和的理念,希望人们互相感化以求和谐。在这种环境下,中国女性相对来说会以更加温和的方式与不平等的待遇做抗争,很多时候寄希望于男性的理解,更希望在事业家庭情感之间找到平衡。所以即便是已经进入 2021 年的今天,依然有许多中国女性觉得不结婚、不生育是不完美的人生。西方现代文化是以理性主义思想为前提的,主张以科学启迪人类,以文明使人类摆脱蒙昧,以真理的取得为终极目标。西方女性在生活中更加积极地面对人生,期待经过自己的不断努力获得圆满结局,她们不太在意他人的评价和周遭的有色眼镜,"开放"这样的词对她们来说可能意味着褒奖。面对性和婚育问题,她们遵循"我的身体我做主"。

2.中国女性"集体主义"与西方女性"个人主义"

女性意识在中国更强调女性的集体觉醒和价值实现,因为中国传统文化强调集体主义,中国人大都有着强烈的归属意识,对于心灵安顿和幸福的重视远胜于"个人权利",因此中国女性多"孝女""贤妻"等美称,而忘记了自我。她们对于女性解放也更多依赖组织比如妇联,或者依赖立法,Metoo 运动在中国虎头蛇尾就是例证。另外集体主义造成的还包括缺乏独立思考、容易从众跟风等负面影响,这也可以解释为什么中国大妈走出国门是扎堆的,连买保险、抢购黄金都是步调一致的。西方文化传统强调个性主义,尊重女性自我意识的展现。西方女性希望通过自身个人素质的不断提高以及自我价值的不断实现，去追寻自己在社会中的平等地位，并最终赢得男性的尊重，她们在家庭中对待丈夫的方式类似于对待合伙人。

在今天的中国社会，女性的社会地位及自我价值的实现已经得到了显著的提高。中国女人不再是一个性别符号，而是具有了对自己生存价值的思考，具有了对实现自我的需求，具有了对外部世界支配权的追求。外国人眼中娇柔隐忍、小家碧玉的中国姑娘，要在建设新世纪的过程中做自己人生的大女主。

第四节　新时代新格局:中国青年的国际形象

　　青年是新文化的促进者和推动者,是推动一个国家未来经济发展与社会进步的主导力量。进入21世纪以来,中国社会在各方面都发生了深刻变化,这为青年的发展提供了更有利的时代背景与社会环境。"国民形象是公民素质、行为、道德、理念和精神追求的抽象整合,它直接或间接地影响国家文明形象的好坏。"[①]青年形象是国民形象的重要组成部分,也是国家形象在青年群体中的具象表现。几年前美国《福布斯》杂志的一篇文章中写道:"中国青年正在中国本土进行着越来越多的消费,并且终有一日将成为中国工业与经济发展的主宰。由于年轻人如此之重要,中国媒体和外国媒体都在试图让人们了解这一群体。"外国的重要领导人如英国前首相卡梅伦、美国前总统奥巴马都曾对中国青年表示关注与兴趣,在来华访问期间还安排了与中国青年的对话交流活动。

一、青年代表未来

　　习近平总书记在2014年的五四纪念活动中提出"青年是标志时代的最灵敏的晴雨表,时代的责任赋予青年,时代的光荣属于青年"。2016年习近平总书记在一次座谈会上又提出"要敢于做先锋,而不做过客、当看客"等对青年的期待,鼓励青年们"让创新成为青春远航的动力,让创业成为青春搏击的能量,让青春年华在为国家、为人民的奉献中焕发出绚丽光

---

　　① 刘小燕:《从民形象传播看国家文明形象的构建》,《国际新闻界》2007年第3期,第17—21页。

彩"。近年来,习近平总书记也一直身体力行地致力于推动世界青年互联互通,鼓励青年做国与国之间文化交流的使者。

中国的外交需要青年,世界关注中国的青年,可以说,在传播中国声音和塑造中国形象上,中国青年正发挥着越来越重要的意义。作为2019年加拿大 G20 峰会中国青年代表团成员之一的中国高校传媒联盟执行主席、清华大学《清新时报》总编辑李燕茜表示:"青年代表的价值,更重要体现在如何更准确、更有说服力和亲和力地向世界传播中国。"而且,随着信息化技术的发展,国与国之间交流渠道更为多样,交流机会也日趋频繁,青年迎来了与世界广泛交流的新时代,这为青年展现自己的形象提供了更多的机会,因此,对青年群体而言,如何表达,如何全面而真实地展现自我形象,并与中国形象相符,是值得研究的话题。

二、外国人对中国青年的印象

(一)来华国际生眼中的中国青年

关于来华国际生对中国青年的看法,史媛媛等研究者做了相关调研①,研究中所提到的正面评价包含爱国、友善、热情、礼貌、勤奋、喜欢接受新事物等,负面印象比如没礼貌、不守规则、不讲卫生、想法狭隘、小气、爱面子等。从总体来看,我们可以了解到,在礼貌与否、友善与否、喜欢接受新事物还是保守狭隘等方面,其评价出现了矛盾。

我们也曾对在杭国际生做过一个小范围调研,了解他们对中国青年

---

① 史媛媛,佐斌,谭旭运,刘力:《来华国际生中国人刻板印象研究》,《青年研究》2016 年第5 期,第 85—93 页,第 96 页。

群体的印象,其中"用一个词描述你对中国青年的印象"这一题,48％的人作出了正面评价,其中包括努力、勤奋、聪明、好学、友善等,约 17％的人给出的描述是偏负面的,比如不自信、不成熟、不够有趣、保守等。从词频统计来看,用了"害羞"来描述的占 18％,而有 11％的人用了"努力"来描述。另外,调研中也让受访者提出对中国青年的相关建议(图 1-1),超过 68％的人认为中国青年可以"更自信一点",约 35％的人建议可以"更开放地面对不同的想法",超过 29％的人认为中国年轻人可以更加有创造性。这跟前述负面评价中的"不自信、不成熟、不够有趣、保守"等正好是对应的。

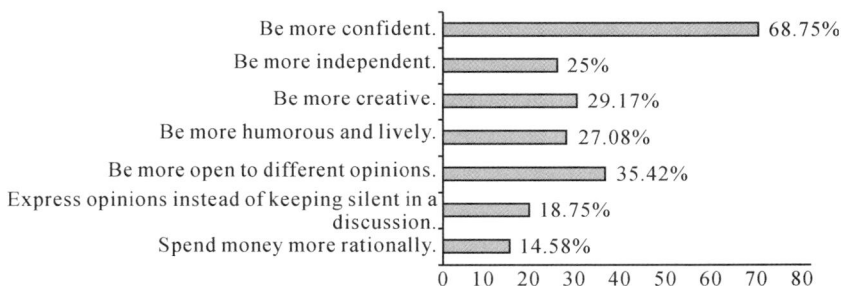

图 1-1　国际生对中国青年的建议

(二)海外民众眼中的中国青年

关于海外民众对中国青年的看法,在《2013 年中国国家形象全球报告》中,老外评价中国青年是这个国家未来的希望,爱国、勤奋、富有活力、有独立主见和行动能力。该报告还反映出海外民众认为中国青年人爱国的程度超过中国人自己的评价,而在另一方面,他们对中国青年人的懒惰、被宠坏这两点的否定程度也超过中国人自己对青年人的评价。

第五次"中国国家形象全球调查"(2017 年)的《中国国民形象报告》

显示,从整体中国国民形象来看,海外受访民众普遍持正面积极的看法,包含勤劳敬业、诚信谦虚、热情友善及崇尚集体主义等。同时,近41.6%的受访者认为中国人比较传统保守,而30.2%认为中国人在开放创新方面表现不足。其他负面评价还包括不文明的游客形象、奢侈消费的"暴发户"形象、不遵守规则的形象。

该调查显示,发展中国家如俄罗斯、巴西等国对于中国文化正面形象的认同度总体上高于发达国家,年轻群体对中国国民形象的看法更积极,而不同国家与中国的双边关系对该国民众对中国的评价有直接影响。另外,海外受访民众了解中国的途径主要有三类,76.5%通过海外媒体,25.3%通过中国媒体,59%通过亲身经历。

(三)海外专家眼中的中国青年

"青年中国"是一个世纪以来中国文化中重要的命题,新的年轻一代值得学者分析、解读。

长期关注中国发展的乌克兰学者瓦列里·别毕克曾8次到中国访问,"五四运动"100周年时,他发表评论,评价中国青年学者有很好的专业知识,富有创新能力,他们很容易找到彼此共同语言。中国的青年人非常好地掌握了信息技术,喜欢学习外语,尊重外国文化,喜欢交流。他还认为中国领导人对青年一代的重视,保证了国家不断发展进步,中国青年一代非常好地继承了传统文化,并致力于推动中外文明对话。①

《中国城市里的年轻人》(*Young Chinese in Urban China*)作者阿历克斯·考克凯恩(Alex Cockain)试图将中国青年"去标签化",刻画出新

---

① 《"五四运动"100周年 | 乌克兰专家:中国重视发挥青年作用》,央视新闻新媒体官方账号,2019年4月30日。

形象，他认为中西方对于"青年"的理解有异，西方对青年的理解是没有经验、冲动叛逆，而在中国，青年是充满希望、勇气和活力的代名词。在中国发展历程中，青年代表了理性、现代和科学，在伟大的社会实践中，青年人的力量与知识也得到了强调。社会舆论讨论"青年问题"是从 20 世纪 80 年代开始的，"垮掉的一代""富二代"等看法就是那时产生的。考克凯恩首先从纵向的历史视角来分析中国青年形象的变化历程，也从横向视角，分析出不同社会背景、事件对青年形象展现的影响，并认为青年的形象不是单一的、固化的。

德国波恩大学的 Olga Kisselmann 撰文描述了"90 后"中国青年的特征，她评价这一代人注重"时髦和表达个人风格"。成长于消费主义社会中，这一代青年在寻求归属感的同时也在寻求自我表达。比如对"屌丝"概念的转换和接受，该词从最初的"失败者"含义，到后来转变成"虽然没有太多力量取得成功但仍然追求梦想迎接挑战的人"这一新含义，并得到了"90 后"青年的接受与肯定。该文还对比了不同时代中国青年面对工作的态度，相比较于"70 后"注重高薪和地位，"80 后"注重工作生活的平衡和工作环境，"90 后"更倾向于从事与个人优势和才能相匹配的工作，并追求工作的意义。作者认为"90 后"青年的创造力、大胆和开放性是中国经济发展的现阶段非常需要的品质。

美国布鲁金斯学会的桑顿中国研究中心曾召开研讨课专题讨论"理解中国'愤青'"的话题，以专门研究中国社会中新一代青年群体的独特性。亚利桑那大学战略媒体与公共关系专家吴旭曾说，新一代中国青年生长的环境给了他们一种非常强的自信，这种自信以及对自我的重新认知是前几代年轻人所没有的。青年对祖国的骄傲感与西方对中国的抨击相碰撞，容易让部分人产生愤怒的情绪，但从总体而言，他认为青年人能够越来越平衡和理性地看待问题，并积极思考中国与外界共同发展的问题，试图寻找并追求人类共同的价值。

瑞典斯德哥尔摩大学传媒学教授安德斯·鲍威尔曾在接受《环球时报》记者采访时表示，西方关于中国青年的评价是随着时间推移而变化的，如 21 世纪初称第一代独生子女为"被宠坏的一代"和"经济的一代"，对中国青年的印象是他们除了自己和金钱，对别的都不关心，但随着中国青年在一些社会大事件（如四川大地震、东京奥运会）中的表现，外界对中国青年的印象在更新。

日本 JCC 新日本研究所副所长庚辛对中国青年的评论是：开放、自由，较具有"国际标准"，受益于改革开放，也需经历中国特殊发展阶段的磨炼，需面对教育、就业等难关，需要乐观、勇敢、创造、务实精神，任重道远。

（四）境外媒体呈现的中国青年

一些外国人对中国人存在偏见和歧视，一方面来自历史原因以及其自身的狭隘认识，另一方面来自西方媒体对现代中国的片面报道。一些研究表明，媒体传播的内容并未纯粹地反映真实世界，而是选择性地"重建"了这个世界。媒体在中国人形象的塑造方面起着非常重要的作用。

国际媒体通过报道一个国家各方面的情况，在话题选择、报道角度选择、报道频率控制等方面做相应的设置，也在进行着对该国形象的媒体建构。由此，对特定人群或社会事件的聚焦报道，也极大地影响着被报道群体形象的展现，并广泛而深入地影响着媒体受众的理性认识。

在国际上，中国青年群体越来越被视为推动世界前进的正面力量。然而我们也需要认识到，目前中国青年群体在国际上的形象其实不如我们想象中理想，这与部分境外媒体的形象构建有着密切的关系。部分国家的外媒在报道时选择性地将不具普遍性的部分青年群体与事件进行放大与凸显，在一定程度上也给中国青年的国际形象造成了一定的负面影响。涉及有关中国青年的情况的境外媒体主要包含杂志、报纸和纪录片等几种类型。

英国《经济学家》杂志中的一篇报道评价中国的"80后"一代既国际化，又对自己的文化主体产生焦虑，从而激起强烈的爱国主义。加拿大《环球邮报》中的一篇文章评价中国年轻人更聪明、更有活力，但对物质的追求强于精神追求，更为现实。美国《新闻周刊》评价中国年轻人敢于花钱、提前消费，具有国际消费潮流，热衷户外，但会受到来自就业困难等因素的影响。

当传播主体与受众不在一套相互熟悉的价值体系中时，媒介产品是了解对方的最佳选择。相较于文本，影像视频更为直观、直接地向受众传达内容。据王宇航等学者的统计，相比较于法、加、德、意、日的主要媒体，美国 CNN 和英国 BBC 对中国青年关注较多，关注主题方面主要是社会问题，在这方面，国际媒体基于比较负面的行为与事件进行报道，聚焦社会问题较多、发展不均衡的青年群体，整体消极评价多于积极评价。评价积极的方面，包括认同中国青年热爱科技、渴望创新的特点，也肯定新青年在新媒体运用方面的能力，另外也对中国青年的民族自豪感和对异域文化渴求的态度等方面做了积极评价。在就业和职业发展问题的主题下，积极评价与消极评价并存，然而从具体青年群体上分析，积极评价多用于评述留学海外的青年、明星、艺术家（如郎朗）、运动员等，针对国内大学生的学习和就业问题，消极评价居多。同时，另一个问题是，外媒较为关注并突出现阶段中国青年的内部分化与差异，比如青年精英与底层青年中不良代表之间的差异,然而,作为大多数的普通中国青年,并未得到全面而真实地呈现。①

在当今世界,媒介的传播权力仍然存在着不平衡与不平等,拥有优势科技和文化力量的西方,将自己的"眼光"形塑于理解世界其他文化的脚本之中,并作为一种强有力的世界观影响着包括中国在内的非西方社群对于当今世界及其历史的感知方式。媒介中的国民形象通过国民的角色、生活态度、行为来反映与表达,直接影响受众对该地国民形象的认知,并容易塑造和固化人们的刻板印象。青年群体是中国发展的未来,如果被掌控着话语主导权的西方主流媒体塑造成"被溺爱的一代""草莓一代""鸟巢一代",以及"愤青一代"等负面形象,这是媒体霸权对中国青年群体形象的过度消极与负面的构建,本质上是其"西方中心论"价值体系与意识形态的体现。

三、展现新时代的中国青年形象

改革开放以后,中国越来越走向世界,中外交流活动越来越频繁,然而,中国的变化太快了,呈现给西方的形象也十分复杂。一直以来,中国媒体在海外传播国家形象方面经验尚不足,中国的海外形象受国外主流媒体构建的方式所影响,在受众中造成了种种误读和偏见,甚至可能引起冲突。随着中国与世界交流的深度与广度不断扩大,这种沟通误区需要尽快地加以消除。由此,我们要以开放的心态去对待世界的质疑,但需要做更多切实的工作,让西方了解我们的真实形象。中国经济不断强大,我们一方面要增强软实力,同时也需要软实力来改善中国形象。我们可以

---

① 王宇航、宋成方:《当代中国青年国际形象的媒体建构——基于"七国集团"主要媒体 2009—2016 年网络报道的实证分析》,《南京社会科学》2017 年第 5 期,第 103—110 页。

试着找到与西方文化的交集，找到价值与情绪的共振，可以更多地采用渐进的、具象化的民间交流方式，尽量避免灌输式和意识形态化的交流方式，以达到更好的交流效果。

加强中方与他方媒体的交流与合作，讲好中国故事。比如外媒在选择纪录片拍摄视角与素材的过程中，中方要能与其进行积极有效的交流，这不仅是呈现高质量纪录片的前提，也可以在双方交流的过程中加深理解，创新思维。

加强中国对外传播的针对性，深入研究和了解海外受众的特点，比如针对不同人群可以采取不同策略。在青年形象建构方面，国内媒体要担负起重要责任，多报道正面典型，构建中国当代青年新形象，构建出既能够代表当代中国青年面貌，又能为国际社会所接受的形象。要紧跟青年发展潮流，凸显个性化，善于捕捉最具时代精神的青年形象，避免报道青年问题的虚幻化和青年形象的群像化。一方面，充分发挥各个领域杰出人物的作用，展现积极正面的形象；另一方面挖掘普通中国人的个性特点，展现大众化的国民形象。

同时，引导中国青年在外媒的话语前保持自信与理性，积极传播中国声音，传递正面的中国形象。引导青年群体的网上言行，鼓励他们充分利用互联网，自我建构时代新形象。可以大力发挥青年新媒体和自媒体传播扩散的"吸睛"效应。青年群体可以依仗对新技术的快速掌握，获得在新媒体和自媒体领域的话语权，引导新媒体和自媒体市场运营方有意识地报道具有正能量的青年主题素材，培养青年媒介素养，让他们做自己形象构建的"主笔"。

深入研究中国文化海外传播的路径和内容，加强青年之间的人文交流，拓展双方高层次科研及高水平青年人才合作培养的规模和深度，塑造中国新形象。青年群体在教育、文化、科技、创新和创业等领域的互动也是各国在多方面硬实力的展示与文化软实力的彰显。中共中央、国务院在 2017 年 4 月印发了《中长期青年发展规划(2016－2025)》,这是中国政府针对青年事务的首个发展规划。规划强调要加强中国青年与各国青年的人文交流,学习、吸收和借鉴世界优秀文化成果,讲好中国故事、传播好中国声音,不断提升文化自信。

改革开放 40 多年来,中国的青年站到了新的发展高度。然而,在此过程中,青年群体也由于社会家庭背景、个人经历等种种原因而发生了分化,如引起外媒关注的部分群体情况:一些青年开始贪图安逸,出现了啃老族、拆二代、宅文化、佛系文化、丧文化等;一些青年缺乏精气神和正能量,沾满了惰气、暮气、邪气;一些青年眼高手低、心浮气躁、耽于空想、怠于实践;部分中国青年被加上了浮躁、焦虑、早熟、早衰等标签,在时代竞争与生活重压下艰辛地寻求自我实现。这是中国发展过程中需要面对的青年价值观的重要问题。青年形象不是某一类群体的特殊化形象,而是包含多种群体的特征,随着新一代"00 后"的长大,社会也逐渐将目光聚集到这一代青年身上,《中国青年报》通过一项调查发现,"00 后"调查群体中的 79％在选择大学和专业时独立做出决定,这一比例在"90 后"中是 73.6％,而"80 后"则是 66％。[①] 这反映出"00 后"的新一代年轻人正表现出越来越强的独立意识和主动性。

我们要正视外媒报道的中国青年群体中所存在的社会问题,要为青年发展创造全面优化的发展环境,帮助青年克服迷茫感,帮助其树立积极理性的价值观,引导他们走出在社会改革转型中所遇到的现实困境,创造

---

① 文希:《主流媒体"00 后"报道的议题设置与媒介形象塑造——基于〈中国青年报〉的内容分析》,《北方传媒研究》2018 年第 6 期,第 76—77 页。

更广阔的上升空间。如习近平总书记所强调的,要为青年驰骋思想打开更浩瀚的天空,为青年实践创新搭建更广阔的舞台,为青年塑造人生提供更丰富的机会,为青年建功立业创造更有利的条件。

第二章
中国人的中国智慧

第一节　孔子和儒家：
中国当代生活中的实践智慧

　　"实践智慧"（phronesis）概念的提出根源于古希腊哲学特别是亚里士多德哲学，其本意是强调德性实践中理智考虑、理性慎思的作用，是应对具体情境的理智能力。中国哲学传统就非常重视实践智慧，儒家所展开的实践智慧主要的指向是修身做人，也就是说希腊的实践智慧重在"成物"，而儒家的实践智慧重在"成人"。儒家自孔子以来，不断强调哲学作为实践智慧的意义，其特点是突出人的实践智慧，而不是突出思辨的理论智慧。儒家的实践智慧始终强调以道德为基础，从不脱离德性，彰显的是行动主义的实践哲学：一方面，儒家的实践智慧突出体现在重视修身成己的向度，亦即个人内心的全面自我转化；另一方面，儒家强调实践智慧必须化为实践的行动，由自我维度转向外在维度，达到知行合一的境界。

一、内圣外王的儒家实践智慧

为己成人：儒家的教育实践智慧。儒家之学乃"为己之学"，子曰："弟子，入则孝，出则悌，谨而信，泛爱众，而亲仁。行有余力，则以学文。"(《论语·学而》)孔子要求他的学生们首先要注重的是德行的修养：对父母要孝敬，对师长要尊重，言行要谨慎而符合礼仪，要有一颗善良而包容的心，以感恩的心去爱你身边的人，使自己成为一个具有仁德的人。所谓"本立而道生"(《论语·述而》)，儒家教育哲学阐明了良好的道德情操是以文化知识为基础的，培养道德和传授知识是在同一教学过程中进行的，两者密不可分。孔子认为，一个人应该加强自己的修养，博学多识，广泛地涉猎各种知识，多培养自己各个方面的兴趣和爱好，全面育人，所谓"志于道，据于德，依于仁，游于艺"(《论语·里仁》)。艺指的是"六艺"：礼、乐、射、御、书、数，是西周各级各类教育的基本学科。现代教育倡导学校教育、家庭教育、社会教育三者的结合。生活在两千多年前的孔子同样关注环境对一个人学习和品德等方面的影响。子曰："里仁为美。择不处仁，焉得知？"(《论语·里仁》)意思是说，跟有仁德的人住在一起，才是好的。如果你选择的住处不是跟有仁德的人在一起，怎么能说你是明智的呢？所以选择有道德、品行佳的邻居朋友才是明智的，"近朱者赤，近墨者黑"说的就是这个道理。《三字经》说：性相近，习相远。人的本性是相近的，由于习染不同才相互有了差别。作为教育者，不可忽视环境对学生行为习惯、品格甚至对学习态度的深刻影响。

推己及人：儒家的处事实践智慧。儒家重视处理人与人之间的关系，孟子言："亲亲而仁民，仁民而爱物。"(《孟子·尽心上》)从爱亲人，继而到爱大家、爱百姓，继而拓展到爱自然和宇宙万物。《礼记·礼运》说的"大道之行也,天下为公。选贤与能,讲信修睦。故人不独亲其亲,不独子其子;使老有所终,壮有所用,幼有所长,矜、寡、孤、独、废疾者皆有所养"体现了儒家追求美好社会的理想。子曰:"君子不器。"(《论语·为政》)意思是,君子不是一件没有思想的器具。儒家为人处世讲究原则和礼数,但也同样注重权变和变通,随机应变,而不是墨守成规,食古不化。比如,儒家的忠恕之道、人和之道、孝悌之道、君臣之道不是一味地求宽容、求和、求孝、求忠,而是有其一定适用范围的。古语称,接人要和中有介,处事要精中有果,认理要正中有通。要想处事练达,首先就要对世事洞明,要有开放的心态,儒家所谓的修身养性需要通过人在社会中与他人发生联系而完成自我认识和社会认知。我们在担任父、母、夫、妻、子、女等家庭角色之外,也要在朋友、同事、师生、施惠者与受益者等社会角色而非抽象概念中体现自我,处在社会关系之中的自我在与他人的能动交往中获得真正自我,本着"推己及人"的精神通过习"礼"才可成为一个社会人。

仁者爱人:儒家的生命实践智慧。生命是可喜的,儒家不讲鬼神,并不是彻底否定鬼神的存在,只是敬而远之,一切都靠自己。子曰:"佑者,助也。天之所助者,顺也;人之所助者,信也。履信思乎顺,又以尚贤也,是以自天佑之,吉无不利也。"(《易经·系辞上传》)所谓天佑,其实是因为人能信履其德,所以天佑人助,吉无不利。天助只是自助,后代儒者发挥此意,有了一系列具体的修身自省之方法,出现刘宗周《人谱》这样讲究修身积德的作品,民间则流行"功过格",每天自己记录自己言行的是非功过,替自己打分以自省,因为中国人相信,就算一个人天生之命理、命格、命数已定,仍可依自己的行为来造命改运。因为命运其实就掌握在自己手上。儒家不忌讳言死并不等于不重视死,只是儒家重视的是向死而生,死而生也就是"不朽"。儒家生死观的基本观点是"死生由命,富贵在天"

《论语·颜渊》），因此，它重视的是生前而非死后，生时应尽自己的责任，以努力追求实现"天下有道"的和美社会的理想。儒家认为，虽然人的生命有限，但其精神可以超越有限以达到永存而不朽，所以有所谓"三不朽"之说："太上有立德，其次有立功，其次有立言，虽久不废，此之谓不朽。"（《左传·襄公》）。人活着的时候应努力尽自己的社会责任，这样当他离开人世的时候就是安宁的、问心无愧的。生命的长度有限，践行仁者爱人的儒家实践智慧可以拓展生命的宽度，增加生命的厚度，打磨生命的亮度。[1]

二、外国人眼中的孔孟之道

中华传统文化博大精深，儒家思想是其重要组成部分。尤其历朝历代名儒关于修身养性、治国安邦、选才育才、学习创业等方面的思想学说，对中国历史尤其是哲学史，对中国历史上的杰出人物以及世界文明都产生过不可忽略的影响。我们在给国际生开设的"中国概况"第一课里，常常会问学生这样一个问题：你觉得什么最能够代表中国文化？有一半的学生会选择孔子或者儒家学说。然而，现在的儒学研究，大多在概念上做文章，却往往忽略儒学实践智慧的继承，忽略了儒学对当代生活的承担和可能的启迪。其实，以儒家的人生观、世界观、教育观来帮助现代人缓解心灵焦虑，促进现代人社会和家庭人际关系质量的改善，既能满足信仰缺失的大众的精神需求，也是儒学实现其"经世致用"宗旨的重要途径。儒学并不仅仅是政治的，学术的，它在世俗实践上也有其独特的智慧。

20 世纪 80 年代美国出版的《人民年鉴手册》曾列出世界十大思想

---

① 王晓华：《儒家实践智慧说》，浙江工商大学出版社 2017 年版，第 11 页。

家,孔子被推举为十大思想家之首。据统计,《论语》在全球最重要的十部名著中,被翻译的语种数量居第二位,仅次于《圣经》。法国伏尔泰评价说:东方找到一位智者。百科全书派领袖霍巴赫反对法国和欧洲野蛮的君主制制度,推崇孔子以德治国的政治主张,他认为在中国,理性思考对于制约君主的权力产生了不可思议的效果。法国大革命时期,雅各宾派领袖罗伯斯庇尔在他起草的 1793 年的《人权和公民权宣言》中引用孔子的格言,成为佳话。他写道:"自由是属于所有的人做一切不损害他人权利之事的权利。其原则为自然,其规则为正义,其保障为法律,其道德界线则在下述格言中:己所不欲,勿施于人。""那些在中国传统思想面前夜郎自大的欧洲学者,我们这些后来者,刚刚脱离了野蛮状态就想谴责一种古老的学说,理由只是因为这种学说似乎和我们普通的经院哲学的概念不相符,这真是狂妄至极!"莱布尼茨对中国文化的重视引起了全世界的注意,有学者认为儒教不仅使莱布尼茨蒙受了影响,也使德意志蒙受了影响。①

著名的汉学家李约瑟在《中国科学技术史》中推测,早在公元二世纪,关于儒家的一些传说似乎已传入欧洲。他认为,"在历法领域中,数学在社会上属于正统的儒家知识的范畴。他发现历史上不定分析被称为大衍术,来自《易经》中所谓的'大衍之数五十'"。儒家思想之所以能够长期统治中国,李约瑟认为是由于秦建立了郡县制并一直延续下来。郡县的管理工作要求大力发展官僚政治,对行政官吏的需要便为儒家从此长期把持中国社会创造了条件。美国诗人、哲学家爱默生认为孔子是全世界各民族的光荣,他经常引用孔子名言:"朝闻道,夕死可矣。"诗人庞德曾经译

---

① 季羡林:《论东方文学——〈简明东方文学史〉绪论》,《国外文学》1986 年第 4 期,第 26—27 页。

过孔子的《论语》,他对记者说:"只有音乐的形式才能包容所有的材料,我心目中的孔子的宇宙,便是韵律与张力交互为用的宇宙。"

当然,如果就此认为外国人对于中国文化始终有认同感,则是缺乏数据支撑的。在外国学术界,特别是在欧洲人眼中,始终有几个孔子学说的核心问题是他们常常拿来跟几乎同时代的西方哲学先贤苏格拉底做比较的。

(一)关于三观

孔子和苏格拉底的共同特点是,要在政治走向衰亡的时代改造人。首先把人看作个体的苏格拉底认为,人通过思考方能进步,而自己的知识是有限的:"我知道,自己(对许多东西)不懂。"孔子的观点却与之完全相反,他认为通过不断的学习就能越来越多地获取知识,试图将社会作为一个整体而加以改造。因此孔子的主导思想是重新整理和编纂古代文献,学习掌握前人留下来的知识,目的是恢复古代文化。不过他不是毫无批判地接受前人的知识,也不是盲目地照搬前人的东西,孔子对寻求真理和克服困难的描述,和苏格拉底的观点是一致的:"探索真理并不意味着掌握了真理,掌握了真理并不意味着能够在个别情况下辨别真理。"所以对于苏格拉底来说,学习的最高目的是真理本身。孔子希望通过培养有道德的政治家努力使世界恢复其本来的秩序,而苏格拉底却没有改造世界的雄心,没有任何政治抱负。他认为个人要学会通过证实其理性来找到真理。①

孔子要求子女尊重父母,年轻人尊重老年人,并且为他们服务,所有

---

① 王馨:《伦理的政治化和政治的伦理化——孔子与苏格拉底的比较研究》,《湘潭大学社会科学学报》2000 年第 4 期,第 29—31 页。

人应该恭恭敬敬地对待君王。批评者指出这种等级制度适用君主专制时代，在现代民主社会中则是糟粕。然而，孔子并没有要求盲目服从，而是充满对权威的怀疑。"天下有道则见，无道则隐。"(《论语·泰伯》)①对苏格拉底来说，他承认国家的权威，在这方面他甚至走得更远，以至于接受了对他的死刑判决，虽然他很可能认为判决是不合理的，但考虑到国家的权威和判决形式的合法性，他谢绝了朋友们将他从监狱中解救出去的建议。

(二)关于为人处事

在孔子看来，理想的圣人君子具备一切美好的人格。"君子喻于义，小人喻于利。"(《论语·里仁》)"君子坦荡荡，小人长戚戚。"(《论语·述而》)"君子成人之美，不成人之恶，小人反是。"(《论语·颜渊》)"君子泰而不骄，小人骄而不泰。"(《论语·子路》)"君子固穷，小人穷斯滥矣。"(《论语·卫灵公》)"君子求诸己，小人求诸人。"(《论语·卫灵公》)"君子上达，小人下达。"(《论语·宪问》)但是区分"君子"与"小人"对于苏格拉底来说是陌生的，显然他根本不关心那些他认为不合适的人，而且与孔子相反，他完全不寄希望于普罗大众对知识和对真理的渴望。苏格拉底的论述里既无"君子"也无"小人"。

21世纪德国伟大的哲学家卡尔·亚斯佩尔斯(Karl Jaspers)在其著作《伟人》中认为，没有哪一位伟人在个人气质以及对历史影响方面能与孔子、苏格拉底、耶稣、佛陀这四位伟人相比。亚斯佩尔斯认为，四位伟人在有一点上是共同的，即他们原则上要求泛爱。但是孔子不像佛陀、耶

---

① 陈学凯:《道德、伦理、政治的合而为一——孔子正名主张的思想意义》,《西安交通大学学报(社会科学版)》2011年第6期,第72—77页。

稣、苏格拉底走得那么远,把爱的信条扩展到对敌人的爱。苏格拉底这样说道:"谁若是受到了冤枉,不可以再冤枉别人;即使是受到严重的伤害,也不可以以怨报怨,以牙还牙。"虽然孔子在《论语》中多次强调"德"和"仁",但也是有其限度的:"以德报德,以直报怨。"(《论语·宪问》)仁者可以以正确的方式去爱去恨,这种现实主义的态度是儒家适合作为国家制度的理论基础的原因之一。

在孔子那里,礼、德、法构成了一个统一体(西方哲学早已将三者区别开来):"人而不仁,如礼何?"(《论语·八佾》)"君子义以为质,礼以行之。"(《论语·卫灵公》)对于孔子来说,没有仁,美将不美,没有美,仁将不仁。此外,人性也包含智慧。孔子在人、人性、仁中发现了这种仁、善、真实和公正的统一。

(三)关于日常生活

对于研究孔子的欧洲人来说,最令他们吃惊的可能是音乐对于孔子的重要意义。"兴于《诗》,立于礼,成于乐。"(《论语·泰伯》)对于孔子来说,音乐始终贯穿于使人达到尽善尽美的教育过程之中。公众在集体欣赏音乐的过程中个人的精神得到激发,从而比较容易规范自己的行为。苏格拉底的学生柏拉图(公元前 427—前 347)只看到了音乐的消极影响,担心由音乐激发出来的热情会扰乱人们的理性。但是亚里士多德却没有这样的担心,他认为音乐具有类似于宗教、政治、教育等的目的,可以影响听众的素质和气质,这方面他与孔子的观点十分相似。因此他建议把音乐作为培育自由市民的美好艺术,甚至认为音乐具有医疗和净化灵魂的作用。

毋庸置疑,孔子对天地鬼神的观点是超验的,他与迷信保持着明显的距离："子不语怪、力、乱、神。"(《论语·述而》)他也很少谈及祈祷。生活在九世纪的一位日本的儒家信徒的话非常恰当地表达了孔子对于祈祷和宗教的态度："只要心灵与真理相通，你不必祈祷，神明自会保佑你。"苏格拉底的态度与此相似："不应该认为宗教是人与神之间的关系，但是要承认神的存在，感觉到行善事是自己绝对的伦理义务。"①

三、中国人日常生活中的君子人格

内圣外王是儒家思想体系的核心价值之一，其理念是高度推崇道德人格对于个体生命价值的呈现，强调个体的君子人格是一切社会价值创造的终极源泉。内圣外王的君子人格，首先表现在自尊自爱与敬人爱人的统一，如孟子所言："爱人者人恒爱之，敬人者人恒敬之。"(《孟子·离娄下》)同时还要达到自我满足与满足社会的统一，所以孔子说："夫人者，己欲立而立人，己欲达而达人。"(《论语·雍也》)在实践智慧层面，首先，内圣外王的君子人格体现成己成物的价值取向，可以克服现代人人际关系冷漠、利己心膨胀的精神危机，中国传统哲学中自强不息的入世精神有助于克服现代人的消极悲观情绪。其次，内圣外王君子人格把社会价值看成更为重要的价值取向，可以矫正现代人过于自私自利的心理，对于现代人由于"精神空虚""人生意义失落"而引起的沮丧有很好的疗效，对于提高现代人的道德心理意识和社会责任感都有重要的借鉴价值。内圣外王在价值取向、思维方式、伦理观念、审美情趣等精神文化方面塑造了独特的人格理想和精神追求，《论语》中 107 次提到君子。在国际生关于中国

---

① 丁四新：《近年来英语世界有关孔子与〈论语〉的研究(下)》("Summary of the Studies of Confucius and His Lunyu in the English World Recently Summary of the Symposiums Reported")，《哲学动态》2006 年第 12 期，第 52—53 页。

文化的问卷调查中,有百分之五十以上的学生明白"君子"的意思。君子人格作为儒家文化的精髓和标识,其内涵和特质早已成为民族文化、心理结构的重要部分,成为某种思维定式、情感取向、生活态度乃至经验习惯,浸润并显现于中国人的民间信仰和日常生活中,可谓"百姓日用而不自知"。①

(一)器物:玉石蕴含君子之德

中华民族有着悠久的收藏玉石的传统,采玉、琢玉、尊玉、佩玉、赏玉,至今仍然兴盛不衰。自殷周时期起,我们的祖先就将玉石的特质与君子的品格相类比,赋予玉诸多君子人格及美好道德的内涵,例如"谦谦君子,温润如玉"②。

在《礼记·聘义》中,子贡问孔子是否因为多寡所以玉贵过石头,孔子否定了,答曰:"君子比德于玉焉,温润而泽,仁也;缜密以栗,知也;廉而不刿,义也;垂之如队,礼也;叩之其声清越以长,其终诎然,乐也;瑕不掩瑜,瑜不掩瑕,忠也;孚尹傍达,信也;气如白虹,天也;精神见于山川,地也;圭璋特达,德也;天下莫不贵者,道也。"玉石润泽,触手生温,犹如施人温暖的仁德;透过玉石纹理,能够自外知内,就像表里如一的坦诚道义;敲击玉磬,其声清脆远扬,恰似给人教益的智慧;玉器可以摔碎,但不会弯曲,仿佛坚贞不屈的勇毅;玉石虽有棱角,却不伤害别人,正如君子洁身自好行止有度。

"玉不琢,不成器;人不学,不知道。"出自《礼记·学记》中的这句话,

---

① "百姓日用而不知"出自《周易·系辞上传》,含义为在日常生活中每天都在运用此"道"却茫然不知。

② "温润如玉"出自《诗经·国风·小戎》:"言念君子,温其如玉。"

后来被收入家喻户晓的《三字经》里，成为脍炙人口的名言。与其说这是强调美玉待琢，只有经过细心雕琢打磨，玉石才能成为国之宝器，不如说这是通过比喻说明学习对人增长知识、明白事理的重要性，此处所言的"知道"，乃指通晓"道"，也就是明辨大是大非的大道理。

（二）植物：梅兰竹菊彰显君子之品

梅在寒冬腊月绽放，吸引人的不仅仅是娇艳的外表，还有凌霜傲雪、不畏艰难的精神。这种精神是君子人格的核心要素，也是中华民族历来推崇的性格和气质。元代画家王冕曾在《墨梅图》上题诗："不要人夸好颜色，只留清气满乾坤。"毛泽东也有诗云："待到山花烂漫时，她在丛中笑。"兰生长于深山幽谷，终年长青，不因无人而不芳，其远离尘嚣、清丽高雅的气质，体现了"人不知而不愠"的君子品格。菊于深秋开花，艳而不娇，陶渊明"不为五斗米折腰"，隐居山林，与菊为伴，不慕荣利，超然淡泊，吟咏出"采菊东篱下，悠然见南山"的千古佳句。屈原《离骚》云"春兰兮秋菊，常务绝兮终古"，传达洁身自好，不与世俗同流合污的志趣。竹子枝干有节、外形挺拔清逸，四季峭拔挺立，被古代先贤作为君子风骨的象征。清代画家郑板桥，一生以竹为伴，其《题画竹》说："盖竹之体，瘦孤高，枝枝傲雪，节节千霄，有似君子豪气凌云，不为俗屈。"

除了梅兰竹菊"四君子"以外，在植物层面与君子文化发生紧密联系的，还有被列为"岁寒三友"首位的"松"，被称为"花之君子者"的"莲"。如李白的《赠韦侍御黄裳》："愿君学长松，慎勿作桃李。受屈不改心，然后知君子。"莲被视为君子之花，则源于宋代周敦颐的名篇《爱莲说》："予独爱莲之出淤泥而不染，濯清涟而不妖，中通外直，不蔓不枝，香远益清，亭亭净植，可远观而不可亵玩焉。"

(三)人物:家谱家训传承君子之风

很多大家庭在世代繁衍的过程中,形成并传承某种价值观念和德行风尚,即人们通常所说的家风。家风既包括有形部分,比如家训、家规、家法、家谱、族规、祠堂,以及各种祭祖仪式,也包括前辈长者的行为举止以及由此形成的家庭生活习惯和家族气质风貌等无形部分。著名的《颜氏家训》里颜之推说:"积财千万,不如薄技在身;与善人居,如入芝兰之室,与恶人居,如入鲍鱼之肆;幼而学者,如日出之光,老而学者,如秉烛夜游。"明代散文家归有光《家谱记》也说:"仁孝之君子,能以身率天下之人,而况于骨肉之间乎?"他认为,家族成员只有以君子为楷模,行仁义、重孝道,家族宗法才可确立,立宗法方可成世家,成世家方可正风俗,而正风俗,则将仁孝品德彰扬于世,进而代代绵延,形成世有君子、代有贤良的良性循环。著名的《傅雷家书》不仅培养了著名钢琴家傅聪,也在教育孩子方面给了很多家长以启发。

(四)雅物:诗酒茶记录君子之好

在中国人衣食住行的日常里,茶很早就被誉为"饮中君子"。文人雅士七件事,琴棋书画诗酒茶;百姓开门七件事,柴米油盐酱醋茶。茶都是生活中必不可少的。茶有多重保健作用,入口微苦,饮后渐生甘味,颇似人生辛苦付出才有收获所经历之境界。白居易在《山泉煎茶有怀》里写:"无由持一碗,寄与爱茶人。"唐代皎然与茶圣陆羽交好,他在《饮茶歌诮崔石使君》里说:"此物清高世莫知,世人饮酒多自欺。"他认为茶天然具有君子品性。中国茶文化源远流长,其中很重要的原因就是它与君子文化精神有着内在联系。茶饮传到欧洲后成为贵族生活必备的饮品,中西方文化有时候是如此有默契。

很多人都认同儒家学说是中国文化的基石，这种说法既对也不对。中国民间常常将儒、释、道混为一谈，从而将儒家作为儒教来信仰，很多外国人也有这样的认知误区。其实现在大家在大城市看见的孔庙，古时候是作为教育中心使用，而在农村，孔庙又常常和家祠联系在一起，成为义学之处，但孔庙的普及程度远远比不上土地公公庙。

第二节　尊重和孝顺：跨文化视角下的中外尊老观比较

中国人的尊老观念是与中国社会长期以来的生产与生活方式、政治、思想文化紧密相关的。在古代很长一段历史时期，思想上，以"孝"为先，在经济上，以农业经济为主。这些共同构成了尊老思想产生的社会背景。中国具有孝亲敬老的传统家庭美德，也有尊老敬老的文化传统，"首孝悌，次见闻""孝为德之本""百善孝为先"，尽孝是遵守伦理道德规范的一个显著特点，可以说，中国自古就有孝道传统以及规范人们行为的礼法。这种价值取向影响着人们的行为。

一、中国尊老传统概述

"孝"的观念产生于周代，其含义最初是指尊祖敬宗等。到春秋战国时期，随着农业生产的发展，对经验技术更为重视，"孝"的含义也逐渐转变为"善事父母"，尊老敬长观念渐成，而且春秋时期儒家学说形成并得到发展，把孝与忠联系在一起，将尊老敬老观念推及社会，成为家庭和社会的道德准则，《礼记》等典籍中就具体地记载了不同的敬老称谓与养老制度，而且当时已有"同爵则尚齿"的风尚，甚至年龄可与官职的地位相对应。至汉代，孝文化得到进一步推崇并形成了"三纲"，统治者使之政策化，以治国安邦，维护社会秩序。唐、宋、明、清时期，忠孝伦理思想得到继承发扬，尊老敬长的孝道观念也影响到社会生活的方方面面，唐代曾有为一定年龄的老人授予荣誉官职的做法，史书中也有皇帝如唐太宗专程登门看望九十岁以上老人的记载，而在清代曾有办"千叟宴"等活动，尊老之风盛行。①

在古代社会，"老"意味着"智""贤"，"知者乐、仁者寿"，从中国哲学上来看，老人也是与"智""仁"相关联的。"老马识途"一词表明人们肯定老人的经验和智慧很有用处。老年人阅历丰富，了解更多历史典故，掌握处事经验，无论是在政治上、生产活动中还是处理社会事务上都有重要价值。尊老敬老意味着尊重道德和智慧，年高而有威望，我们对于受人尊重的老年人会用"德高望重"等词语来褒赞。而且，尊老传统不仅是对道德和智慧的尊重，也是注重社会规范和品质德性的体现，蕴含着我国传统文化中注重和谐的理念。

但客观来看，中国传统的尊老文化并不是绝对的无一例外的，而是与老年人的经济、政治地位密切相关。比如《卖炭翁》《石壕吏》等文学作品就深刻地反映了下层老年人的悲惨生活。

二、国外的尊老现象

联合国文件中表明："尊敬和照顾年长者是全世界任何地方人类文化中的少数不变的价值因素之一。"总体来看，尊老是一种较为普遍的现象。有的国家在法律上规定老人的权利，1840 年英国颁布了《老年退休金法案》，这在西方是有关老年人权益保护的较早的专向法律规定。1889 年，德国颁布了《养老保险法》，1935 年美国颁布了《美国老年人法》，支持法律对老年人的合法权益进行保护，1983 年，日本开始实施《老人保健法》。澳大利亚、加拿大、挪威等国家则将有关老年人权益保护的条款纳入人权保障法案、社会保障法案等之中。② 韩国《老人福祉法》就规定 65 岁以上

---

① 高成鸢：《中国尊老文化的伦理学与哲学》，《中国哲学史》1997 年第 2 期，第 35—40 页。
② 孙文胜：《国外老年立法浅析》，《合作经济与科技》2014 年第 21 期，第 190—191 页。

老年人可以在福利、雇用、金融、教育、文化等各方面受到敬老优待,比如免费进入博物馆、公园,免费乘坐地铁,享受优惠票价乘坐高速列车等。来自欧洲、美洲、亚洲、非洲等不同地区和国家的人表示,老人在达到一定年纪后就能够享有一定的特殊权利,比如得到政府津贴、买票有折扣等。美国的老人在停车时有专用优先车位。法国的老人交税时享有特权,有时可以得到部分商店的特殊折扣。布基纳法索的老人在医院等场合也能够享受到特殊的权利。土耳其的公民在 65 周岁后可以获得一张特殊的交通卡,免费享受当地的交通服务,政府也会为孤寡老人提供经济补助或者将他们安置到特别的机构集中照顾。在哈萨克斯坦,老年人可以得到特殊的公交卡,有免费的医疗服务,去博物馆、电影院等场所可以享受优惠票价,等等。

此外,我们也从来自非洲不同地区的国际生中了解到,在他们的文化中,人们通常认为老年人是更有智慧的,在社会中也有重要地位,扮演着让历史故事、文化传统不断延续的重要传递者的角色,任何言语或行动上对老人的不尊重都会被视为社会禁忌。而对于也门等中东国家来说,老年人在社会中占有特殊的地位,必须得到尊重,这和他们的宗教、文化传统紧密相关,具体体现在后辈向老年人咨询建议、跟他们商谈家庭事务等,子女或跟老人同住,或定期问候住得稍远的长辈。也门有一句俗语 "A day older than you, education more than you by a year(比你年长一天,比你多受教育一年)",正是他们尊老思想的体现。韩国人重视礼、孝,跟长辈对话必须用敬语,不孝的人会被他人看不起。在东南亚国家,尊老传统更明显地体现在具体行为上,比如印尼人在经过比他年长的人跟前时必须说一声"Permisi, excuse me",然后弯腰走过,印尼本地人会有亲吻长辈手的礼节;泰国人对老人行特殊的合十礼,生活上对老人的照顾十分细致。对于孟加拉国、斯里兰卡等南亚国家的人而言,跟老人同住、照顾老人、为他们提供更好的环境和健康的生活、从老人那儿听取建议、尊重并服从老人的决定是他们的传统做法。

从 1991 年开始,每年的 10 月 1 日被定为"国际老年人日",除此之外,许多国家都有自己的敬老节。在中国,1989 年开始,重阳节为"敬老节";2013 年《中华人民共和国老年人权益保障法》将重阳节法定为"老年节"。在日本,每年 9 月的第三个星期一设为"敬老日",韩国将每年 5 月 8 日定为"父母节",朝鲜将 5 月 8 日设为"尊亲节"。除了东亚,亚洲的其他国家如新加坡、越南、泰国,北美的加拿大和美国,南美的智利,欧洲的法国、英国、比利时等不同地区和国家,大多设定某一天为"老人节",日期不同,仪式不同,但都会举行相应的敬老活动。

三、中外尊老观异同对比分析

(一)基于文化理论的分析

文化模式是指某个文化群体成员所共享的信仰、价值、态度、行为等[①]。其中的价值观属于深层文化,是人们行动的指南,不同文化之间有些价值观是共通的,有些是独特的。虽然世界上大部分国家和地区普遍有尊重和照顾年长者的观念与做法,但从文化上进行对比分析,中国和其他国家之间在尊老观上仍然存在比较明显的差异,这与不同国家的文化在价值取向和传统思想上的差异密切相关。美国人类学家克拉克洪和斯

---

① ［美］拉里·萨莫瓦尔(Larry A. Samovar):《跨文化交际》,北京大学出版社 2017 年版,第 50—52 页。

乔贝克于1961年在《价值取向的变奏》中提出了价值取向理论,其中提到了人类面对的五个基本问题,这里所探讨的尊老观与其中的两个基本问题有着十分密切的关系,一是时间的取向,二是人与人之间的关系取向。

从宏观的时间观来说,不同文化背景的人们会有不同的取向,包含过去、现在、未来三种。中国有着悠久的历史,在这样的大背景下,中国人的时间价值取向是偏向于过去时间的。而有的国家比如美国,是属于历史较短的国家,人们的时间取向是偏向于未来时间的。这就导致了中国人在观念上比较注重经验、历史,较为推崇老年人的经验价值,而美国则更看重年轻人的创造、创新、开拓精神。因此偏重未来时间取向的文化如美国文化等虽然也认同尊老是社会道德的重要部分,但其崇老尊老的程度和普遍性不如偏重过去时间取向的文化,也没有"以老为美"的观念。

从人与人之间的关系取向上来看,中国社会长期受儒家思想文化的影响,传统文化倾向于讲究等级权威,而有些国家的文化则更强调人与人之间的平等。在中国,讲究"长者为尊",老人作为长辈,有着较高的等级地位。而在强调人与人之间地位平等的文化中,老人的地位并没有明显高出年轻人。举一个称谓上的例子,孩子直呼老人的名字在美国文化中较为寻常,而在中国文化中就会被视为"目无尊长",没有教养。同样受儒家思想影响较深的东亚文化圈中的其他国家也有着与中国类似的观念。

荷兰跨文化研究专家霍夫斯泰德曾总结出六个文化维度,其中权力距离被用来衡量社会接受不平等的程度,这是随着社会和国家的变化而变化的,这一维度比较典型地存在于上下级、师生、亲子等关系中。中国在这一维度上的数据表明,我们是一个高权力距离国家。在高权力距离文化下成长的孩子,更习惯于遵从父母的旨意,不会轻易挑战或质疑父母,赡养父母更是义不容辞的责任。在汉语中,有"孝顺"一词,不但强调

"孝",也要求"顺"。在权力距离相对较低的国家比如美国,亲子之间、长辈与晚辈之间更倾向于平等的人际关系,在法律层面,子女并没有必须赡养父母的强制性义务与责任。费孝通先生认为,中、日、韩等东亚国家的代际关系特点是双向照顾的"反馈模式",一些西方国家则以"接力模式"为主。这也体现了东西方代际文化的差异。

另外,从霍夫斯泰德文化维度理论中的"个体主义与集体主义"维度来解读,有的国家如美国,更倾向于个体主义文化,强调个体的独立和尊严,通过个人努力实现自身价值,即使年老了也没有像中国文化这样老人依附于家庭或子女的传统;而中国文化更强调集体主义。因此,很多西方国家并不像中国这样对于子女赡养老人有很多强制性的规定,而仅是伦理道德上的要求。文化价值取向在个体主义与集体主义上的差异,也会在很大程度上影响老年人的生活方式。从总体上看,中国的老年人喜爱群体活动,如晨练、打牌、下棋、跳舞、组团出行等,即便是遛鸟遛狗,也喜欢聚在一起。而在有的国家比如法国,老人们则更偏向于选择独处,在咖啡馆里面独酌、呆坐或看报看书,或是在公园里散步休闲,独来独往的情况比较多。

(二)基于政治、经济、思想基础的分析

从政治上来说,家国同构,强调孝亲和忠君,这是中国古代统治者维护统治的需要,"求忠臣必于孝子之门","孝"甚至成为国家政治的重要内容之一,长辈无论在家庭还是社会上都具有重要地位,祖先崇拜也被更深层地强调和突出,老年人的地位得到了进一步维护。"古之为政,先于尚老"(语出《册府元龟·帝王部·养老》),"老吾老,以及人之老;幼吾幼,以及人之幼,天下可运于掌",从中可以非常明显地看出中国古代社会中尊

老敬长与治理国家之间的密切联系。"美用老人之言以安国也"(语出《新序》),老年人才在政治上也长期受到朝廷的重用。在这一点上,以契约为基础的西方社会就不如古代中国那么强调宗法制,因此老年人的重要性和地位在政治上并未得到强化。

从经济基础上看,中国社会长期以来的尊老观也与中国传统经济模式相关。作为中国古代社会的经济基础,传统农业经济的生产方式主要是在家庭范围内运作,长者的经验决定了老年人的重要地位。西方的经济基础则是庄园经济与小家庭经济相结合,这使得家长的影响力和权威性不如中国那么强。另外在财产分配上,中国大家庭式的"同居共财"强调了父权制、家长制的重要性,这与西方国家的财产个人所有制在决定家庭成员的独立性程度上存在显著的区别。

从传统思想分析,中国的尊老文化与家庭观念、集体观念有着密切的关系。中国的传统文化价值观长期受儒家思想的影响,儒家思想强调家庭观念,注重道德、责任、等级意识等,包含了丰富的尊老尚老的文化内涵。孟子言:"亲亲,仁也;敬长,义也。无他,达之天下也。"儒家思想认为孝悌是家庭伦理规范,也是处理人际关系的基本准则,推己及人,家庭内部的孝悌就自然地转化成了社会关系中的尊老,"尊老敬长"是社会伦理道德的基础。对父母长辈,除了物质上的照顾,还要在精神上表示尊重和安慰。儒家思想主张以此为本并修炼道德以达到至善,而整个社会也因此而达到安定和平。不光儒家,其他流派也有明显体现尊老爱老思想的,如:墨家"兼爱"理论强调"父爱子、子爱父",倡导尊老的重要性;《管子》在给国君提出九项出巡惠政时把"安老"放在首位①。由此可见,中国文化

---

① 蒲新微:《中国养老保障中的文化基因——中国尊老文化的传承与发展》,《长春市委党校学报》2010年第2期,第34—36页。

中的尊老观有着悠久而深厚的思想基础。

在家庭关系和其他人际关系的处理上，中国注重血统、血亲、宗族，人们生活和交往的范围长期以家为中心，老一辈的经验摸索和代际传递有重要影响。很多信仰基督教的国家，由于受宗教的影响，支持个人信仰，注重"因信称义"，更注重信仰的共同性，强调契约精神，异于中国的家族文化与人际关系处理准则。因此，如西方文化，比较强调平等、自由、独立的观念，因此家庭关系的紧密程度有异，家庭模式比中国更为松散，在家庭关系中，更注重家庭成员之间的平等，异于中国的家长制，因此尊老传统和养老模式也有所不同。

也是由于受儒家思想的影响，中国人在祭祖习俗上有慎终追远的祭祖礼仪，"葬之以礼""祭之以礼"，注重祭藏之礼，这也是体现尊老和孝道的重要习俗。西方的祭葬礼仪主要与宗教相关，并不像中国传统礼仪那样能够体现尊老的内涵。

（三）从谚语名言看中外尊老观

汉语里有大量与老人有关的谚语和名言，这也是中国人尊老思想的体现。比如"天意怜幽草，人间重晚晴"强调了对老人的感恩，"莫道桑榆晚，为霞尚满天"体现了老有所为、老有所乐的思想；"不听老人言，吃亏在眼前""老牛肉有嚼头，老人言有听头""茄子也让三分老"体现了对老人经验和智慧的尊重；"老来忙，寿命长"肯定了老年人过充实生活是一种健康的生活方式。

俄语中有"你爹进去之前，你切莫跨入险境"的说法，意思是不要在年长者和更有经验的人之前做冒险的事。"Do what the old men say, eat what the young find.（按照老人说的做，吃年轻人找到的食物）"，

"Respect for the elders，the way for the young.（尊敬老人，为年轻人留出一条路）"，这是来自哈萨克斯坦的俗语，体现了尊重老人、爱护年轻人的内涵。古罗马的西塞罗曾言："老年人犹如历史和戏剧，可供我们生活参考。"高尔基说："一个老年人的死亡，等于倾倒了一座博物馆。"这体现了人们对于老年人的知识、智慧、经验的肯定。法国的拉法格说："年老受尊敬是出现在人类社会里的第一种特权。"德国的歌德说："我们体贴老人，要像对待孩子一样。"这体现了对老人的尊重和关心。

四、外国人对中国尊老观的评价

为了解外国人对中国尊老文化的看法，我们主要采用与在华留学、工作多年的外国朋友深入访谈的方式进行相关调研。从中发现，接受访谈的外国人比较一致地认同中国是一个尊老的国度，但在具体的看法上，存在积极的方面和消极的方面。这与每个人在中国的经历和观察有关，也受他们本身文化背景的影响。

（一）积极看法

（1）社会上有照顾老人的风气。不少外国朋友表示在中国搭乘公共交通的时候，数次观察到年轻人给老人让座的现象，如有老人在车上，他人也会比较关注他们是否需要得到照顾和帮助。这些虽是小事，但外国友人从中能感受到一种尊老的社会氛围。

（2）对年长者使用尊称而不直呼其名。美国人杰雷根据他在中国生活了四年的经历和观察做出评价，认为中国人是比较注重尊老的，他留意到了长幼有序的称呼使用，比如年轻人在称呼年长者时，即使没有亲属关系也会采用"叔叔阿姨""大伯大妈"等以示尊敬。杰雷也观察到，中国的老人比较希望跟儿女同住，以相互照应，而且在家庭事务中，老人有比较权威的地位。他认为这些是中国等级观念的体现。

中国长期以来是一个重视等级制度的社会，称呼的复杂程度尤其可以体现这一点。不光对老人和长辈，对于兄长都不适宜直呼其名。礼貌的称呼语不仅体现在家族中，也反映在与无血缘关系的人的交往中。如果了解中国的等级观念比较强这一文化背景，就能够更好地理解中国人在称呼语上的礼仪。

（3）老年人有更多机会融入社会生活。中国的老年人表现得很年轻很活跃，这是不少有中国城市居住经历的外国人的看法，而且他们觉得中国老人不光看起来年轻，心态也年轻。法国人毕涵在中国的城市工作数年，他从更为独特的角度思考了中国老人的生活，他认为中国在尊老问题上跟法国并不存在太大的差异，中国的家庭价值观对尊老传统有重要影响。他更着重提到的现象是中国老人更能融入社会生活，有休闲娱乐的场所，而且在需要时也较容易得到来自陌生人的支持和帮助。他非常积极地肯定了中国老人在城市中能找到自己的位置和角色的现象，认为他们比常待在家中的法国老人幸福得多，他戏言"来中国之前我从没见过这么多老人"。

（4）中国老人生活得更健康。津巴布韦学生菲丽表示，她曾多次留意到一些上了年纪的中国人还坚持工作，她理解他们是觉得在家无聊而想出来做一些事，以让生活更充实。对比自己的国家，她说津巴布韦老人的生活方式以休憩为主，整个社会所形成的一种风气是老年人是需要得到照顾的对象，而不应该去做太多事情。在她看来，中国老人这样比较充实的生活方式更为健康。

由此可见，部分外国人观察到了中国老年人在社会上的活跃程度，并且认为这样积极融入社会的生活方式更加健康而有意义。"老有所为，老有所用"，"活到老，学到老"，重视老年人的价值是中国传统思想中尊老文化的体现。

(二)消极看法

(1)更年轻的一代不够尊重老人。来自西非的博晨和来自中亚的李维都认为，现在的"00后"一代在追求现代化生活的同时，缺少对传统价值观和道德精神的继承发扬，他们有时看到一些年轻学生并不主动让座给老人，认为这是教育的欠缺。能否尊重老人，从小的教育至关重要。

我们看到，既有外国人因为数次遇到中国年轻人给老人让座等尊老的行为从而判断出中国社会有照顾老人的风气，也有人因为看到年轻人不主动让座的情形而判断他们不够尊重老人，缺少传统道德精神教育。可以说，这两种情况都是存在的，但随着整个中国社会文明化程度的提高，人们对老人的关注程度也在逐渐提高。

(2)中国人尊重老人仅是出于义务。刚果(金)学生李锐认为，亚洲国家对老年人的尊敬是众所周知的，但他的判断是人们并不是主动想要尊重老人，更多的是由于人们必须这么做。

(3)欠发达地区的老人未得到尊重。土耳其人杰帅在中国各地生活过七八年，基于多年对不同地区的观察，他认同中国人对老人比较关心和尊重的观点，但个别家庭的确有虐待老人、不承担养老责任的行为；另外，部分农村留守老人的赡养问题也日益严重，他们的生活质量与经济条件较好的老人不可同日而语。而且，随着社会生产力的快速发展，新技术、新知识不断出现，生产的现代化、社会的信息化不断增强，使得老年人的传统经验优势减弱，传统社会中老年人的权威地位以及被重视程度也在逐渐被弱化。

(4)老人忙碌后辈偷懒。津巴布韦留学生菲丽坦言，她曾多次看到年纪大的长辈忙忙碌碌操心各种事情,而小辈则在一边顾自玩乐,袖手旁观。她觉得这在津巴布韦是不可能出现的现象,她说他们都是让老人歇着,然后由精力更充沛的年轻小辈承担更多的任务。

五、中国尊老文化的新思考

中国社会的家庭结构产生了变化,社会组织也在不断发展,通过与其他文化的对比,我们可以重新审视中国的尊老文化,从而将尊老精神以更好的方式发扬和传承下去。

我们看到,在老龄化社会,中国历史悠久的尊老文化将更加体现出其宝贵的社会价值。尊老敬老养老程度,是对道德水准的检验,也是人性化和人道主义精神的体现。我们也应该承认,传统的尊老文化中也存在消极现象,比如夸大、绝对化孝道,过于强调等级观念,一味地唯老为尊,忽视年轻人的创造力和价值,轻视年轻人的主体性。而一些迂腐的孝道观念更不适合发扬传播,比如故事中的郭臣埋儿、卧冰求鲤等例子。我们提倡在人格独立、人权平等、相互尊重的基础上尊老、养老,树立尊老敬老的新观念。

现代社会中,老人的地位在变化,老人的独立意识也有变化,传统的"孝"观念也需要有所变化和提升,要将中华传统美德与现代道德规范结合,将孝文化推向全社会,用更现代化和人性化的方式为老年人提供各种关怀,不但满足老年人的物质需求,也重视其精神、心理需求。让传统的孝道更富有人情味。改善家庭代际关系,从家庭依赖型转向自立型,鼓励老人改变一味依赖子女的传统观念,支持有工作热情的老年人重新走向社会,再现社会价值,从而增加其活力与自信。关爱老人不能够简单看成是人道主义的悲天悯人、对老年人的施舍,而应是对老年人的生存权利的尊重。

第三节　家族、团体、国家：
中国人的集体主义观念

集体主义(Collectivism)是一个与个人主义(Individualism)相对的概念,一般指一个一切从集体出发、把集体利益放在个人利益之上的价值观念和行为准则。西方社会倾向于把中国视作一个集体主义国家,但事实上,这一语境下的"集体主义"更多指的是社会主义核心价值观下的集体主义,或者说是无产阶级的集体主义。本节讨论的集体主义并不刻意强调意识形态影响下的集体主义,更多的是与个人主义价值观相对应的集体主义。东方社会的集体主义更是一个复杂的概念。

一、中国人对"集体主义"的理解

(一)意识形态语境下的"集体主义"

我们认为观察集体主义主要有两个视角。一个是无产阶级的集体主义。无产阶级的集体主义衍生于社会主义,有明显的意识形态特征。朱志勇认为集体是人与社会联系的中介。如何处理个人与集体的关系?"人类历史上存在着两种根本对立的本位和路向:东方路向——以集体为本位来处理个体与集体的关系,推崇集体主义;西方路向——以个人为本位来处理个体与集体的关系,奉行个人主义。"[1]而集体主义又有广义和

---

[1]　朱志勇:《论集体主义的历史嬗变》,《马克思主义研究》2006 年第 12 期,第 54—59 页。

狭义之分:"前者泛指强调个人从属共同体,共同体利益优先于个人的理论","后者特指无产阶级的集体主义"。① 无产阶级的集体主义有着强烈的意识形态色彩,它的基本主张是"在消灭私有制、旧式分工和生产力极大发展的基础上,消除个人与社会的对立,建立'自由人联合体',实现二者的统一,以彰显共同体的价值"。② 冯洁主张"集体主义"思想是近代传入中国的,它是马克思主义的核心概念,并与社会主义、共产主义一同组成了当代中国意识形态的重要部分。毛泽东时期的集体主义有着"无私奉献,自我牺牲"的典型特征;邓小平时期的集体主义则"将集体主义精神看作一种高尚的道德加以推崇",追求国家、集体和个人利益三者和谐统一;而党的十六大以来,中国社会在追求集体利益和个人利益统一的基础上,进一步"加入了协作、合作精神",摒弃了原有的集体主义和个人主义对立斗争的关系。③ 更有学者主张社会主义国家就是集体。总的来说,集体主义是社会主义核心价值观的内容,有着不可磨灭的意识形态色彩。如何践行集体主义价值观,与历史时代、特别是经济发展水平有着密不可分的关系。这是很多人提到集体主义时首先想到的概念。

(二)传统文化语境下的集体主义

除了意识形态语境下的集体主义,我们认为对于集体主义还有一种基于传统文化的理解。费孝通在其著作《乡土中国》中将中国社会结构的特点归纳为"差序格局"。不同于西方社会的"团体格局",中国社会的人

---

① 朱志勇:《论集体主义的历史嬗变》,《马克思主义研究》2006 年第 12 期,第 54—59 页。
② 朱志勇:《论集体主义的历史嬗变》,《马克思主义研究》2006 年第 12 期,第 54—59 页。
③ 冯洁:《论"集体主义"概念在近代中国发展的历史脉络和内在逻辑》,《理论月刊》2012 年第 9 期,第 138—140 页。

际关系是"差异格局",中国社会的"社会关系是逐渐从一个一个人推出去的,是私人联系的增加,社会范围是一根根私人联系所构成的网络"。在这一"网络"中,"自家人"(即家庭)的范围具有伸缩能力,"真是天下可成一家"。换言之,中国人所说的"家"既可以是几个人组成的小家,也可以是很多人组成的小国。由此推广出去,即可得家、国、天下的观念。而西方社会的"团体格局"更像是"一捆一捆清楚的柴",在这个团体中,人与人之间的关系就像柴枝间的关系一样,是清楚而平等的。对西方社会而言,"家"是一个由夫妻和未成年子女组成的团体单元,"国"是与"家"有等级差别的另一个团体单元。基于这一理论,我们认为传统文化视域下的集体主义可以有三个层面的理解。

1.集体主义思想中的家族观念

中国人集体观念的基础是"家"。正如费孝通主张的,东西方文化所指的"家"其实是两个不同的概念,最大的差别在于东方的"家"没有一个确切的边界,而西方的"家"有一个确切的边界。因此,虽然对东西方人来说,"家"都是最重要的集体之一,但中国人所指的"家"要比西方人所指的"家"大许多。这也正是我们将中国人"家"的观念具体为"家族"而不是"家庭"的原因。正如费孝通所说,"家族是在家庭基础上推出来"①的。即使到今天,现代社会中,或许中国人家的边缘已经在收缩,但其内核仍比西方人的小家庭大许多。我们甚至可以主张,家对中国人来说是比其他任何事情更重要的概念,在某些情况下它甚至超过了个人价值。在中国传统社会中,个人的概念是远低于家族的。

中国人的"家"是家族,它带有宗法的权利。与西方的家族意义不同,

---

① 费孝通:《乡土中国·生育制度》,北京大学出版社1998年版,第39页。

中国的家族承载着宗教和宗法的功能。关于家族的宗教功能，辜鸿铭在其著作《中国人的精神》中有比较详细的阐述。辜鸿铭认为西方古代有基督教等宗教满足人类对安全和永恒的追求，而中国的儒教提供的哲学体系和道德规范承载了中国人的这一需求。基于这一文化体系，中国人建立了基于族类不朽信仰之上的祖先崇拜，这种类似宗教的功能也反过来使得家族作为一个集体更具有"内聚力"。换言之，"家族"这一概念的存在承担了一部分宗教的功能，帮助人们获得安全感和永恒感。这是西方文化所没有的。而提到家族的宗法功能时，也有学者采用了"宗族"的概念进行阐述。吴祖鲲、王慧姝就指出在中国社会的历史文化中，"宗族制度渗透于中国基层社会政治、经济、文化生活的方方面面，宗族通过自卫生产、祭祖拜先、光宗耀祖、族规族训、赡济贫弱对传统基层社会民众的生存、凝聚、教化、自治、互助产生着深刻的影响"。[1] 在传统社会中，宗族是"国家组织系统向家庭延伸的一个环节"，因此，宗族可"代替国家执行维护社会秩序的职能"，并且这种行为是受到国家法律保护的。基于这种宗法功能而形成的家族的自治性，"不仅维护了社会的和谐与稳定，也增强了宗族的凝聚力"。[2] 费孝通也有类似观点。费孝通认为，在传统西方家庭中，夫妇是主轴、子女是配角，而在传统中国家庭中，父子是主轴、夫妇是配角。西方家庭主要的功能是生育，而中国家庭除了生育之外，还负担着政治、经济、宗教等诸多功能。因此，对中国人来说，家庭不能局限于亲子组合，而是要不断扩大，且必须是不断延续的。

---

① 吴祖鲲、王慧姝：《文化视域下宗族社会功能的反思》，《中国人民大学学报》2014 年第 3 期，第 132—139 页。
② 吴祖鲲、王慧姝：《文化视域下宗族社会功能的反思》，《中国人民大学学报》2014 年第 3 期，第 132—139 页。

2. 集体主义思想中的团体观念

我们认为集体主义思想的第二层级是个人所处的社会集体或者社会团体。这一集体的存在数量、性质及范围因人而异，并不统一。例如，一名小学生所归属的集体可能主要有班级、学习类社团、朋友圈等，而一名公司的员工，他所归属的集体可能有公司、职业类社团、学习类社团、社交类社团、朋友圈、政党、其他集体等。个人在同一集体中的身份，甚至集体本身也可能随着时间和空间的变化而产生变化。比如，一名公司职员刚入职时可能是普通职员，通过晋升转变为经理，这是随着时间而产生的集体身份变化。个人集体身份的变化意味着个人与集体关系的变化，同时个人对集体的认同、价值和责任也因此变化，集体主义意识也因此不同。此外，不同的集体对于集体主义意识的要求也不一样。例如，普通的公司在完成基本社会责任的同时，更多的是追求效益和盈利，而对集体中的个人而言，个人的创造能力也是很重要的。但是如果是任职于国家机关，那么就应该是集体利益高于个人利益，个人的创造力主要是为集体服务的。而如军队这种军方机关，更是需要个人无条件服从集体。

总之，人在社会中所处的集体是不确定的、非长期的、不均质的。因此，集体主义意识也呈现多样性。

3. 集体主义思想下的国家观念

国家是最大的社会集体。中国传统文化一直提倡"家国情怀"。《礼记·大学》中就提道："古之欲明德于天下者，先治其国；欲治其国者，先齐其家；欲齐其家者，先修其身；欲修其身者，先正其心；欲正其心者，先诚其意；欲诚其意者，先致其知，致知在格物。物格而后知至，知至而后意诚，意诚而后心正，心正而后身修，身修而后家齐，家齐而后国治，国治而后天下平。"现代歌曲《国家》中也唱到"一心装满国，一手撑起家；家是最小国，国是千万家"。在中华文化的语境中,家庭和国家从来不是两个被剥离的概念,而是与个人培养、治理家庭和建设国家一贯而成的。2016年12月12日,习近平在会见第一届全国文明家庭代表时的讲话中提到"天下之本在家","历史和现实告诉我们,家庭的前途命运同国家和民族的前途命运紧密相连。我们要认识到,千家万户都好,国家才能好,民族才能好"。2018年5月2日,习近平在北京大学师生座谈会上的讲话中提到,"爱国,是人世间最深层、最持久的情感,是一个人立德之源、立功之本"。"我们常讲,做人要有气节、要有人格。气节也好,人格也好,爱国是第一位的"。个人奋斗和建设国家是统一的,爱家和爱国是统一的。因此,国家层面的集体主义意识是很强烈的。

总而言之,对中国人来说,"集体"是一个复杂的概念,它包含了三个层级。在不同层级中,集体主义意识的传统和呈现是不一样的。对国际生来说,理解这样一个概念容易产生偏差。

二、国际生对中国人集体主义意识的理解

(一)充满国家意识的集体主义

中国是一个社会主义国家,来中国的外国人对此还是有意识形态的既定印象的。来自印度的卡恩分享了他的观点:和国际学生相比,中国学生更有集体主义意识,这体现在他们更配合集体行动或集体活动,更守时。卡恩认为这一方面是因为国际生来自不同的国家,有各自的文化背景,另一方面是因为中国是一个社会主义国家,中国人从小就被教育个人服从集体,因此中国人比较有集体主义意识。卡恩的观点具有一定的代表性。对意识形态比较敏感的国际生会倾向于把他接触的中国及中国人

和他理解的社会主义或共产主义结合起来。中国是一个社会主义国家，现在中国所坚持的道路、理论、制度和文化具体表述为中国特色社会主义，是中国共产党把马克思主义与中国实际相结合实现马克思主义中国化的最新理论成果。中国特色社会主义具有鲜明的时代特征和中国特色。经过长期努力，中国特色社会主义进入了新时代，这是我国发展新的历史方位。因此，将中国的政治经济制度教条化、片面化、先入为主地代入一些意识形态观点，是部分国际生对中国集体主义产生误读的原因之一。

（二）从众心态下的集体主义

来自塔吉克斯坦的安妮莎说，中国人是非常友好、勤劳的，也很真诚。中国的年轻人和世界上其他国家的年轻人一样，差异并不大。但是受到中国文化的影响，有的中国人比较内向，甚至略显保守，因此，他们更愿意在集体中行动，听从集体的安排。结合自己和中国人接触的经历，安妮莎认为有的中国年轻人并不是简单地服从集体，而是受朋友的影响。她认为，这种心态在别的文化中也存在。我们认为国际生对于中国人集体意识的这一理解是基本准确的，并主张这是从众心态下产生的一种集体主义观念。从众是一种很普遍的社会心理现象，也是个体融入社会的重要方式。特别是价值观还在成长和完善中的青年人，他们的知识体系和社会经验都不甚完整，群体（特别是同伴）对其影响往往比集体领导对其影响更大。

（三）集体环境下的集体主义

来自英国的珍珠说她常常看到中国学生一起上课、一起购物、一起吃饭、一起出去玩……但国际生也是如此,因此中国人并非被集体主义禁锢着,而是迫于环境产生了一些集体主义行为。她说,如果脱离了目前生活的集体环境,中国人应该也和外国人一样,没有什么差别。珍珠同时也提到,中国人更强调集体主义和集体价值,这可能导致有的中国人在个人和集体中无从选择,只能牺牲个性。这样的理解有一定道理。国际生接触的中国人还是以青年学生为主,而中国的青年学生主要在集体环境中生活,比如住集体宿舍,一起上课,同一时间段在食堂用餐,等等。但是结合前文对集体主义的观察,我们可以了解到,中国人适应集体环境是一种文化选择,而非政治决策。

总的来说,中国学生确实比国际学生更适应集体的生活,也更理解集体主义价值取向,这是中国几千年文化沉淀下来的文化基因。当然,有的国际生对集体主义内涵的理解过于简单。在意识形态差异的影响下,国际生理解的集体更多是社会集体。

三、中国式集体主义的优势

对中国人而言,最基本同时也是最重要的集体就是"家"。西方价值观中的"家"远没有东方的"家"重要,因此学校和老师要对缺乏相关文化背景的国际生理解中国人的集体主义观念加以引导。同时,随着社会物质和文化的发展,中国社会呈现多元文化共存,集体主义观念也因此产生了变化。有学者通过调查发现,相对于过去,在当代中国文化和中国心理方面,中国人对自由、民主和人权重要性的认知在上升。同时,作者也强调,尽管中国社会近年来发生了上述变化,但中国人对家庭关系、友谊以及爱国主义重要性的认知并没有改变。[①] 这一研究反映了对当代中国人来说,家庭和国家仍是极为重要的集体观念,在行为中集体利益会被慎重考虑。当然中国人的集体主义意识呈现具有差异性。笼统地看,老年人比青年一代具有更强烈的集体主义观念,任职于公益性岗位的人比从事其他职业的人或有更强烈的集体主义观念。社会文化不是一成不变的,在全球化浪潮冲击下的今天,多元文化时代已经到来。中国人可以选择个人服从集体,也可以遵从日渐成长的个人意识,如何在二者之间实现平衡也将是一个重要研究课题。

四、新冠疫情防控中的集体主义精神

事实上,不仅是外国人因文化差异对中国的集体主义有所误读,即使是某些中国人,在当今世界多元文化的冲击下,也对集体主义精神的价值产生了怀疑,主张当今中国应更鼓励个人主义价值观。集体价值和个人价值二者之间不能和谐统一吗? 2020 年,中国的行动为我们提供了答案。

2020 年 1 月,一场新冠肺炎疫情突袭武汉,波及全国。一时间,"COVID-19"出现在全球各大媒体的报道中。2020 年 1 月 20 日,习近平总书记对新型冠状病毒肺炎疫情做出重要指示,强调要把人民群众的生命安全和身体健康放在第一位,坚决遏制疫情蔓延势头。2020 年 1 月 30 日,世界卫生组织宣布将新型冠状病毒疫情列为国际关注的突发公共卫生事件。中国人的生活如瞬间拉闸,停了下来,没有了即将到来的春节的热闹,摆在中国人民面前的是一场激烈的疫情防控战争。

---

① Xu, Y. & Hamamura, T. Folk beliefs of cultural changes in China. *Frontiers in Psychology*,2014(5),1066.

"一方有难,八方支援。"这是 2020 年春节时最常听到的口号。在灾难面前,中华儿女万众一心、众志成城,各行各业的人都行动起来,与病毒抗争。一封封请战书放在了医院领导的桌前,一辆辆支援物资车辆驶向湖北。2020 年 1 月 21 日,中部战区总医院医疗队驰援当时收治危重患者的医院——武汉市肺科医院,这是第一批支援武汉的医护人员。此后,全国的医疗精英和抗疫物资源源不断地汇集到湖北。根据国家卫健委在 2020 年 5 月发布的数据,包括军队的援助医疗队在内,全国有 346 支医疗队,4.26 万人支援湖北。不论是奋战在抗疫一线的医疗人员,还是其他的基层工作人员、志愿者、解放军、警察等,每个人都忘记了个人的安危冲在前线,他们用行动彰显了人性的光辉和宏大的家国情怀。即使是为了配合抗疫工作而居家度日的每一个平凡的中国人,在抗击新冠疫情的过程中也充分体现了饱含大爱的担当和格局。

于是,在焦虑的同时,我们也听到了许多鼓舞人心的消息。2020 年 1 月 23 日,湖北省武汉市决定参照北京"小汤山医院",10 天内在武汉建设一座应急医院。然后,10 天火神山医院建成,12 天雷神山医院建成,"中国速度"将中国人民抗疫的决心和魄力展现得淋漓尽致。进入 2020 年 3 月,全国开始陆续复工。至 2020 年 4 月中旬,全国规模以上工业企业平均开工率达 99%,民营企业复工率超过 90%,中小企业复工率超过 80%。4 月 7 日,武汉的标志性建筑黄鹤楼开启了夜间灯光照明。2020 年 4 月 8 日,武汉"解封",这应该是从全国抗击新冠疫情以来最令人振奋的消息。此后,2020 年 5 月 2 日,湖北突发公共卫生事件调至二级响应。2020 年 5 月 21 日,推迟两个多月的全国两会隆重开幕。走过寒冬,走过艰辛,中华大地终于春暖花开。

时至今日,我们仍然记得 2020 年 1 月底席卷全国的焦虑和惶恐,但我们更记得党中央面对疫情时的沉着果断和大局智慧,记得每一个抗疫人员的勇敢和坚毅,记得全体中国人民的团结一心和守望相助。而这一切都源于中国人价值体系中的集体主义精神。在抗击新冠病毒的过程中,"集体"不再是一个虚无的概念,更不是一个与"个人"相对立的概念。

个人价值与集体价值命运一体、息息相关,集体的核心价值正是个人的根本利益所在,追求个人利益和维护集体利益在根本上是一致的。经此一"疫",中国社会的集体主义精神必将得到进一步的传承和弘扬。

第四节　复杂而多元：中国人的
婚恋观和国际生文化定型

婚恋观指人们对婚姻和恋爱的看法和态度，是个人乃至社会价值观的具体呈现。中国人的婚恋观随着中国文化的发展和变化表现出了阶段性差异。

一、中国人婚恋观的变化

（一）传统婚恋观

从战国中期到清朝后期，中国经历了两千多年的封建社会，以儒家思想为主体的中国古代传统文化体系形成并不断被强化。在这一思想体系的影响下，中国人"礼""阶层""宗法""家族"等传统观念也不断被具体化。据此形成的婚恋观也是相对固化的，我们将这一阶段的婚恋观称为传统婚恋观。大体上看，传统婚恋观具有以下特点。

首先，传统婚恋观影响下的择偶对象要求"门当户对"。"门当"和"户对"本是两个词。"门当"原指传统宅门前的一对石鼓，又叫抱鼓石。文官家多用方形的门当，武官家多用圆形的门当，而且不同品级的官员所能使用的门当样式也不同。因此，门当不仅仅是中国传统建筑中的装饰，更是家宅主人身份地位和社会等级的象征。"户对"也是中国传统建筑的要素之一，指的是置于门楣上或门楣双侧、与门楣垂直的砖雕或木雕。户对的大小和数量也与家宅主人的官阶品级直接相关。由于"门当"和"户对"出现于同一环境和语境里,二者的存在是互相匹配、不可混搭的,所以渐渐地"门当户对"也就用于表达"男女双方家庭的社会地位、经济状况相当,结亲很合适"。

其次,传统婚恋观影响下的婚配需遵循"父母之命""媒妁之言"。在传统婚恋制度中,媒人有多重要?《孟子·滕文公下》提到的"不待父母之命,媒妁之言,钻穴隙相窥,逾墙相从,则父母国人皆贱之"一言中可见一斑。另外,《礼记·坊记》中也说到"男女无媒不交",《战国策·齐策六》也有"女无媒而嫁者,非吾种也,污吾世矣"的表述。可见,"媒人"这一身份不仅存在了两千多年,更是男女婚配过程中最重要的角色之一。没有媒人的婚配过程是不合礼制的,不被家人和世人接受的。这与中国人重礼的传统一脉相承。而随着封建礼教对男女关系约束的不断加强,借"礼"之名强加给女性的压迫和束缚也日益增多,结婚前男女双方素未谋面是正常情况,私相授受是不合礼制和法规的。"父母之命,媒妁之言"既是传统婚恋制度下包办婚姻的具体操作,也是择偶要求"门当户对"的结果。

再次,传统婚恋观影响下婚姻的目的主要是繁衍后代和传承家业。《孟子·离娄上》中提到"不孝有三,无后为大。舜不告而娶,为无后也,君子以为犹告也"。中国文化的建构基于农耕文明,人,特别是有充分体力的男人,是延续农耕文明的必要条件。因此,对古代传统婚姻而言,延续香火、生育男丁是其首要任务。此外,中国文化中的"家"并不局限于亲子关系的小家。因此,以基于婚姻的小家庭为单位,延续家族、宗族,传承家业,也是古代传统婚姻的重要任务。

(二)"五四"时期的婚恋观

五四运动是1919年5月4日发生在北京的一场以青年学生为主,各阶层爱国人士共同参与的反帝反封建的爱国运动,它为马克思主义在中国的传播创造了条件,改变了中国近代历史的方向。在其影响下,中国人的婚恋观也产生了极大的变化。

首先,爱情及两性话题不再是禁忌。五四运动前,"爱情""婚姻自由""女子贞操"等话题都是不登大雅之堂的,甚至是不可言说的。王丽萍就认为五四时期关于婚姻和家庭的讨论属于热门话题,如 1918 年《新青年》上刊登了关于"贞操"的讨论,1920 年《妇女杂志》上刊登了关于"婚姻自由"的讨论,1922 年《妇女评论》上刊登了关于"自由离婚"的讨论,1923 年《晨报副刊》上刊登了关于"爱情定则"的讨论,等等。虽然社会大众对此并不能广泛接受,但公开的讨论为传统婚恋观的改变打开了一个突破口,知识分子的参与更为青年学生树立了典范和榜样。

其次,青年人渴望打破束缚,追求婚恋自由。清朝末期,来自西方的革新思潮进入中国,它深刻地影响了青年一代。社会的变革和知识分子的引领进一步推动了青年人突破束缚、追求自由的渴望,其中自然也包括对婚恋自由的渴望。此时,中国社会形成了关于婚恋的两种截然对立的态度。非常典型的一个例子就是,江苏省议员周钺的女儿周静娟违背父命擅自结婚,周钺觉得女儿给自己和族人蒙羞,故而将其推入河中,致其溺毙。从这个极端的个案中我们也可以看到,在当时的社会中遵循传统礼教的老一辈传统婚恋观与新思潮影响下形成的青年一代自由主义婚恋观冲突严重。

在今天回望历史,虽然五四运动后的新思潮来势汹汹,但当时的中国缺乏形成一种全新婚恋观的物质基础和文化积淀。因此,我们认同新思潮确实影响了一部分青年人的婚恋观,但从整体上说,这一阶段的中国并没有形成一种新的婚恋共识。

(三)中华人民共和国成立初期的婚恋观

1950年,中国颁布了《新婚姻法》,以法律的形式提倡婚姻自由、男女平等,明确反对"父母之命,媒妁之言"。制度上的变化挑战着传统思想,进而从根本上引发了传统婚恋观的变化。特别是对女性而言,《婚姻法》为她们追求自由与幸福创造了可能。虽然在中华人民共和国成立之初,现实婚姻中仍不乏包办婚姻和买卖婚姻,但至少这些行为不再是合理合法的。也正因为此,据研究统计,这一时期的离婚率和再婚率明显上升。

当然,这一时期的婚恋观也有一个突出的特点——极为重视政治立场和阶级成分。学者们研究指出,由于中华人民共和国成立初期人们的生活水平和文化水平差距不大,经济能力也不是那么重要,因此有共同的追求、志同道合是婚恋的基础。而在婚恋时首先考虑政治立场和阶级成分的情况在20世纪六七十年代达到了顶峰。富裕家庭不再是"高门大户","地主、富农、贫下中农、贫农以严格的界限被划分开来","出身不好的地主、资本家、富农的后代在择偶时则面临严重困难","干部和军人成为大家择偶的追捧对象,世代工人家庭的子女也备受青睐"。① 我们认为,这是传统婚恋观中"门当户对"的变体。

同时,这一时期还出现了一种新的"媒人"——介绍人。学者们总结,这一时期主要有两种择偶方式,除了自由婚恋之外,经亲戚、朋友等中间人介绍是另一种最常见的婚恋途径。在此基础上,"父母之命,媒妁之言"衍生出了适应时代发展的新模式,即"相亲"——男女双方先经介绍人引荐认识,彼此认同匹配后再自由恋爱。

---

① 陕劲松:《60年来我国婚恋观的变迁》,《理论探索》2010年第1期,第100—102页。

国际生常常会把中国人的相亲误解为西方人的交朋友。我们认为，相亲具有这样几个要素：第一，相亲一般要有一个介绍人或中间人；第二，相亲前，男女双方，甚至其父母对对方的家庭背景、经济状况、兴趣爱好已有基本了解；第三，相亲包含明确的婚恋需求；第四，相亲的活动以男女双方为主要参与者。在中华人民共和国成立初期的相亲活动可以说是包裹着自由恋爱外衣的"父母之命、媒妁之言"。时至今日，相亲仍是隐藏婚恋目的的交友活动，虽然它会充分考虑男女双方自身的意愿，但父母的意见仍是重要参考。

（四）改革开放后的婚恋观

20 世纪 70 年代末的两个政策引发了中国人婚恋观的再一次变化。一是 1978 年开始的改革开放政策。对内改革、对外开放的基本国策使中国的经济开始加速腾飞，人与人之间经济上的差距随之拉大。改革开放使中国融入世界舞台，中国人的思想，甚至社会文化也随之发生了变化。另一项是 20 世纪 70 年代末全面实施的计划生育政策。随后，独生子女第一代"80 后"出生。

这一时期婚恋观的第一大特点就是自由和多元。相比他们的父辈，"80 后"成长于一个经济更富足、文化更开放的中国。没有了经济上的压力和思想上的束缚，出生于改革开放后的中国青年人的婚恋观更加多元化。老少恋、姐弟恋说明了年龄的差距不再是择偶的阻力；"宁可坐在宝马车里哭，也不愿坐在自行车上笑"反映了择偶中的拜金主义；"不婚主义""丁克""闪婚"等有悖于传统婚恋观的行为被一定程度地接纳。这一时期，择偶方式也越发多样化。以相亲为例，从传统的有正式介绍人的相亲，到新时期的电视相亲、网络相亲、集体相亲，甚至父母代替相亲，改革开放后的择偶方式变得更多样、更自由。另外,婚姻模式也出现了"AA制""裸婚"等新类型。不论你有多么惊世骇俗的婚恋观,最终都可在一定范围内被接纳,这依赖于经济发展和物质环境的改变,这也是多元文化共存的体现。

需要强调的是,中华文化是中国人的隐性DNA,存在了两千多年的传统婚恋观断然不会在短短几十年中消失,传统婚恋观的影响仍然很强。因此,当今社会自由、多元的婚恋观与传统模式杂糅共存。比如:同一社群里,可能既有"男主外女主内"的传统家庭模式,也有"夫妻之间明算账"的新态度;在同一段婚恋中,可能男女双方前期是相亲认识的,但最后组成了一个"丁克"家庭;等等。缺少相关文化背景的国际生往往难以理解这种复杂而且矛盾的婚恋状态。

总的来说,一个社会某个时期的婚姻观是文化传统、宗教信仰、社会体制、经济发展等各方面综合作用的结果。它是一个连续变化的过程,下一阶段是前面所有阶段积累影响的结果,因此其中的复杂性会让国际生形成许多误解和误读。

二、当代青年群体的婚恋观

(一)整体上婚恋观呈多元化

当前适合婚恋的青年群体基本出生于20世纪80年代和90年代,其中城市青年多成长于独生子女家庭。从经济条件上看,90年代开始中国经济进入高速发展时期。据统计,1990年中国GDP为3608.58亿,占全球GDP的1.6%左右,2018年中国GDP为13.61万亿,占全球GDP的16%左右。当代青年成长于一个物资日渐丰富,经济不断向好的中国,父母大多为孩子的成长提供了良好的物质基础。经济条件的改善为当代青年婚恋观的变化提供了物质基础。从受教育情况来看,为了解决经济和就业问题,中国从 1999 年开始扩大普通高校本专科院校招生人数。据统计,1998 年全国参加高考的实际录取率约为 33.86%,而 2018 年全国参加高考的实际录取率约为 81.13%。当代青年普遍接受了义务教育,一部分接受了高等教育。文化水平的提升为当代青年婚恋观的变化提供了思想条件。从社会环境上看,当代青年成长于文化大爆炸的年代。除了中国传统文化,青年一代还同时接受了大量的外来文化。虽然传统文化仍是基础和主题,但不可否认的是,外来文化,特别是西方文化对青年群体产生了很大的影响。外来文化为当代青年婚恋观的变化提供了一定参照。总之,在此条件下形成的当代青年群体的婚恋观呈现出多元化的特点,不可一言概之。

(二)不再固守传统婚恋观

邓倩对中国青年的婚恋价值取向展开了问卷调查,调查样本中男性占 48.1%,女性占 51.9%。调查结果显示:49.9% 的问卷对象认为爱情与婚姻是两回事,恋爱不一定要结婚;仅 35.1% 的问卷对象认为爱情和婚姻可以永远统一。这种婚恋观与传统婚恋观显然相去甚远。同时,这种道德要求具有性别和地区的差异性:女性倾向于认为"婚外情破坏婚姻",而男性倾向于认为"婚外情巩固婚姻"。[①] 有学者认为这是因为男尊女卑观念与夫权思想在男青年中仍然存在。

---

① 邓倩:《当代中国青年婚恋价值取向的调查分析》,《内蒙古社会科学(汉文版)》2006 年第 4 期,第 99—102 页。

（三）女性婚恋观变化较大

当代青年群体和传统婚恋群体的最大改变当属女性。在传统思想文化构架下的中国女性地位较低，"程朱理学"被确立之后，社会对女性的迫害更是愈加严重，明清时期到达巅峰。受到改革开放和独生子女政策的影响，女性受教育比例不断提升。据统计，1998—2002 年，我国普通高校在校女生数量增长了两倍，占学生总数的比例也从 38.31％ 增加到 43.95％，而女博士的比例增长最快，4 年间增加了近 10 个百分点。教育部网站公布的统计资料显示，2010 年中国内地博士研究生中女生比例为 35.48％。在 2018 届高校毕业生中，女生占 52％，男生仅占 48％。教育有助于女性在知识、收入、精神等层面独立起来，从而使女性的婚恋观从单一变为多元，从被动的接受变为主动的选择，从为家庭牺牲变为共同成长，从看重物质基础变为重精神匹配。

三、国际生文化定型视角下的中国式婚姻

（一）国际生对中国人婚恋观的误读

中国人的婚恋观经历了长时间的发展和演变，从表面看当代中国的婚恋观推崇男女平等、婚恋自由，但传统婚恋观对中国人的影响仍不可忽视。这种新旧观念交错的复杂情况导致国际生对中国人的婚恋观产生了诸多误解，最突出的文化误读主要存在于以下三个方面。

1.中国女性在婚恋态度上比较被动

国际生普遍认为中国人性格比较内向，不善社交。基于这种刻板印

象,国际生进一步认为中国女性比较羞涩,既不善于主动结交朋友,也不喜欢结识陌生人,更不要说在婚恋中表示主动。事实上,随着社会文化和女性婚恋观的变化,女性在恋爱或者婚姻中的态度越来越主动。中国女性早已不是困于深闺的家庭妇女,她们所承载的社会身份越来越多,女性所创造的社会价值也越来越大。受教育程度的提高、经济的独立、思想的转变给了新时代女性表达自我的实力,也让女性走出了主动选择的第一步。因此,忽略这种女性婚恋观的变化,给中国女性打上"内向"的标签,而片面地认为女性在恋爱和婚姻中是被动的、无法选择的,这显然是一种误读。

2.中国人婚恋选择的自由度很高

在国际生的普遍认知中,中国青年人一般会从感情出发自由选择恋爱或结婚的对象。从法律层面和心理层面来说,确实如此。但从世俗层面来讲,中国人一般认为"恋爱是两个人的事情,而婚姻是两个家庭的事情"。这一观点恰恰体现了中国传统婚恋观和新时期婚恋观的碰撞。传统婚恋观认为婚姻应该遵循"父母之命",双方须做到"门当户对"。这种观念在当代有了新的发展:"父母之命"不再是子女单方面听从父母对自己婚姻的安排,而是转为注重并参考父母的想法和态度,"门当户对"则由传统的注重双方家世转变为婚恋当事人更看重双方在品性、受教育程度、兴趣爱好等方面是否匹配。此外,西方文化中的"家"一般是由两代人所组成的亲子式小家庭,其他大家庭成员对小家庭生活的干预度和参与度比较低,但中国文化中的"家"是一个可以包含多代人的家族式大家庭,父母对子女小家庭事务的参与度比较高。基于上述文化差异,国际生一般很难理解中国父母会影响子女的婚恋选择,甚至干预他们的家庭生活。国际生仅看到了自由婚恋的表象,而不能认识到其背后交错的传统观念,因此产生了误读。

3. 中国人结婚需要彩礼、嫁妆

中国人重"礼"，在婚嫁习俗中彩礼和嫁妆是不可或缺的一环，而西方没有这一传统，所以国际生很容易把这一习俗等同于在中国结婚需要给钱，甚至会将此误读为"买卖婚姻"。但是，在中国文化中，彩礼和嫁妆代表的不仅仅是钱财，更重要的是礼节。"六礼"是中国结婚的传统礼节，即纳采、问名、纳吉、纳征、请期、亲迎，现在的婚礼流程虽然简化了很多，但"六礼"的核心内容还是得到了保留。以纳吉和纳征为例，传统礼节的流程是男方合过八字之后，将卜婚的吉兆通知女方，并向女方送聘礼，表示要结婚。虽然在当代婚姻习俗中，纳吉和纳征不再是结婚的必要条件，但中国各地基本都保留了送聘礼的环节，聘礼的多少因人因地而异，但基本上这个仪式是不可省略的。换言之，中国人结婚更注重的是礼仪而不是钱财。

（二）国际生跨文化交际中的文化定型

1922 年，美国政治评论家 Lippmann 在其《大众舆论》一书中将一个群体对另一个群体所持有的共同认知或刻板印象定义为 Stereotype，译为"定型"。学者们普遍认为，定型是人类社会一种普遍存在的、不可避免的认知方式。定型包括他定型（他我）和自定型（自我）两种，在认知过程中，本我先于他我，二者之间既有一致性，又有矛盾性。[①] 在跨文化交际中，国际生既有来自原文化背景的自定型，也有来自目标文化背景的他定型，他定型是在自定型的影响下不断"塑造—推翻—重塑"的过程。在这一过程中，自定型的文化类型和他定型的参照物至关重要。

---

① 　邢家伟：《文化定型和认知再植》，《社会科学辑刊》2011 年第 2 期，第 46—48 页。

1. 东西方文化差异导致的文化定型

西方文化一般有特定的宗教背景，强调个人主义；中华文化的精髓是在儒家思想主导影响下形成的"和合"文化，提倡集体主义。因此，对西方人而言，婚恋是个人的意愿和选择，他人无权干涉。对中国人而言，个人是家庭中的一员，子女和父母之间的羁绊不会随着子女成年而消失，而结婚对象的选择也应该是家庭成员的共识，而非子女或父母单方面的决定。由于文化背景的不同，这种文化自定型上的巨大差异使得国际生难以理解中国人所说的"婚姻是两个家庭的事情"，也不明白为什么中国父母在子女婚姻选择上有一定的"话语权"。

2. 个人经历导致的文化定型

虽然国际生长时间在中国学习和生活，但根据我们的调查，大部分的国际生并没有融入中国人的社交圈，他们的朋友仍以来自同一国家或地区的国际生为主。国际生对中国人的理解主要来自有限的和中国人交往的经历。

从汉代开始，儒家思想就是中华文化的正统，将仁、义、礼、智、信作为道德准则，即"五常"。经过两千多年的发展和演变，"五常"仍是当代中国人的道德准则之一，而内敛沉稳也被视作优秀的品质。考虑到语言文化差异，中国人这种内敛的性格在与外国人的交往过程中表现得更为明显。因此，国际生很容易把有限的个人经历作为他定型的重要参照，把中国人的内敛理解为内向，从而判断中国女性在人际交往中比较被动，在婚恋态度上也比较被动，忽略了中国女性的发展和变化。

3. 对文化行为的表层解读

文化有着复杂的内涵，但其行为本身是直观的、具体的。以中国人结婚需要下聘礼为例。下聘礼这一行为的直观呈现是需要为结婚准备财物,但作为传统婚姻的重要流程和礼节之一,它发展到今天体现的是中国人对"礼"的重视。不同于传统的纳吉和纳征,现在的下聘礼具体要准备哪些东西或多少钱财是因人而异的。行为本身固然重要,但行为的深层动机和目的才是文化内涵所在。国际生缺乏对中华文化的学习和理解,因此,他们在构造他定型中常常参照行为本身,即下聘礼就是给钱,从而产生了中国人结婚要花钱的误读。

　　从文化定型的角度看,国际生所产生的文化误读首先来自其自定型的影响。国际生自身具备的文化背景和属性会将不同于自文化的内容进行区分和解读,这种误读是深层次的,不易纠正。此外,国际生还会因对个案的理解或对表象的理解形成文化误读,这是因为他们选择了错误的他定型参照。老师在教学的过程中应当重视这种个别、片面的文化解读,帮助学生全面深层地解读中国文化。

第五节 古老又现代：
基于现代医学的中医中药

中药在中国有着几千年的历史文化传统，在西药还未传入中国时，治病救人全靠中药来解决，所以中国人对中药有着一种特殊的情结。虽然很多中药无法得到现代科学的验证，但中药在中国中的疾病治疗仍然担任着重要的角色。国外不少专家、学者对中药的治疗作用也给予了一定的肯定。美国克利夫兰医学中心①健康研究所医学总监、克利夫兰诊所勒纳医学院的临床教育副主任 Daniel Neides 医生认为，中药可以帮助身体更快地从放化疗的副作用中恢复过来，因此可以作为常规放化疗的辅助治疗方法。他举例说，有一位患者连续半年反复胸痛，我们怀疑是胃灼热，但用了非处方药和处方药之后都不见效。最后，我们终于找到了解决办法。经过短短几周的中药治疗，患者的症状大部分消失了。还有一位患者发生不明原因的神经疼痛，经过一系列测试，排除了糖尿病、甲状腺疾病等所有原因，使用中药治疗几个月后，疼痛症状消失，患者的生活质量也基本恢复了。

一、外国人相信中医、中药吗？

我们在国际生《中国概况》课堂上介绍中医"阴阳五行""治未病"的原

---

① 克利夫兰医学中心是世界最著名医疗机构之一，机构集合医疗、研究和教育三位一体，始建于 1921 年 2 月 28 日。2018 年 12 月，世界品牌实验室编制的《2018 世界品牌 500 强》揭晓，克利夫兰医学中心排名第 200。

理和针灸推拿等治疗手段时,曾经做过一个小调查:你对中医怎么看? 摘
录几个有代表性的学生回答。

　　Nini(津巴布韦):以前不知道有中医,最近几年很多城市都有针灸
了,有些中草药感觉跟我们非洲农村的草药差不多。

　　Monika(瑞典):我觉得中医挺好的,我们北欧也有草药,有人生了病
先考虑能不能吃草药,不行的话再吃西药。

　　Jonathan(英国):我老婆是中国人,她就是一名中医,所以我们全家
生了病肯定首选中药。但她也承认在有些情况下还是西药比较有效。不
过无论你选择中医还是西医,都很难说哪种更有效,因为很多症状就算你
不管它也会好,况且吃药本身也有安慰作用。

　　Sunny(美国):据我观察,中国人似乎更喜欢中医,中老年人都喜欢
花草茶,他们区别食物的凉性和热性。西方人在天气热的时候特别喜欢
喝冷饮,中国人认为毫无节制地喝冷饮对肠胃不好,对声带也不好。中药
在美国并不多见但还是有的,如果你去大城市的保健品商店,你会看见货
架上摆着许多中药。其实有些西药也是从草本植物里提炼出来的。

　　Aziz(孟加拉):我对中草药和针灸印象相当好。我的小女儿有一次
咳嗽得厉害,都快变成慢性支气管炎了,后来喝中药治好了。一个从美国
留学回来的大夫用西医的疗法给她治病,从阿莫西林到红霉素,一点用也
没有。后来他建议我们去看中医,结果治了 6 天病就好了。但是那药真
是难喝啊,谁要是喝一口非得吐了不可,而我们却得让 2 岁的孩子喝
这个。

　　Buster(巴西):中医需要更科学的治疗方法。无论是中医还是西医,
谁都不能包治百病。如果我们能够将中西方的智慧结合在一起,说不定

就能把所有的病都治好了呢。不同疾病最佳的治疗方式不同，换句话说，无论是中医还是西医，没有谁比谁好这么一说。

Futin（马来西亚华裔）：中医见效慢，疗程长，而且据说中药里的汞含量比较高，喝中药还是谨慎为好。

虽然中医被看成是中国的国粹，但很多中国人，特别是中国年轻人其实并不信中医，或者将信将疑。大部分西方朋友也不太信中医，他们说中医不科学，比如：穿山甲通乳、肉苁蓉海马补肾完全是以形补形，以讹传讹；羊肉热性萝卜凉性，葱姜蒜是发物，金银花可以祛湿消炎也有点玄学的意思。但韩国、日本等很多亚洲人也在用类似的传统医学方法，西方国家中也有上中医培训班的瑞士朋友、正式学中医的意大利朋友、痛经的时候喝红糖煮生姜水觉得很舒服很有效果的美国朋友。

中医除了中药、针灸以外，还有艾灸、刮痧、拔火罐、推拿、正骨、按摩等中国人为了治病而开发的很多传统的医疗手段。有人说中医不科学，中医确实不符合现代科学，特别是缺乏现代医学所需要的实验过程、临床数据，但现代科学的历史太短了，中医的验方是在几千年的人类历史生活过程中被证实有效的，比如麻沸散。现代科学不能证明中医的效果并不等于中医就是没有效果的安慰剂。2011年爆发了引起全世界很多人死亡的甲流（H1N1），治疗甲流的最有效的药"达菲"的主要生产原料是八角茴香中所含的一种成分莽草酸，化学式是$C_7H_{10}O_5$，而"八角茴香"就是一味常见的中药药材。[①] 2017年拿"诺贝尔医学奖"的是3位美国教授，他们研究出"生物钟"（biological clock），他们说不管是人还是其他动物或

---

① 梅子：《四类中成药可对付甲流》，《医药前沿》2009年，第46页。

者植物的细胞里都有"生物钟"。中国父母经常碎碎念说最好晚上 10 点前就睡,为什么呢?因为肝胆在晚上 11 点到 3 点是最佳排毒时间,废旧的血液需要淘汰,新鲜血液需要产生,这样第二天早上起来状态好。

二、中医 PK 西医

(一)西医的优缺点

西医的优点很多,主要包括:

(1)手术治疗各种外伤、种牙、器官移植、剖宫产、试管婴儿等,所有开刀的治疗手段一般指的都是西医。

(2)可以通过验血、X 光、超声、CT、基因检测等方式体检,依据科学数据判断实际情况,检验治疗的效果。

但西医的缺点也是显而易见的。

(1)只治疗局部症状而不治疗病根,比如头疼、腰痛,只有两种治疗方案:一是给病人止痛药不让神经感觉到疼痛;二是动手术把疼痛的地方切掉。

(2)过度治疗:经常没必要开刀的时候也开刀,美国明星安吉丽娜·朱莉做了基因测试后发现她可能会得乳腺癌,所以她在没有确定问题的情况下为了"预防癌症"直接切除了她的乳腺。

(3)很多技术和药太新,还没有查出来副作用。

(二)中医的优缺点

中医的优点:

(1)中医除了治疗以外还可以预防,也就是所谓的治未病,通过症状去判断并争取消除病根。比如手指疼,可能可以通过治疗肩颈的形式调理。所以有的时候虽然只是治疗一个症状,但可以解决很多问题。

（2）大到癌症小到感冒,中医起码可以改善一点症状。有些病不用吃药或者动手术,比如90%左右的腰椎间盘可以通过针灸按摩解决问题。

（3）体检又简单又便宜:中医的体检方式虽说不如西医准确,但望闻问切,通过面诊、舌诊、号脉等判断病人的身体状态也能做到八九不离十,而且还不需要另外付钱。

中医的缺点:

（1）中医的治疗法不同(扎针的部位和深度,药材的种类和分量),很难形成标准化和体系化。

（2）气、经脉等很多东西看不到,很难明确是什么治好了病。

（3）有一些中药材在种植过程中用了很多农药导致重金属超标,而且人工种植的药材效果确实不如以前,比如现在安宫牛黄丸里头早就用人工合成牛黄代替天然牛黄了。

（三）替代医学与整合健康管理

近些年流行的替代医学(alternative medicine)是指现代医学之外的医学理论与技术的总称,包括使用草药、针灸和冥想等治疗疾病的方法。很多传统医学如中医、藏医,包括西方的草本药物等被认为属于替代医学,替代医学甚至还包括诸如保健食品、食疗等非传统医学的范畴。近些年来,替代医学非常受公众欢迎,虽然科学家对这些具有潜在治疗作用的方法缺乏了解,但各国研究人员和医生都在致力于探索替代疗法和现代医学联合使用的方法,以获得对多种不同疾病治疗的理想效果,因为西医药在外国人的眼里有几个问题越来越令人担忧:首先是发现病症后需要做大量的检查,检查费用高昂,手术费更是天价;其次是很多疾病一旦发生,便面临终身吃药的痛苦,有的药物还会很快产生耐药性;再次是西药作为化学合成物,会有未知的毒副作用。随着世界文明的进步,仅靠单一的现代医学技术已不能应付复杂的新局面,医疗模式的转变和回归自然潮流的兴起,使国际医药市场中传统药物的用途和影响不断扩大,而中医是几十种替代医学里在西方发展最快的一种。

从严格意义上说,医学并不属于科学范畴,因为医学的一贯原则是只要治疗方式效果确定、安全可靠,就可以使用。对一个存在遗传疾病基因的人类个体,从人类整体角度,挽救生命意味着保护差的基因,对抗自然选择。这样的事情只有从伦理学角度来认识,不能从纯粹科学角度来看待,因此挽救和保护生命有时候就不能只讲科学。国际上描述非主流医学时,比较常用的两个词汇是 Complementary 和 Alternative,这两个词汇的含义不同。Complementary 一般是指现代医学结合非主流方法,Alternative 是完全采用非主流方法,放弃任何现代医学手段。现实中真正的 Alternative(替代医学)并不常见,更多人结合现代医学使用非主流方法,也就是采用 Complementary(整合健康管理)。冥想和按摩曾经被归类为替代医学,其在许多医院也被作为疼痛的治疗方法,例如癌症治疗中心开展整合健康管理项目可能会提供针灸和冥想以帮助控制某些症状和常规治疗的副作用。整合健康管理具有现实性,许多个人、健康管理提供者和健康管理系统正在整合各种主流非主流医学措施治疗疾病和促进健康。它也具有整合性,整合性措施在健康管理提供者和健康管理系统中被采用的比例逐渐增加。驱动因素包括市场因素,消费者获得的理想效果,整合治疗有效性的证据越来越多。①

---

① 杨金侠:《健康管理:从概念到实践》,《中国卫生》2018 年第 7 期,第 35—37 页。

三、中医中药在国外

欧美的大城市基本上都有中医诊所，尤其是在北美洲，规模较大的还不止一家。同仁堂已经进入北美洲，在温哥华、多伦多都开设了分店，并且生意不错。近年来，美国公众和医学界逐渐认识到中国传统医学的安全有效和通用广泛的特点，越来越多的美国人愿意接受中医治疗。美国的超级著名健康节目 Doctor Oz（奥茨医生秀）的主持人是一个毕业于世界顶级医学院的美国心外科医生，他在节目中亲自体验针灸并宣传普及中医针灸。美国的 38 个州和哥伦比亚特区早已经批准针灸治疗活动，每年有 100 万以上的患者接受过针灸治疗，在这些人当中，又有 21% 的人除了针灸之外，还同时使用过中药、推拿、按摩等方法来治病。美国内华达州早在 1973 年就通过了中医合法化法案，这也是美国史上第一部《中医法》。不仅是针灸治疗，中药应用也正式合法化，该法案还承认了中医的独立地位，保障了中医不受西医影响。两年后，该州还进一步修改了该中医法案，规定保险公司支付针灸诊疗费用。美国目前有 34 个州承认 NCCAOM 证书①考试，除少数州自行命题考试发证外，该证堪称全美统一上岗执照。

中医在日本被称为"汉方医学"，中药被称为"汉方药"，简称"汉方"。大多数日本医师会给病人开具"汉方"，从事"汉方医学"的医师已超过 10 万人。一些大学附属医院开设有"汉方门诊"，"汉方药"可在健康保险中

---

① NCCAOM：The National Certification Commission for Acupuncture and Oriental Medicine（美国针灸和东方医学证书），NCCAOM 考试报名要求考生毕业于中国教育部属下正规全日制中医学院，学制至少 3 年，本科专业为中医、针灸、中药、中西医结合，NCCAOM 考试无须提供雅思/托福等英语能力证明。

报销,约 150 个"汉方药"处方被列入日本公共医疗保险的用药范围。在日本,超市和药店里卖得最火的莫过于"汉方药",中国游客来此都会大买特买,带回去分赠亲友,比如青箬叶茶、龙角散糖。早在 20 世纪 70 年代末,中国改革开放刚刚启动,日本人就开始研究《伤寒论》《金匮要略》,并以之为基础建立了"汉方药"多达几百个。① 日本还有一家公司在 2001年向美国申请了治疗溃疡性结肠炎的专利,明确对以芍药为活性成分的包括加味逍遥散、当归芍药汤、芍药甘草汤、桂枝茯苓丸 4 个复方进行保护,并且最终获得了授权。日本在中药六神丸基础上研发出的"救心丸",年销售额也超过 1 亿美元。冬虫夏草是中国的"三宝"之一,在日本也被注册了专利。

中医在韩国的地位十分尊贵。韩国留学生告诉我们,在韩国 *Career* 杂志社发起评选韩国最热门职业的活动中,中医师被评选为韩国最热的职业前三名。在韩国,中医师平均收入超过西医所有下属分科医生的收入。"韩医"也从 20 世纪 90 年代开始招生,为韩国最高水平,如韩国首尔大学独立医院等,类似于协和医科大学、北京大学医学部在中国的地位,竞争非常激烈。

本是西医起源的欧洲,却占到全世界草药消费市场份额的 44.5%,很多欧洲人都曾经使用过包括中草药在内的草本药剂。受温带海洋性气候影响,英国常年多雨,毫无"湿气"概念的英国人,风湿病重到骨子里。直到 1961 年,英国人成立针灸学院,才终于找到对付风湿病的灵丹妙药。德国拥有官方针灸证书医师人数超过 5 万,占全德国医生总数的16.7%。1991 年与北京中医药大学东直门医院合建的巴伐利亚州第一

---

① 转引自张褵心:《洋中药启示录》,《课外阅读》2012 年第 17 期。

所中医院魁茨汀医院(Kotzting TCM Clinic),刚开放就受到热捧——仅预约挂号就需等半年之久。在对医药使用最谨慎的德国,却拥有一批中医中药的忠实"粉丝",来自浙江工商大学中德合作班的国际生表示他们的亲戚中,相信中医、中药,特别是针灸的人越来越多了。

瑞士这个人均寿命82.4岁,排名世界之首的健康大国,从1999年3月开始就将中医、中药、针灸的费用纳入国民医疗保险。作为欧洲第一个实施中医立法的国家的匈牙利,2013年其国会就通过了中医立法,中医师在匈牙利拥有正规的行医许可。2014年中匈建交65周年的时候,两国签署了《中国国家中医药管理局与匈牙利人力资源部中医药领域合作意向书》,并于2015年由匈牙利总理欧尔班签发,开始承认中国高等中医院校学历①,中医师有5年相关工作经验并符合相关条件,就可申请在匈牙利独立行医的中医从业人员行医许可证。比利时已把针灸纳入正规医学。意大利不少医院设有中医门诊部,全国草药店均能见到中草药和中成药。

四、中医中药为何被异化

(一)中医是否科学有争论

中医作为中国传统的文化遗产,一代代传承下来,为中国人的生命延续和生存质量保驾护航,它融合了中国传统哲学与行医经验,加上本地的药材和医疗用具,形成了包括中医中药针灸按摩等在内的比较完整的一

---

① 《推动中医药成中匈交流亮丽"名片"》,人民网,2017年6月22日,http://health.people.com.cn/n1/2017/0622/c14739-29354987.html。

套医疗体系。但不幸的是,近代中医遇到了西方科学。科学在世界文化里的全面胜利,迫使中医去迎合西医的科学观。中医在西医面前的失败来自"中医是否科学"的争论。比如为了符合科学的唯物主义标准,中国中医界删除了或者改变了很多传统的概念,在临床上已经很少使用中医和中医的病名来诊断一种疾病。但是这种借用外来标准来判定自己,很像用英文的语法标准来判断中文是否有价值。西医对于肉体的化验诊断确实要比中医的主观诊断法更为精确,但问题是中医的治疗对象并不仅仅是单一的器官。如果用计算机作为比喻的话,西医的诊治对象是计算机的硬件,而中医的诊治对象则不仅是计算机的硬件,还包括它的软件。当以"硬件"的标准来要求中医诊治一个"软件"时,不仅会出现不少误诊,同时还无法按照中医本身的理论去治疗。

西医理论根本不承认中医理论中的气、经络、阴阳五行说等。所以中医为了"科学化",其治疗配方中的思维就越来越接近西医的思维模式,现在选药越来越不按传统的性味模式相配,而是按西方科学的药理作用相配。如果中医不是依靠望闻问切,而是依赖于西医的化验检测才能做出诊疗判断,那么这种思维模式的最后结果只会丰富了西医而弱化了中医,于是中医就变成西医的附庸。事实上,近几十年主流的西方医学在西方已发生了一种悄悄然却深刻的改变。西方人已经发现西医的模式很难在身心这一领域有所建树,因为西医擅长的仅仅是把人的肉体看作诊治的对象。所以当有西方学者认为 21 世纪应该是精神的世纪时,现在我们看到的中医里"不足"与"迷信"的那部分,也许恰恰能够揭开蒙在科学和西医身上的那块帘布,从而使中医得到更客观、更圆满的对待。①

---

① 陈家功:《中西医理论体系不存在结合点》,《中医药文化》2009 年第 3 期,第 11—14 页。

（二）民间中医过于神秘

首先，中国中医存在学院派和民间派之争。学院派指从高等院校毕业的中医研究人员和中医从业者；民间派指在传统的师承方式和实践方式中产生出来的民间中医。学院派普遍看不起民间中医，以为他们不是科班出身，没有理论基础，纯粹凭个人经验治病。这样的说法未免以偏概全，学院派里有很好的医生，而民间派也绝对不都是江湖骗子。其次，中医保守，经验秘方不公开交流。相对于以前中医亲授弟子、传男不传女等习俗当然有了进步，但是老中医依然不愿意把自己的中医技术和盘托出交流研讨，更遑论毫无保留地进行传授。他们的心里认定每一剂药方都是自己多年的心血结晶，也是在杏坛的立足之本，要传也要传给自己人，所以造成"独门""祖传"之类的药方在中国中医当中屡屡可见。中医的"秘方""验方"让西方人看不懂，神神秘秘的结果就是被诟病像巫术。

（三）中医传承较特殊

中医的学习是特殊的，应该有自己的教育方式，而不应照搬西方的教育体系。中医和西医具有根本不同的世界观和方法论，中医看病需要具有中国传统的思维方式。不按照中国传统文化的思维模式思考问题，很多中医的东西就没有办法接受。为什么现在中医医师开西药、开化验单的现象很普遍？就是因为他在按西方的方式思考问题！至于民间中医的传承，假如他不在正规的院校里面取得一个学位，那社会就不承认他，不会找他看病。自1998年《执业医师法》颁布后，假如民间中医没有取得执业医师资格而为人看病，就是非法行医。而《执业医师法》第11条和国家卫生部第6号令、第52号令对"师承或确有专长"的民间医生考取"执业医师证"门槛较高,民间中医假如没上过医学院而又不在公立医院供职,很难获得医师资格。

(四)中西医结合有歧义

中医界泰斗邓铁涛先生的博士后弟子——广州中医药大学胡碧玲(英文名:Brenda Hood)女士撰文认为,"中西医结合"是中医误区,是完全的西化。西医大多以为疾病一定与各种细菌侵入、局部病变等有关;中医看病,是把人看成一个整体,而不只是集中在患病的部位。中医的重要特点是"辨证论治",通过"望、闻、问、切"四诊,搜集到患者的证候,透过证候捉住疾病的本质,分清邪正,扶正祛邪。因此,中医更加具有整体观,而中医宏大的内涵足够容纳西医。中医药独特的理论和方法,与西医有本质上的区别,不能迫使中医迎合西医的科学观。而中医药在"中西医结合"和"中医药现代化国际化"的思维变异中,逐渐丢失了本有的"中国特色"而被边缘化,假如再不及时以正确的方式拯救,或许过不了多少年,就会像大熊猫一样成为濒危国宝。

国际生在关于中医中药文化的小作文里写道,中国人生理期不能喝凉水,牙疼口腔溃疡用六神丸,扭伤了可以正骨,而外国人分娩后的医院提供的套餐里有冰激凌,感冒了只睡觉喝水,有炎症才吃抗生素挂吊瓶,谁更科学?可能都有道理,相互也难以说服对方。

第三章
中国人的日常交际

第一节　循规蹈矩：中国人生活中的禁忌

在中国待过半年以上的国际生，都知道中国人特别是中老年中国人生活中有一些禁忌，比如：梨不能分着吃；筷子不能插在饭上；不喜欢 4 和 13 这两个数字；送礼不能送钟送伞；本命年要穿红内衣；不能用红笔写人名；正月里不能理发；床不能对着镜子；等等。禁忌也称忌讳，即日常生活中的清规戒律，多来源于传统观念和习俗，常常被说成是封建迷信，当然其中也有些合理的部分，如礼仪禁忌、语言禁忌。20 世纪 50 年代后，随着中国人文化水平的普遍提高和科学技术的发达，张口闭口讲禁忌的人已越来越少。不过民间对称谓、岁数、属相、凶祸、破财等的禁忌，有相当一部分已经成为民间文化，它以风俗、习惯、民间艺术等形式在民间传承，从而影响着大家的生产、生活、心理和观念。中国是个 56 个民族组成的大家庭，民间习俗各有不同，本节所述的禁忌，主要来自汉族文化。

一、衣食住行：中国古人的禁忌太多了

（一）服饰的禁忌：贵色、贱色、凶色、艳色统统都要忌

中国人以黄色、紫色、香色等为贵色。汉文帝之后，因为在阴阳五行学说中属于五方居中，黄色被认为是最尊贵的颜色，登基做皇帝因此被称为"黄袍加身"。唐高宗之后各种黄色都成为皇家专用色系，民间禁用，否则，视为"要造反""想篡位"。宋朝时，黝紫色和赤紫色一度成为贵色。服饰上的颜色可以表明穿着者的身份，因此服饰的高贵色禁忌色实质上是把服饰当成了人群区分的标志物。

民间常以为绿色、碧色、青色为贱色，因为元、明、清时只有娼妓、优伶等"贱业"从业者才把此类颜色用于服饰。还有其他一些颜色也与贱业、贱民相联系，如清代奴隶有以红白鹿革为褾子①的服饰习俗。

中国人举办丧事都戴黑纱穿白色孝服，而在婚嫁、过节等喜庆日子里则避免穿纯白纯黑的衣裳，唯恐太不吉利。不过民间亦有不以白色为凶而喜尚白色的习俗，据清朝王士禛撰的《陇蜀馀闻》云，陕西汉中、临潼、华州、渭南等地衣饰尚白，传说是为诸葛亮戴孝留下的风习。汉族人如今婚礼上的新娘也大多效仿西方婚仪习俗穿上了白色婚纱。另外，有些颜色在一定的场合气氛下也不适合，例如红色。红色一般是吉色，有喜庆的性质，常用于婚嫁、生子、过年过节等喜庆日子。但红色又与血色同，因而丧葬期间禁忌穿红色衣裳。

过分浓妆艳抹在中国民间也是犯忌讳的。中国人认为服饰的色彩应

---

① 褾子，汉族传统服装的一种，男女式样有异。始见于隋唐，盛行于宋元时期，至明代发展为披风，形式变化甚多。

当与人的年龄、相貌、品行、地位相符合,如果不相符合便有"超越本分"之嫌。女人过分浓妆被视为轻浮,男人穿着鲜亮过头亦被视为流里流气。现代人对穿衣服的颜色禁忌已经不那么讲究了,但是什么年龄什么身份什么场合穿什么衣服还是需要斟酌的,比如商务场合男人不能穿白袜子、花西装,西装里面不能穿羊毛衫,西裤里面不套秋裤,而女人避免黑丝袜、低胸衣、短裙热裤和运动鞋。

(二)饮食禁忌:吃饭还是吃药? 座次有那么重要吗

中国人的饮食禁忌主要来源于中国古代药食同源的认知。我国的医家著作、文人杂记、宗教经书、民间习俗中,有很多饮食禁忌方面的论述,尤其是一些古代养生家,更重视饮食禁忌。《黄帝内经》说"秋冬养阴""无扰乎阳",孙思邈的《摄养枕中方》说"夫万病横生,多由饮食之患,饮食之患过于声色,饮食为益既广,为祸亦深",明确说明饮食是否适宜对人体健康的重要性。古代养生家还对各个季节的饮食禁忌做了总结:春宜食辛,夏宜食酸,秋宜食苦,冬宜食咸,此皆助五脏,益血气,辟诸病。① 国际生们对于中国食物有热性、凉性之分颇为不解,为啥冬天可以吃羊肉而夏天不宜,为啥感冒了可以喝鸡汤但是不能吃红烧肉。

春天禁忌发物,以免使毛孔更加张开,给春寒伤害人体打开方便之门。顺便说一句,对于蒜、韭、姜、醋、大料(如茴香、胡椒)等这些中国式大料,老外基本是敬而远之的。夏天天气炎热,胃液分泌减少,很容易因此引起消化不良、肠炎腹泻。所以,夏天的饮食一是要忌肥腻,二是不可过吃生冷。所以不仅是中医认定的热性的羊肉、鹅肉,就是偏凉性的鸭肉、

---

① 转引自巫抑扬:《黄帝内经夏季养生的意义及方法》,成都中医药大学硕士学位论文,2010年。

海鲜也要少吃。秋天由热转凉,旧疾容易发作,许多养生著作都谈到秋后少吃或忌吃生冷;秋天还有气候干燥的特点,极易诱发慢性支气管炎、肺结核、哮喘、感冒等病。因此,这个季节应该少吃性燥和大补的食物,比如牛肉、药酒、生菜、炒货和人参、鹿茸等。冬天气候干燥,一定要多吃新鲜水果和蔬菜。有人习惯吃油炸食物,这对人体健康十分不利。冬天天气寒冷,人们常常待在室内,很容易上火,多发口舌溃疡、扁桃腺炎、肝炎、肾炎等许多疾病。烧烤、麻辣烫等热食吃多了,也会令人血脉不畅不通,百病即生。其实,就算不是在冬季,为了你的消化系统健康着想,也不要吃过热的饺子、粥,喝烫嘴的茶和咖啡。①

我国的阴阳五行学说,为宇宙各种事物赋予了五行属性。可是一年只有四季,为了与五行相配属,在确定了春天属木、夏天属火、秋天属金、冬天属水之后,又从每年四季中抽出 18 天属土。人的内脏用五行学说来说分为五种属性:肝属木、心属火、肺属金、肾属水、脾属土。相应地,各种食物也分为五种属性。于是,主张某一属性的季节或月份,便忌吃这一属性的食物,多吃所克属性的食物。元代丘处机撰写的养生学著作《摄生消息论》说:"秋三月,主肃杀,肺气旺,味属辛,金能克木,木属肝,肝主酸,当秋饮食,宜减辛增酸,以养肺气。"中医是很讲究饮食调配的,特别对病人而言,有些食物要禁一阵,有些要禁一辈子。比如咳嗽的时候绝对不能吃冰激凌,过敏的人最好远离海产品,等等。

中国人在很多场合,都比较讲究尊者坐上座、卑者坐下首的座次,中国人的餐桌大都是圆的,所以就特别要注意把靠里边的座位让给尊长,以示尊敬。如果去饭店吃饭,雅间里边对着门的座位要让给尊长。主人使

---

① 李心平:《冬季巧食水果》,《中老年保健》2019 年第 314 册第 12 期,第 32—33 页。

用茶壶的时候不能把茶壶嘴对着客人,这和不能用手指头或者拿着筷子、勺子指别人是一个道理,对着谁就是对谁不尊重,还表示主人对被指的人不欢迎。清代官场的规矩是上司赐茶不能喝。上司一般用端茶或者品茶代表对下属的不耐烦,让他自觉告退。如果下属端茶,那么就是对上司的不敬,有要赶走上司的意思。

传统习俗中,中国人使用筷子还有一些专门禁忌,舔筷子、嘬筷子都是相当不礼貌的行为。含着筷子发出声音,或者举起筷子在桌上乱转,或者拿着筷子在菜里扒拉,都会被认为没有家教;不能把筷子竖在饭里,如果把筷子竖在碗里,形状像香炉,等于咒骂他人;还有绝对不能用筷子敲击碗。不能玩筷子(或牙签),因为摆筷子玩有些像算卦,别人会认为你是摆不吉利的卦象害人。不能拿筷子当牙签使,这当然跟安全有关。其实不同国家或地区都有餐桌礼仪,国际生们都知道,他们吃西餐的时候使用刀叉比我们更讲究,还有不能用勺子喝咖啡、喝汤不能出声等。

(三)住的禁忌:结庐在人境,风水要关心

住房风水造型禁忌:(1)塔形建筑(例如:上海东方明珠)适合商业用途,不适合居住。塔形的建筑,高耸又独立,容易让人有不稳定的感觉,久住会导致精神衰弱,只适合人来人往的商业场所。(2)上宽下窄的建筑(例如:台北 101 大楼),头重脚轻,而靠近边缘的地方会因为地心引力的关系产生不稳定的现象,形成"磁场煞"。(3)外观像牢房的建筑,出入口太逼仄,房屋的方向不明确,空气无法对流。建筑外观最好门面够大,看起来大方气派,让人有大展身手之感。(4)建筑外观内凹,感觉对外没有抵抗力与挑战力,最好选择外观外凸的建筑物,或者是阳台外凸亦可,因为外凸的房子就好像刚吃饱的人一样,有力气对抗外来挑战。(5)有许多

别墅将屋顶做成三角形的造型,此在风水上称之为"寒肩煞",象征财气不聚,三角形越尖者,负面影响越大。(6)有些集合式的大楼建筑为了外观美丽,会有部分的单位屋宅形同悬空的设计,下方可能是通道、大厅、骑楼。在选择上,最好避免悬空的单位,居住在此容易有不安、心神不宁的感觉。

住房风水位置禁忌:(1)正对大街胡同、道路的不要买。(2)周围近距离有高大建筑物的不要买。(3)"U"字楼不要买。(4)"口"字形的楼不要买。(5)"T"字形楼不要买。(6)"工"字形的楼不要买。

住房风水婚房禁忌:禁忌一,洞房位置在阳光充足之朝东朝南方位为吉,光线太暗的北向房间容易使新人心情烦闷。禁忌二,洞房空气要畅通,家具忌黑檀等黑色木材,油漆味道过重会影响生育。禁忌三,洞房家具、窗帘尽可能不要用粉红色,会使人产生惶恐不安的情绪,易发脾气,吵架之事必然常常发生。禁忌四,洞房总体色调如果太阴暗,如深蓝、深绿、深灰等,容易使夫妻心情不爽朗。禁忌五,洞房的婚床不可直对向卫浴之门,容易造成新婚夫妇身体不适。

二、禁忌来源:迷信与文化兼而有之

说到中国人生活禁忌的由来,大体上有四个方面:一是对灵力的崇拜和畏惧;二是对欲望的克制和限定;三是对仪式的恪守和服从;四是对教训的总结和记取。这四方面可以简称为:灵力说、欲望说、仪式说和教训说。①

凡是被视为禁忌的事物,都含有危险的特征。恩斯特·卡西尔在《人

---

① 孙文福、王占琦:《丧葬禁忌生成的社会文化原因》,《理论界》2006 年第 4 期,第 154—155 页。

论》①中指出："禁忌的本质就是不依靠经验就先天地把某些事情说成是危险的。"一般认为,禁忌事物的危险性是与引发该种禁忌的因素的重要性成正比的。例如,皇族和官宦们具有较大的权力,因此,直接称呼他们名称的行为是一种冒犯行为,而称呼者的下场,无疑是被重重惩罚。中国人的语言禁忌延续到今天,不像西方人可以对父母、老板直呼其名,中国人无论熟人生人一般要称呼其职位职业,实在不了解也要根据年龄称呼为大妈、大叔、哥哥、姐姐。老外们对此接受程度很高,他们根据流行很容易就学会了老板、师傅、美女、帅哥、大哥、大姐等称呼。在新年、新婚这类好日子里,对语言的禁忌尤为讲究,所以正月里忌说"死""输""光"等字眼,怕给全年带来灾祸。语言禁忌中最能表现民族特色和地域特色的是谐音式禁忌,许多禁忌语都是由谐音联想而产生出来的。因为人类在愚昧阶段很难理解两个完全同音的事物会毫不相干,他们相信那些与不幸事物同音的语词会带来不幸。旧时代的戏班子里有很多忌讳的字,尤其最忌讳"散"字,因为散班是戏班里最大的灾难,凡事与"散"字同音的,也必须用别的字代替。比如雨伞,因为"伞"字与"散"同音,得叫"雨盖""雨挡""雨遮""雨拦"。又如渔民们讳言"翻身",于是把"帆"叫作"蓬"。它们的影响力至今仍十分强大,商场和超市里大部分物品标价非"6"即"8",也是因为谐音"留"和"发"寓意美好,反映了人们发财和长寿的良好愿望,这也是人对自身本能保护的表现。但是,这类禁忌完全没有科学道理,完全是人们的臆想和心理暗示。

禁忌的功能因研究范畴、研究角度的不同分为自我保护的功能和社会整合的功能。比如流传最广的数字禁忌之所以到现在仍很有市场,是因为

---

① 《人论:人类文化哲学导引》是德国哲学家恩斯特·卡西尔的著作,首次出版于1944年。在该书中,卡西尔从人的符号性存在入手,把人看成是"符号的动物",并以其为出发点,勾勒了人性发展及人类文化的所有创造物——语言、历史、艺术、宗教、神话的整体构架。

其兼顾了个人心理需求和社会影响力。数字"一"就有忌讳,"一"是单数,所以在给结婚或者祝寿的人家送礼时候,禁止送单数,以寄予人家好事成双的愿望。"六"意味着"六六大顺",但湖北有些地方却认为"六"是不吉祥的,因为当地人读"六"为"禄",而方言"满禄"即"死"的意思,所以人们百般避讳。"十八"是当今人们都认为很吉利的数字,它的谐音"要发"表达了人们希望发财致富的讨彩心理,但同样是"十八"这个数字,在畲族亦被列入禁忌,尤其是青年人选婚嫁喜庆之日,不能选 18 日。由此可知,数字禁忌的吉凶观念是因时、因地、因民族、因行业等因素而有所差异的,不能一概而论。

年龄表示生命的长短,因此计算年龄的数字也就与生命有了瓜葛。有些数字因各种原因被历史赋予了凶祸的含义,我国民间在叙说年龄时即避免使用它们,以防危及生命。"七十三"是被世代奉为"圣人"的孔子的享年;"八十四"乃是儒家另一大圣孟子的享年。因此人们认为这几个数字是人生的一大关口,连圣人都难以逃避,一般人更不用提了,所以俗语中有"七十三、八十四,阎王不请自己去"的说法。民间认为六十六岁是老年人的一个"坎儿",俗谚云:"年纪六十六,阎王要吃肉。"东北一带老人六十六岁生日时,要由后辈给他包六十六个饺子(一般都尽量做得小些),如果能一次吃完,就预示这个"坎儿"能够平平安安地过去。河南一带,老人六十六岁生日时,闺女要送一块肉,表面上的说法是为了还阎王债,客观上却是解了老人的馋,还了女儿的愿。台湾忌讳岁数逢九,担心九岁、十九岁、二十九岁……九十九岁等年份有病灾伤亡祸事发生,这是因为在古人的观念里,一三五七九为阳,二四六八为阴,九为阳数之极,物极必反,故是不吉数字。[①]

---

① 郭钟义:《环球习俗拾趣(二)——各国对数字的崇拜和忌讳》,《人民论坛》1996 年第 12 期,第 31 页。

民间禁忌的存在，一般来说是有一个信仰的基础和系统链的，我们称之为信仰体系。在中国，民间禁忌的信仰体系可分为预知系统、禁忌系统和化解系统三个组成部分。禁忌作为一种观念形态，它是人们头脑的产物，因而它的形成是有经验过程的。皮亚杰在《发生认识论原理》①中说："一切认识在初级水平都是从经验开始的。"一旦禁忌被约定俗成之后，它便成为"先验"，形成了一种"暂且凝固的意识"，具有消极、迷信的性质。因此，就算是中国人生活中最符合中医原理的食物禁忌很多也未必经得起推敲。不过有些食物单独食用对身体无碍，但配在一起吃对身体不利，还是有一点道理的，鱼、果核、肝及鸡蛋都含有丰富的铜质，铜质对于红细胞的形成至关重要。但是，如果混食牛、羊肉等高锌食物，身体对铜质的吸收能力就会严重减弱。谷物、麦类、家禽及蔬菜均含铁质，但如果同时喝下咖啡、茶或红葡萄酒，铁质的吸收量就会减少。牡蛎和牛、羊肉同为高锌食物，对人体的健康和伤口愈合有积极作用，但如果混食某些高纤维食物，像纯麦面包或豆科植物，身体对锌的吸收能力会明显减弱。过去西医嘲笑中医要求忌嘴，现在西医对忌嘴也很重视了，如感冒的时候不要喝酒、喝咖啡，抗生素不要和牛奶一起吃，等等。

三、面对禁忌，老外见招拆招

（一）外国人的禁忌

德国人忌"13"，也忌"3"。点烟时，当点到第三个人时，对方会面呈难

---

① 《发生认识论原理》(*The Principles of Genetic Epistemology*)是瑞士心理学家让·皮亚杰创作的心理学著作，1970年首次出版。该书提出的"发生认识论"对人类认识的研究，对人类艺术认识能力和审美心理的研究有过很大的影响。

色,有的会拒绝。他们认为 13 和 3 是不吉利的。基督徒忌讳"666"。

日本人忌绿色,以为绿色是不祥的颜色。欧美许多国家日常禁忌黑色,认为黑色是丧礼的颜色。土耳其人在布置客厅时绝对禁用花色,因为民间一向认为花色是凶兆。巴西人认为人死好比黄叶落下,所以,忌讳棕黄色。埃塞俄比亚人哀悼死者时穿淡黄色服装,因此,到这个国家作客时绝对不能穿淡黄色衣服。泰国忌红色,因写死人姓氏时是用红色的。

欧洲北部一些国家和南亚一些国家,忌用狗作商标。英国忌用大象的图案。索马里牧民禁忌任何人对骆驼拍照,据说这样会使骆驼死亡,人们交谈时也绝不允许出现任何亵渎骆驼之词。在西方,蝙蝠是恐怖、死亡和不吉祥的象征,连小孩也知道蝙蝠是可怕的"吸血鬼"。日本人忌讳狐狸,英国和法国忌讳山羊,因为山羊在英语里有"色鬼"之意,而在法国有"不正经的男人"之说。信奉伊斯兰教的国家忌讳用猪作为商标。

拉丁美洲国家最忌讳送人手帕,因为手帕和眼泪连在一起,那是不祥之物。阿拉伯国家一忌初次见面就送礼,二忌用酒类作礼品,三忌见面问及父母、爱人及子女的事。毛里求斯人忌握手,见面时只要点头示意就行了。把装饰有菊花的礼物送给日本人,送礼者会被认为放肆,因为菊花是日本天皇的象征,不可滥用。切勿送小刀给拉丁美洲人,否则对方以为要和他绝交。

还有,全世界都忌讳凶宅。

(二)国际生入乡随俗的禁忌

我们曾经在"中国概况"的课堂里做过统计,国际生比较了解并能够入乡随俗的中国禁忌有:

(1)"四"这个数听起来像是死,卖东西不要带"四"的价格,包含"四"

的地址、租金通常较少。

（2）做生意的店家不要经常扫门，尤其是在农历新年期间，以防好运被扫到外面。

（3）孩子们不应该吃鸡爪，因为这样他们可能不会写漂亮的字。

（4）成双成对的礼物（除了四件）是最好的。准备礼物时，不要用白色包裹，因为不吉利。

（5）有些礼物被认为是不祥的。例如，不要把时钟、手表或怀表当作礼物送人。因为送钟等于送终，送伞和扇也是同样的道理。

（6）中国新年第一天不能说不吉利的话。例如，不能说"破""坏""死""穷"等字。小心不要打碎任何盘子。如果不小心打碎了，要记得说"岁岁（碎碎）平安"。

（7）在新婚夫妇婚礼前三个月里，他们应该避免去参加葬礼，如果一对夫妇的父母在婚礼前去世，婚礼必须推迟 100 天或 1000 天。

此外，学生们还提到一些我们想象不到的所谓外国人眼里的中国禁忌：

（1）当事情不顺时，不要公开批评，甚至大声斥责一个中国人。对他们来说，没有什么比公开曝光更糟糕。

（2）当问题无法解决时，你也不要说"不"，这关系到中国人的面子。

（3）当中午你要做些什么事时，不要阻碍中国人的午休。中国人从幼儿园起就认为午睡有益长寿和健康。

（4）当你介绍一个人时，记得称呼他的职务和职业，因为职务（职业）代表一个人的社会地位。

（5）当你在餐厅和朋友一起吃饭，不要分开结账。在中国，就算是AA，也要由一人先买单，这样可以拉近关系。

第二节 谦虚含蓄:中国人的委婉表达

　　五千年的历史长河孕育了璀璨的中华文化,同时也形成了一套完整的道德礼仪规范。正因为如此,中国被世人誉为"文明古国,礼仪之邦"。委婉表达是一种交际策略,它普遍存在于各种语言文化之中。从词源上来说,英语用 euphemism 一词表达"委婉"之意,它源自希腊语中的 euphēmos,意思是"吉利的"或"好听的",而汉语"委婉"一词源于"委曲婉转"。美国学者休·劳森曾说:委婉语如此深深地嵌入我们的语言,以至于我们中间没有谁——即使那些自诩直截了当的人——能够在不使用委婉语的情况下过完一天。同时,委婉表达也是一种社会文化的体现,不同文化背景的人对委婉的理解、接收和表达也不一样。本节我们将结合国际学生的论文、调研和访谈探讨国际生眼中中国人的委婉表达。

一、中国人委婉表达的原因

(一)忌讳

　　明代学者陆容在《菽园杂记》中提到"民间俗讳,各处有之,而吴中为甚。如舟行讳翻,以著为快儿,蟠布为抹布;讳离散,以梨为园果,伞为竖笠;讳狼藉,以榔褪为兴哥;讳恼躁,以谢灶为欢喜",可见委婉源于"俗讳",即忌讳。学者们也普遍认为避讳就是委婉,委婉就是避讳。用一种曲折、非直接的方式表达言谈中的禁忌是人类社交中的普遍现象。但对于何为禁忌、为什么会形成这种禁忌,不同的文化有不同的理解。

忌讳也是国际生心中中国人使用委婉表达最主要的原因。在问卷调查中,我们请国际生回答"你觉得中国人忌讳说什么",要求他们写出三个中国人因忌讳而使用委婉表达的词或者事件,大部分的问卷对象都提到中国人因忌讳"死"而不喜欢与之谐音的数字4。此外,问卷对象也认为年龄是忌讳之一,因此在谈论年龄或询问年龄的时候,中国人喜欢用委婉表达。我们认为,之所以会产生这一类委婉表达,是受封建思想的影响,在中国文化中"死""病痛"和"老"被认为是不吉利的话题。不仅仅是中国文化,在其他文化中,这类话题也是禁忌,因此国际生对此可以有正确的理解。

(二)重礼

"礼"是中国文化中的重要议题,在委婉表达中既体现为重视"礼仪",也体现为注重"礼貌"。国际生对中国人在人际交往中注重礼貌有明确的认知。基于面子原则、合作原则和礼貌原则,中国人在拒绝他人的提议时往往会选择委婉的方式,这正是为了实现交际过程中的礼貌,在回应他人的赞赏时比较谦虚,这也是基于交际过程中的礼貌。例如,在我们的问卷调查中,国际生普遍知道,想约一个不太熟的中国朋友周末一起看电影,如果他跟你说"不好意思,周末我已经有安排了",这就是出于礼貌的拒绝。

但让人意外的是,虽然同样是源于"重礼",国际生对我们基于礼仪而产生的委婉表达不仅不理解,反而可能会解读为不礼貌。例如,在中国文化中对年长者称"老"是表示尊敬,例如"老刘"或"刘老",但国际生在问卷中表示"老刘"是一种不尊重的称呼,因为刻意强调了被称呼对象的年龄。出现这一误读或许因为礼仪规制由阶层、等级及年龄等诸多因素决定,需要对中国文化和历史有一定认识方能理解。另外,中国人注重礼仪还体现于语言表达的雅正上。例如,对中国人而言,直接谈论身体部位、性、排泄等话题都是粗俗的、不合适的,在交往中,上述内容往往会使用语义一致但语用高雅的词委婉替代。对此,国际生因其汉语水平不同,理解程度有偏差。

究其根本,礼貌原则是跨文化共识,因此而产生的委婉表达也是大同小异的。但是,礼仪准则与社会文化和道德价值观念有极大关联,不容易形成共识,某些时候甚至会产生文化冲突,造成误解。国际生对"老刘"的误解就是一个很好的例子。中国文化有尊老爱幼的传统,而且我们倾向于认为年长的人有较丰富的经验,因此会如此委婉地称呼年长者。"老"不一定是坏事,相反,"老"甚至可以是一种尊称,例如"老师"。当我们称呼年长者"老刘"和"刘老"时也往往带有尊敬的意思。但在某些文化中,提及年龄已是一件不礼貌的事情,称呼人"老"更是难以理解的。这种文化差异引发了相应的文化误读。

(三)谦虚

除了忌讳与礼貌之外,中国人使用委婉表达还主要因为谦虚。如果你称赞一位中国学生"你的英语很好",中国学生一般会谦虚地说"哪里哪里,您过奖了",或者回应并夸奖对方。而如果你称赞一位国际学生"你的汉语很好",国际生一般会欣然回答"谢谢"。初来中国时,国际生一般会认为中国人的谦虚回应是一种不真诚的表现。正如在访谈中有国际生说,"如果你认同对方的赞美,你应该表达谢意;如果你不认同,你应该否认,而不是心里高兴,表面上却否认,这很虚伪"。但这类误读会随着学生在中国学习生活时间的增加而有所改善。

1967 年,美国语言哲学家格赖斯(H. P. Grice)于其在哈佛大学的一次演讲中提出，在人们交际过程中，对话双方会遵循合作原则，以实现有效的配合并完成交际任务。合作原则的"质的准则"要求交际双方不说自知的假话。1983 年，英国学者杰弗里·利奇（Geoffrey. N. Leech）在《语用学原则》一书中分析了礼貌对语言交际的重要性，并系统阐述了礼貌原则。礼貌原则中的"谦逊原则"要求在交际时对自己应尽量少赞誉多贬损。显然，在中国文化的背景下，礼貌原则是高于合作原则的——人们可以为了表示谦虚而说一些不真实的话或者贬损自己。在问卷中，也有部分学生理解这一类委婉表达体现了中国人谦虚的态度和品格。但他们是否认同呢？亚洲学生大多是表示理解的，但非洲和欧美学生则容易产生困惑，这体现了东西方文化的差异。而随着全球化趋势下的文化多元化影响，对当代中国年轻人来说，基于谦虚的委婉表达也在逐渐发生变化。有人说"过分的谦虚就是骄傲"，也有人希望"做最真实的自己"，更有人鼓励自己"你是最棒的"，年轻人开始尝试接受甚至期待别人的肯定和赞誉。

（四）含蓄

除了上述三种原因之外，我们认为中国人的委婉表达还源于中国文化中的含蓄。特别是在不想直接表达观点时，中国人往往会选择避重就轻、含糊其词或者暧昧的态度。因含蓄而产生的委婉表达，其语义信息常常具有模糊性和不确定性，可以给对方一定的思考空间。含蓄是中国文化的特质之一，也是国际生较难理解或容易产生误解的部分。例如，在问卷中，我们提问"你有一些事情想和你的中国朋友说，你的朋友说'嗯……这件事我们一会儿再说吧'"，国际生普遍将这句话理解为"等一下再说"而非委婉的拒绝。又如，我们在问卷中设计"你在路上遇到了一个中国朋友，你问他'你去哪儿'，他说'我出去一会儿'"，对中国人来说，这是避重就轻或是回避,但部分国际生会选择追问。访谈中也有学生谈到类似的例子:有个国际生上课时有些吵闹,老师说"你今天好像很开心,很活泼",显然,老师是在含蓄地提醒该生上课需要遵守课堂秩序。但谈到这个例子的国际生说,他当时以为老师是在表扬他,所以很开心,后来经同学提醒才意识到这是一种批评。

不过,值得注意的是,相较于语言上的含蓄,国际生对中国人行为上的委婉理解还是比较准确的。例如,国际生普遍理解,当他们和中国人侃侃而谈之后,如果对方只是点头微笑,这说明对方对自己的话题并不感兴趣。事实上,这种行为上的含蓄表达,是一种通过体态语实现的委婉表达,国际生不仅可以准确解读,还能表示理解。

二、常用的委婉表达手段

学者们关于委婉表达手段的表述较为接近。学者们普遍认为委婉语主要构造手段有语音手段、语法手段、语义手段(亦有称词汇手段)、语用手段等。通过分析国际生的论文、问卷,我们发现,采用不同的委婉表达手段,国际生对中国人委婉的理解也是不同的。

国际生对语音手段构成的委婉表达理解是比较准确的。例如,在研究中国数字的论文中,国际生都能准确地理解中国人喜欢数字 8 是因为它与汉字"发"的发音相似。另外,在问卷调查中,国际生对通过语气词促成委婉表达的理解也是比较准确的。例如,大部分的国际生可以明白"我们去吃饭吧"一句中"吧"作为句尾语气词所传递的建议和邀请,从而使表达更委婉。我们认为,之所以形成这一结果,主要是因为通过语音手段构成的委婉表达往往有比较明确的语义关联,国际生一旦有了一定汉语基础后就可以形成准确的认知。另外,关于语气语态的表达具有跨语言的共性,通过语气词传达出的委婉表达几乎没有语言障碍和文化隔阂。

相较之下,语义手段构成的委婉表达更容易使人产生误解。孔庆成认为从语义学角度看,委婉可分为正委婉和负委婉,前者使语义得以扬升,后者是降低所指非委婉语义特征;此外,使用模糊语词是形成委婉的语义手段之一。例如,汉语中将"护士"称为"医生"是正委婉,英语中用gee代替 God 则是负委婉。① 刘萍将汉语委婉语的语义衍生途径归纳为语义的扬升、语义的弱化及下抑、语义的扩大和语义的转化四类。例如,将"剃头匠"表述为"理发师"是语义的扬升,将"残废"表述为"残疾"是语义的弱化,将"腹部"表述为"肚皮"是语义的扩大,用"交学费"表示"吸取教训"是语义的转化。② 以词汇为例,魏晓阳主张同义词替换、反义词替换,使用笼统、抽象的词语,使用多义词,使用表示道歉、感谢的词语都可形成委婉表达。例如,将"戏子"表述为"演员"是同义词替换,将"棺木"表述为"寿木"是反义词替换,将"怀孕了"表述为"有了"是使用了笼统词语,等等。③ 显然,汉语通过语义手段形成的委婉表达是比较复杂的,它不仅要求交际对象对中国文化有一定了解,更要求有一定汉语知识储备。在访谈中,我们向国际生展示了一个例子:在 2019 年 8 月 12 日的一场香港警方记者会上,某位记者在提问时遭到了另一位记者不礼貌的打断,被质疑其口述信息的来源,提问记者当场回复"这是刚刚的新闻,谢谢你"。这里的"谢谢你"显然不是真实的感谢,而是一种讽刺,是在委婉地表达其提问被打断的不满甚至愤怒。但在我们的访谈过程中,有的受访学生认为这里的"谢谢你"是出于中国人的礼貌,这显然就是一种误读。

---

① 孔庆成:《委婉语言现象的立体透视》,《外国语(上海外国语学院学报)》1993 年第 2 期,第 28—32 页。
② 刘萍:《论汉语委婉语的语义衍生途径》,《修辞学习》2001 年第 5 期,第 7 页。
③ 魏晓阳:《中日委婉表达方式比较》,《日语学习与研究》2002 年第 1 期,第 44—49 页。

国际生对语用手段所构成委婉表达的理解依赖于其对中国文化的理解。正如前文提到的,委婉表达是一种交际策略,其构成既基于社会文化,也与合作原则、礼貌原则以及面子原则等语用原则的运用密不可分。对中国文化越了解,对中国人委婉表达的理解也就越准确。例如,面对"你觉得她这条裙子好看吗"这样的问题,如果对方的回答是"挺有特点的",很可能其内心的想法是"不太好看"。对于这样有悖于合作原则,但遵循礼貌原则和面子原则的回答,国际生是需要时间来体会的。

总的看来,学过中国文化相关课程的学生对语用手段构成的委婉表达误解较少。国际生对语法手段所构成委婉表达的理解依赖于其汉语水平。问卷调查的结果显示,在中国学习、生活的时间越长,对中国人的委婉表达的理解越准确,因此,学习汉语对国际生理解中国人的委婉表达多有裨益。反之,中国人的委婉表达在国际生的理解中则表现为信息传达的答非所问、意向不明,难以理解。我们认为的委婉在国际生的镜像中反而是不合作、不礼貌、不得体。

三、基于委婉表达理解程度的跨文化交际策略

结合前文所分析的国际生对中国人委婉表达的理解现状,我们从以下几个方面提出相应的跨文化交际策略。

(一)减少因礼仪和含蓄表达动机所产生的委婉

中国的礼仪规范大多是约定俗成的,且在漫长的历史中不断地被调整和规制,中国人从小在这种环境中潜移默化地理解和接受,但这些内容对国际生来说还比较陌生,有的甚至难以理解,因此在跨文化交际中应尽量减少这类委婉表达的使用。含蓄则更为复杂。如果说中国人的礼仪某

种程度上还有章可循,含蓄则是一种内化的民族个性,它潜藏于中国人的性情和言谈举止之中,化于无形。且中国文化中的含蓄并无统一的标准,每个人的理解和吸收也各不相同,无法以一概全。从我们的研究来看,国际生对中国人源于含蓄的委婉表达往往理解不当,这常常造成误解,给跨文化交际带来负效应。因此,在文化传播中,我们建议减少因礼仪和含蓄而形成的委婉表达。

(二)尽量使用由语音、语气、体态语构成的委婉表达

委婉本身就是一种非直接的表达,而在跨文化交际中使用委婉表达更会加大理解的难度。如何控制这种"难度",让委婉表达发挥相应的语用效果,这是我们应该思考的问题。根据国际生对中国人委婉表达的理解,我们建议在跨文化交际中应尽量使用语音、语气、体态语等手段构成的委婉表达,或是在使用其他方式的同时搭配上述手段。语音、语气、体态语等委婉表达手段或是有跨语言的共性,或是理解比较准确单一,在文化传播中不容易造成误解或误读。

(三)加强汉语课堂中委婉语的教学

调查研究表明,学习汉语可极大地帮助国际生理解中国人的委婉表达。但委婉表达涉及词汇、语用、语法等多个方面,在实际的教学中关于委婉表达的内容并不多,也不深入。加强汉语课堂中委婉语相关内容的教学,有助于学生理解和使用委婉表达,有助于促进文化传播,提升跨文化交际的效率。在我们的实践过程中,"比较法教学"和"组合式教学"的学习效果比较理想。例如,比较"我这次考得不太好"和"我这次考得有点儿差"两句,虽然二者在语义上差别不大——都是"没有达到预期的成

绩"，但"不太好"是从正面的角度进行描述，而"有点儿差"是从反面的角度进行描述，因此前者比后者在语气上委婉许多。又如，学习"死"一词的时候，可以和"牺牲""过世""走了"等词汇比较学习，帮助学生了解"死"只是汉语对"生命终结"这一语义最直接、最粗浅的表达，且在大多数的情况下直接说"死"是不恰当的。根据不同的语境，汉语倾向于使用不同的词汇进行委婉表达。而学完词汇后，我们可进一步把语言学习和文化学习组合起来。

委婉表达的文化性和社会性决定了它是跨文化交际中的难点。正如彭文钊所言，委婉语是社会文化域的语言映射，作为社会心理因素和语用因素综合作用的产物，它从诞生的那一天起就与社会文化域有着千丝万缕的联系。① 对中国人而言，委婉是最重要的交际手段之一。因此，研究国际生所理解的中国人的委婉表达是极为重要且必要的。我们以问卷调查、学生论文以及个案访谈为依据，提出国际生对于因忌讳、礼貌和谦虚所导致的委婉表达理解较为准确，而关于因礼仪和含蓄所形成的委婉表达容易形成误解，他们甚至会对某些委婉表达做出"不真实""不礼貌"等负面解读。从形成手段来说，国际生普遍能理解借用语音、语气或某些言语手段构建的委婉表达，但不理解通过词汇、语法、语用等手段构建的委婉表达。所以加强汉语课堂中的委婉语教学将有效促进国际生对中国人委婉表述的解读。

---

① 彭文钊：《委婉语——社会文化域的语言映射》，《外国语（上海外国语学院学报）》199 年第 1 期，第 66—71 页。

第三节　有面子与丢面子：中国人的"面子"文化

要面子是全世界各个民族普遍存在的社会现象，但是不同的民族对面子问题有着不同的理解。根据欧文·戈夫曼①的解释，面子与"难为情"（embarrassed）、"蒙羞"（humiliated）或"丢脸"（losing face）之类的感情有关，它是人们在相互交往中倍感珍贵的东西。Ron Scollon 和 Suzanne Wong Scollon 在他们的 *Intercultural Communication：A Discourse Approach* 一书中也提到"世界上的人类交往中没有不要面子的交际"。"面子"在《汉语大辞典》中的解释是："个人在社会上有所成就而获得的社会地位或声望。"全世界的人都要面子，但似乎只有中国人把面子当成一种文化。作为中国人特有的文化心理现象，面子文化极大地影响了中国人的日常社会生活。面子文化的产生与儒家传统文化和中国式人情社会有极大的关系，"面子"所具有的符号象征功能、社会交换功能和社会控制功能维系着中国人的相互交往关系，从某种意义上说，适当使用面子文化是有利于社会的和谐与稳定的。②

一、要面子给面子：中国人的面子观

在汉语中，原本"面子"指的是"脸面"，古人就懂得每天要洗脸打扮，

---

①　欧文·戈夫曼（Erving Goffman）（1922 年 6 月 11 日—1982 年 11 月 19 日）是一名加拿大的社会学家和作家，也是美国社会学协会的第 73 任主席。戈夫曼对社会学理论的最大贡献是在他 1959 年的书《日常生活中的自我呈现》中开始的戏剧透视法的符号互动论研究。

②　贾玉新：《跨文化交际学》，上海外语教育出版社 2003 年版，第 4 页。

要在铜镜子前照一照。"面"由字面上看，是指人脸、头的前部，它原来只是一种生理指标，后来逐渐具有了心理及社会价值，具有了符号象征功能。我国早期留美人类学家胡先缙考证，早在公元前 4 世纪，"面"就具有了指涉个人与社会关系的象征性意义。鲁迅先生曾经专门撰写过分析国人"面子"的文章，他说外国人往往认为所谓面子"是中国精神的纲领"，而其实"面子"之有无，情况相当复杂，并且富于变化，这里至少有两种类型，一是"每一种身份，就有一种'面子'，也就是所谓'脸'。这'脸'有一条界线，如果落到这线的下面去了，即失了面子，也叫作'丢脸'"。相反地，如果"做了超出这线以上的事情，就'有面子'，或曰'露脸'"。另一种类型是"只要和普通有些不同便是'有面子'，而自己成了什么，却可以完全不管"。也就是只要升官发财，就觉得自己"倍儿有面"，在自我实现的道路上只要法律许可就可以不顾忌周围人的评价。①

　　说到面子的社会交换和控制功能，中国人通常并不按照宗教模式来进行自我约束，中国社会的调解与约束手段更多是靠羞耻感，即在外人面前感到难为情。"面子"确定了一个人的社会荣誉及威信，讲面子的基本思想给中国人的社会交往带来一个中心问题：人们怎样看待我以及我应该怎样表现？中国人追求维护社会和谐的独特倾向构建起这种好面子的特殊文化背景。在意见无法统一时，相关的双方当事人保持不失礼貌的微笑和心平气和的沟通，直到找到一个各方都可以接受的办法，而且参与者谁也不必有明显损失，最明显就是中国市场里讨价还价力度之大让人

---

① 马祥：《鲁迅论"国民劣根性"》，《语文知识》2006 年第 8 期，第 7—9 页。

匪夷所思。汉学家明恩溥①将面子与戏剧进行比较，也就是说他认为中国人更多具有 Drama 人格：所有人都知道，那不过是一场戏剧，但其外在形式还是必须要有所顾忌；此外，人们在观看戏剧时应该尽可能不看舞台背景后面，否则，那不仅会破坏想象，而且会使人对戏剧失去兴趣。当然，明恩博也承认从文化上看，较之于西方国家，中国人更愿意与人以和为贵。个人喜好势必受到个人感觉与情绪等影响，如果露出紧张等情绪则是失面子的事。于是即使人与人之间关系紧张，大多也会在表面上相安无事，所谓"面和"；有时候还为顾全面子，对他人的错误视而不见，对自己的错误也不愿意改正。

另外，在中国不仅自己要面子，而且也得"给别人面子"。"给面子"的目的，表面上看是给别人提供一种可以展示及塑造自身理想或他人预期形象的可能性，实际上隐含其间的更多是一种社会能力，展现了中国人的领袖品格。尽管竭尽全力去保全面子与给足面子可能是一种错误的社会现象，但是我们对此已经习以为常，就像下面这样的说法："你工作干得不错，但我希望你能够继续加把劲。"每个中国人都知道上司这句话表达的意思是不太满意，然而批评的话再加上肯定话语之后就不但没有使批评者失面子，而且给足了被批评者面子。顾全面子也涉及自己的国家，尽管存在可以偶尔批评自己政府的观念，但中国人很少会同意对中国的批评——特别是被外国人批评。

在中国，面子之所以会成为一种文化现象，主要是因为面子观体现了儒家文化的精髓。老外们耳熟能详的俚语俗语有：人活脸树活皮、不看僧

---

① Arthur Henderson. Smith(1845—1932)早期汉学家，19 世纪末期美国公理会传教士，他在鲁西北传教 30 年，写了大量有关中国的著作，如《中国文明》《中国人的素质》《中国乡村生活：社会学的研究》《中国在动乱中》《王者基督：中国研究大纲》《中国的进步》《今日的中国与美国》《汉语谚语俗语集》等。

面看佛面、打狗要看主人脸、给脸不要脸、宁要风度不要温度。面子观念是中国社会进行再生产的文化动力,它包含四个特征:关系性、社会性、等级性和道德性①。首先,面子在中国文化中是作为关系而被概念化的。这就表明面子以人的感情为基础,照顾别人的面子能够促进人际关系的和谐。脸面规定了中国人的社会及人际行为,是解释中国人诸多行为的关键。所以中国人从不直接拒绝别人,中国人从不说"我行我可以",中国人被别人赞美时都是说"哪里哪里"。第二,中国面子文化的社会性是长期的农耕文明决定的。人与土地、人与人之间形成了相互依存的纽带,休戚相关,荣辱与共,亲朋好友定居一处,若无天灾人祸,很少远走他方,所以,群体关系愈来愈密切,在这种历史背景下产生基于集体主义的价值观:注重人际关系的和谐,注重人的社会性,注重社会群体对个人的约束,不突出个人和个性,而强调群体的作用。人们以群体为中心,个人的情绪、愿望、隐私等相对于群体来讲无足轻重。第三,在重视人际关系价值观的背后,倾向以群众价值取向为皈依,因此特别看重所处的社会地位和背景,这从中国人喜欢被人称呼官职和职称就可以看出来了,最夸张的是医院,不管你是否担任科室主任,只要是主任和副主任医生都统统被称作某主任。它与西方以自我为中心、强调独立的人格和个性,推崇个人的成就和荣誉的价值观形成了鲜明的对比。第四,面子问题在中国人的心目中拥有着无与伦比的地位,具有重要的社会道德功能,在日常生活中面子更是对中国人的行为举止起着支配和调节的作用。因此中国人习惯于熟人社会的行为模式,办事喜欢找关系,也不太好意思对关系亲近的周围人下手坑蒙拐骗,这样恰恰也构筑了一定的道德底线。

---

① 贾玉新:《跨文化交际学》,上海外语教育出版社 2003 年版,第 6 页。

二、有面子没面子:中国人生活中的面子

学者成中英曾指出:"面子是个人之成就被认可的形象,它与自我修养的目标,即他的社会声望和影响相关,在儒家体系中是个人道德规范(礼)的社会延伸。"①中国人的社会取向使人表现出顺从他人、不愿意得罪人、符合社会期望以及忧虑别人意见的行为,以便获得他人赞许,维持良好人际关系。"和"与"和谐"就是中国"面子"文化的前提与目的。在中国世俗社会中,"面子"与身份、地位、权力、声望存在千丝万缕的联系,有时甚至相互等同。为了不伤面子,中国人通常不会直接拒绝邀请,工作生活各种场合都尽量表现得谦虚,"君子无所争","君子和而不同、周而不比、矜而不争"。对于中国文化来讲,保护对方的面子就是维护自己的面子,面子所体现的"和谐"精神,是中国文化中庸特质的现实显现。中国式客套的基本支柱更多是谦恭,也即贬低自我与抬高他人,以自黑来达到圆融的人际交往方式一直很管用,那些在微博高调炫富的明星往往观众缘不好。谦恭是中国人最重要的一种"派生道德"。孔子曰:"古者言之不出,耻躬之不逮也。"(《论语·里仁》)中国人的面子观是交际技巧,也是生存智慧。

节庆聚餐,一群人需按照地位、年龄、亲疏远近围坐一起,其乐融融。年节拜会,主人笑容满面、迎来送往,客人寒暄问候、和气一团。和谐的人际关系,和睦的亲友情谊,都是中国人社交文化的重要目的。"面子"与中式礼仪密切相关。儒家的"礼"既是一套外在的礼仪规范,也是个人内在的自我评价。以邀请为例,英式邀请礼貌源于尊重个体文化的"不要打扰

---

① 转引自姜彩芬:《面子文化产生根源及社会功能》,《广西社会科学》2009 年第 3 期,第 116—132 页。

他人"，而中式邀请礼貌源自集体文化中以低姿态换取整体和谐。对于中国人来说，在邀请中塑造一种和谐的氛围最重要。因此，中式邀请行为往往演变为劝说过程——如果邀请被拒绝，他们就会一而再地邀请，直至对方接受。这种行为会被认为是真诚的、礼貌的，也就是中国人常说的"给面子"。而且，被邀请者也需要谦虚地推辞一到两次，最后以皆大欢喜的方式接受邀请，这才符合中式礼貌的"给面子"。但是对于英国人来说，邀请的重点在于是否能够在最后达成一致的意见，邀请无论是被接受还是被拒绝，只要是坦诚礼貌的，都可以被接受。因此很多老外刚来中国工作时是吃过亏的，明明合作伙伴拒绝了宴请，为啥反而别人觉得是他邀请得不够真诚呢。

中国人的思维方式是要把个体放到与整体的关系中去观察分析处理，把局部放到整体中去观察分析。因此任何个体获得成功后首先要感谢领导感谢组织是自然而然顺理成章的事情。爱面子未尝不是好事，因为面子代表着体面、人格甚至尊严，所以鲁迅称之为"中国人的脊梁"，吴晗叫之"骨气"。历史上有许许多多倍受人民爱戴和尊敬的人就是因为他们保住了个人或国家的"面子"：伯夷和叔齐饿死不食周粟，孔夫子赞赏"不吃嗟来之食"的乞人，文天祥过零丁洋，谭嗣同"我自横刀向天笑"。但是过犹不及，过分爱面子就是虚荣心作祟。林语堂认为，面子触及中国人社会心理最微妙奇异之点，是中国人调节社会交往的最细腻的标准。[①]中国人在交往中采取"适当行为"以及允许社会资源被他人使用，是赢得社交面子的两个途径。表面上看，走后门托关系的相互给面子都达到了自己的目的，但是社会秩序被破坏，权力寻租导致腐败就是人情社会的副

---

① 林语堂：《中国人》全译本，学林出版社 1994 年版，第 203 页。

作用。为了提高品牌知名度,随便找个外国人合几张影,就可对外宣扬国际化了。据说有公司专门经营与外国名人,甚至是与前总统共进午餐并合影的生意,赚得钵满盆满。其实,一个公司经营得好才是硬道理,上来就先关心背景关心身份本就是本末倒置的事情。这种面子意识导演了一幕幕的滑稽戏,有很多品牌被揭露是中国人在瓦努阿图毛里求斯取个洋名注册的,连中纪委网站刊文都指出政府的"面子文化"要不得,所谓的"能人腐败"折射出"一俊遮蔽百丑"、唯 GDP 至上的政绩观。能人腐败包括好大喜功,弄虚作假,相互攀比。①

三、爱面子失面子:中西方面子文化的差异

"面子"二字,对中国人来说尤为特殊。几千年来积淀的语料,如"士可杀不可辱""君子死,冠不免"体现了中国人对面子的重视。美国作家明恩溥的《中国人的素质》②一书中对此进行了具体分析,鲁迅在他的《"立此存照"(三)》中说,希望有人把明恩溥的书译出来,他劝人们把书当作一面镜子,"看了这些,而自省,分析,明白那几点说得对,变革,挣扎,自做工夫,却不求别人的原谅和称赞,来证明究竟怎样的是中国人"。

(一)DRAMA 人格 VS 民族心理

明恩溥在书中称"中国人作为一个种族,有一种强烈的戏剧本能"。他将中国面子文化产生的原因归结于中国人的戏剧性心理,即生活如同

---

① 《反腐新词揭示多种官场灰色文化》,http://news.cpd.com.cn/n18151/c26045690/content.html,中国警察网 2014 年 11 月 17 日转发至中纪委监察部网站。
② 译者:张梦阳、王丽娟,*Chinese Characteristics* 也有翻译成《中国人的性格》《中国人气质》。敦煌文艺出版社 1995 年版。

演戏,中国人善于将自己置身于戏剧场景之中,作为演员的中国人必须"在合适的时间用合适的方式讲出一段漂亮的话",并且要"在生活的各种复杂关系中像这样恰当地去做"。如果不这样做,或者忘记这样做,就叫"下不了台""丢面子"。在明恩溥眼中,中国人因为面子文化而做的种种事情,均是因为与生俱来的民族性的戏剧血液与强烈的代入感。

明恩溥代表了大多数西方人的观点,即他们认为中国的面子文化,即使不荒唐,也是多余的,但实际上,中国的面子文化根源已久,是长久以来不可抗拒因素所塑造的民族心理,而非西方作家片面理解的"戏剧本能"。长期被儒家礼制浸润的中国社会使得中国面子文化尤为突出,加之中国人的人情社会和耻感文化,使得面子文化成为传统,甚至愈演愈烈。

首先,中国自古是一个农耕社会。农耕社会的基本特征是自给自足的自然经济,因而具有狭隘的地方性。每个个体从出生到死亡几乎都固定待在同一个地方和同一个集体内。他们的一生基本都维系在固定的家族内,有固定的朋友圈,连邻居也几乎是不变的。当这些人际关系发生改变的可能性不大时,维持和谐的家族、朋友、邻里关系就变得十分重要了。因此个体的言行符合集体的行为标准,维持集体的和谐非常重要。所谓维持和谐的人际关系,就是要维持他人的"面子",给了他人面子,才能避免矛盾,维护整个群体的和谐。

其次,儒家教导所有的人都要遵守"礼"才能维护社会和平,守"礼"的一个重要方法就是维护并尊重他人的面子。"礼"无疑是儒家哲学的重要范畴。儒家的"礼治"主义的根本含义是长幼有序,各司其礼,儒家所推崇的君明臣贤、父慈子孝、兄友弟恭、夫唱妇随的理想社会,不同社会阶层之间的人际和谐,连同国家的治理,都取决于等级秩序的稳定与否,也就是取决于大家是否相互给面子。① 随着时代的变化,"礼"的社会功能已经转到保持人与人之间关系的融洽与和谐、消除抵触、促成合作上来,但同古代的礼一样,在群体意识的支配下,人们在决定自己的言行时,除了考虑个人意愿外,还在很大程度上顾及自己的言行是否与外部期待相一致,是否与周围环境相适应,是否符合社会群体的愿望。只有最大限度服从社会、集体的需求,才能达到社会道德规范的标准。只有当每个社会的构成处于"礼"的状态下,社会和谐才能达成。因此,现代的"礼"同样强调赋予他人以尊重,支持交际对象的面子。与其说面子是自己挣来的,不如说是文化给了交际对象挣面子的机会。

"面子"在中西方语言中皆有,因其在不同的语言环境中,显示出不同的文化特征。中国人重视"公共面子""集体面子",其根本原因在于中国是一个重视集体主义的国家,这也是由农耕社会和儒家礼教思想所决定的。西方人重视个体面子,这是由西方强调个体主义决定的。西方文明起源于古希腊文化和古罗马文化。古希腊与古罗马均处在半岛之上,三面临海,海上交通发达,航海贸易繁荣。这就使这些国家形成了打破血缘关系的开放式的社会。随着庄园经济的发展,游牧经济也得到了飞速发展。因为要逐水草而居,居住地不固定,所以人际关系松散,个体为自己谋划得更多。随后的"文艺复兴"宣扬"人文主义",肯定人的价值、尊重人的权利、重视人的力量。近代资本主义制度确立后,以私有制为基础的社会,更是强调个体主义。因此,在社会交往中,尊重个人的自由、权利和独立是礼貌的,反之则是不合适的,甚至被认为是粗鲁的。西方的"面子"文化成因于现代西方文化以自由、平等、竞

---

① 黄光国、胡先缙:《面子》,中国人民大学出版社 2004 年版。

争为核心的个体主义。

（二）积极面子 VS 消极面子

在 20 世纪 50 年代末期，美国社会学家 Goffman 提出了一套著名的面子理论，他从社会学角度系统分析了面子（face）这一概念，把"面子"界定为"一个人在某一具体交际场合中，通过采取言语动作而为自己获得的正面的社会价值，是按照社会所赞许的属性而创造的自我形象"[①]。Brown 和 Levinson 于 1978 年提出了面子论并于 1987 年修订了这一理论，对礼貌现象和面子问题做了系统的阐述。他们的礼貌理论提出了三个基本概念：面子（face）、威胁面子的行为（face-threatening acts）、面子保全论（face-saving theory）。他们在"面子保全论"中认为面子是社会集团中具有正常交际能力的人意欲为自己挣得的那种在公众中的"个人形象"（the public self-image）[②]。它分为消极面子（negative face）和积极面子（positive face）。消极面子指不希望别人强加于自己，自己的行为不受别人的干涉、阻碍；积极面子指希望得到别人的赞同、喜爱。Brown 和 Levinson 认为社会交际中既要尊重对方的积极面子，又要照顾到对方的消极面子，这样才能给对方留点面子，同时也给自己挣点面子，以免带来难堪的局面或使关系恶化。无论是积极面子还是消极面子，其强调的都是个体是交际的中心，面子是出于自身精神需要主动挣来的，这与中国注重群体和谐、守"礼"的集体主义面子观截然不同。

中国文化中"面子"所倡导的是一个人应该尽自己最大的努力，在最

① Goffam，E. *Essays on Face to Face Behavior*. Interaction Ritual. Garden City，1967：5.
② Brown，G，Levinson，S. *Some Universals of Language Us-Age*：*Politeness Phenomena*. Cambridge University Press，1978：61.

大程度上服从于自己所在的社团或社会，以形成同属、共识氛围。个人应该和其他人联系在一起，而不是单单满足自己的欲望。受这种思想的影响，中国文化是以"积极面子"为其特征的。以个人主义为核心的西方文化则强调"个人"和"自由"。换言之，它强调个人的权利和自我行动的权利；厌恶对他人事务的干涉；尊重个人的隐私，并对个人的癖好、特点有相当的容忍度。受这种观念的影响，西方文化偏重"消极面子"。① 因此在西方，售货员在询问顾客时说的是"Can I help you?"而不是直接说"What do you want?"另外他们邀请某人吃饭或做客时一般说"I wonder if you could ..."，而非直接说"Come to my house ..."。这样就给对方留有更多的选择机会。中西文化对不同面子策略的偏爱在很多情景中都有体现，在饭桌上的言语行为就是一个很好的例子。我们中国人和别人一块吃饭时，常常会不停地说"多吃一点"，这样做是为了显示礼貌、客气，以及认同和对方同属同一群体成员的资格，想要和对方建立亲密、融洽的关系，营造一种"一致"的气氛。我们维护的是听话人的积极面子。与此相对的是，美国人在吃饭通常只说"Help yourself."，他们注重的是尊重对方自由选择的权利。他们不喜欢把自己的观点强加于他人。也就是说美国人倾向于满足交际对方的消极面子。

中西方由于历史发展和思想价值观的不同，因而有着不同的面子观。在中国，面子是个体社会地位、社会价值和处世要求等的总和，比较分析中西方面子观的差异，将更有利于消除我们当今社会跨文化交际中的误会。

---

① 何鸣、白丹彤：《国内外面子研究综述》，《考试周刊》2009年第37期，第45—46页。

第四章
中国人的衣食住行

第一节　看姹紫嫣红：唐装和旗袍

　　中国服饰历史悠久，可追溯到远古时期，北京周口店猿人洞穴曾发掘出约 1.8 万年前的骨针。浙江余姚河姆渡新石器时代遗址中，也有管状骨针等文物出土。中国人的祖先最初穿的衣服，是用树叶或兽皮连在一起制成的围裙。春秋战国时期，男女普遍衣着上衣和下裳相连的"深衣"式。大麻、苎麻和葛织物是广大劳动人民的主要衣着用料，统治者和贵族大量使用丝织物。部分地区也用毛、羽和木棉纤维纺织织物。汉代，丝、麻纤维的纺绩、织造和印染工艺技术已很发达，染织品有纱、绡、绢、锦、布、帛等，服装用料大大丰富。出土的西汉纱衣仅重 49 克，可见当时已能用桑蚕丝制成轻薄的长衣。隋唐两代日常衣料广泛使用麻布，裙料一般采用丝绸。唐朝时期是历史上中外交流的鼎盛时期，中外服饰也互有影响，比如团花图纹就是受波斯的影响，僧人一般穿着印度式服装"袈裟"，现今日本的和服仍保留着中国唐代的服装风格。唐宋到明代服式多是宽衣大袖,外衣多为长袍。

一、中式服装演变史

　　服装作为人类文明与进步的象征,同时也是一个国家、民族文化艺术的组成部分,它不仅具体地反映了人们的生活形式和生活水平,而且形象地体现了人们的思想意识和审美观念。中原地区是汉文化的发源地,也是东方经济文化最古老最发达的中心,加之良好的地理环境,其文化呈现出放射状向四方影响和传播。从上古至封建社会灭亡,中华民族的服装在 5000 多年的演变过程中,都是以长袍服饰为主。先秦时期妇女不穿裤子,穿裙子,人们常说的衣裳指的是衣服和裙子:上为衣,下为裳。到了汉朝最有名的是留仙裙,汉朝女人每层衣服的领子必须露出,层层叠叠可以超过 3 层,名曰"三重衣"。在那个年代,黑色是经典流行色,宽大的衣袖也许不适合干活,但显得端庄大气。以真名士自风流著称的魏晋南北朝,女性服饰当然也要浪漫,飘逸的条纹间色长裙是贵族女士的标配,而曳地五尺是常用标准,宽大的袖口缀有不同颜色的袖贴。唐朝服饰趋向于表现自由、丰满的艺术风格,在贵妇间流行一种衫裙,它将裙带高高系在腰线以上,甚至系在胸线上方,因此得名叫作齐胸襦裙,这种款式无论身材丰腴还是瘦削都能达到别样的飘逸效果,在以胖为美的唐朝受到大力追捧,充分反映了唐代繁华、恢宏的文化特征,呈现出当时华丽开放的审美格局。①

　　历代统治阶级所推行的显示等级的服冠制度,在几千年的历史中保持和发展着。古朴的秦汉服装、富丽的隋唐五代服装、高雅的宋装、堂皇

---

　　①　王云、朱伟奇:《走近古代裙装世界》,《医学美学美容》1997 年第 9 期,第 16—17 页。

的明装,充分显示着社会经济和政治的相互联系。清朝末年,中国封建社
会处于即将崩溃之际,政治黑暗,经济衰弱,思想禁锢,资本主义文明正处
在迅速发展的上升阶段,迫切要求开辟海外市场和原料供应地。西洋商
品日渐输入中国,传统的民族服装受到了强烈的冲击。受欧洲现代文明
的影响,我国的传统服装大大地简化了,上层社会开始流行穿着西洋服
装,形成崇尚"新式""西式"的风气。民国时期,服装走向平民化、国际化,
样式也多了起来,在女性中最受欢迎的是旗袍。民国元年,政府规定了男
女礼服的形制:男子有大礼服和常礼服。大礼服分昼礼服和晚礼服两种,
均采用黑色衣裤和领结。常礼服有西式和中式两种,中式即长袍马褂。
女子礼服是身长齐膝、有领、对襟式,裙的前后有镜面,两则做裥,两端有
带结的式样。①

　　说到礼服,不得不关注中式服装的重要组成部分——婚服。我们在
给国际生开设的"中国概况"课程中,经常要求学生就中国文化的某一个
具体话题完成一篇研究小论文,大约十分之一的学生会选择中国的结婚
典礼以及新娘服饰作为选题,关键词是红色、刺绣和吉祥。周朝的婚礼端
正庄重,整个过程都是在严肃的氛围中进行的,因此,周朝的喜服也采用
了代表庄重的黑色,让人觉得肃穆起敬。新娘在正婚礼的时候,穿玄色礼
服,拜见公婆时则换成宵衣。我们经常在有些电影、电视剧中看到古代新
娘新郎身穿耀眼的红袍喜服成亲,这其实是有误的。在唐代以前,人们结
婚时都是按周制婚礼男女穿黑色,尤其是秦汉时期,以黑色为尊,因此在
成亲这样严肃的日子里也必然是身穿玄黑婚服。在秦汉时皇太后、太后、
公卿夫人等的婚服均采用深衣制,也就是上衣下裳相连。汉代后期曾

---

　　① 1912年10月,经过有关部门的会商,当时的北洋政府以政府公报的形式颁布男女礼服
样式,称为《制服案》。

采用 12 种色彩的丝绸设计出不同身份的人穿用的婚礼袍服。从唐朝开始,不再以黑色为尊,这时的婚服融合了周制婚礼的庄重神圣和后世的热闹喜庆,颜色为红男绿女,新娘身穿大袖衫长裙,披肩披风层数繁多,穿时层层压叠着,然后再在外面套上宽大的广袖上衣。宋朝的婚服基本上承接唐朝,但也有稍许不同,官员家子孙可在婚礼当天穿上九品官员的公服,其余庶民新郎身穿皂色圆领衫、两个角往上折而后交叉固定的幞头(自然是黑色),新娘是冠子、霞帔、大袖衫,颜色是青色。元朝是蒙古王朝,他们的服饰主要是"质孙服",是较短的长袍,比较紧且窄,腰间设有许多衣褶,这样的设计方便骑射。相对于"质孙服",元代的贵族妇女们穿的服饰则显得麻烦许多,她们穿的袍子宽大而且长,走起路来很不方便,常常要两个婢女在后面帮她们拉着袍角,头戴一顶高高长长的帽子。元朝的嫁衣并无特别,也带有浓厚的蒙古服饰特点。明清的婚服就是我们常见的凤冠霞帔和状元服了。读书人结婚,若穿深衣,新妇则对应地穿红罗裙,夫婿也可假穿青绿色九品官服。文官婚服上的补子为鹌鹑,武官补子为海马,新妇则按与夫婿相同的品级佩戴相应凤冠霞帔或花钗,大红褶裙,新娘加红盖头,或垂丝穗遮面,或纸扇遮面,穿绣花鞋。清末民初的嫁衣沿袭了明朝的凤冠霞帔,也有以旗袍为模板的。

二、中国传统服饰背后的儒家文化

中国传统服饰包罗万象,因朝代、民族、地域、文化等因素而丰富多彩,以汉服为代表,而汉服又有狭义和广义之分。狭义的汉服特指汉代的服饰,而广义的汉服则泛指民族高度融合后中华民族共同创造的中华服饰,比如大家耳熟能详的旗袍和唐装,如今早已经说不清是哪个民族的,只能说是中华服饰的代表。

汉服是我国儒家礼典服制的总称,从三皇五帝延续至今,始终在连绵不断的继承发展,最近十几年更是在"90后""00后"中间流行。每到春秋两季,油菜花、桃花、菊花盛开的时候,年轻的姑娘、小伙成群结队身着汉服出游拍照。淘宝上有专门售卖全套服饰的店铺,颇受追捧,我们的国际生也趋之若鹜,争相拍摄写真。中国又称"华夏",这一名称的由来就与汉服有关。《春秋左传正义》疏:"夏,大也。中国有礼仪之大,故称夏;有服章之美,谓之华。"中国自古就被称为"衣冠上国、礼仪之邦",而"衣冠"便成了文明的代名词。西晋末,晋元帝避乱渡江,在建业(今江苏南京)建立东晋王朝,当时大批缙绅、士大夫及庶民百姓随之南下,史称"衣冠南渡"。[1]

在中国古代的宗法文化背景下,服饰具有区别名分、等级、贵贱的作用。"汉服"一词的文物记载最早见于《马王堆三号墓遣册》:简四四"美人四人,其二人楚服,二人汉服。"最早的文献记载,是东汉蔡邕的《独断》:"通天冠:天子常服,汉服受之秦,《礼》无文。"最早的正史记载见于《汉书》:"(龟兹公主)后数来朝贺,乐汉衣服制度,归其国,治宫室,作檄道周卫,出入传呼,撞钟鼓,如汉家仪。"正如胡人传统服饰被叫作"胡服",中国传统服饰被称为"汉服","汉服"这个词汇的基本内涵也固定下来,即以汉族为主的中华传统服饰。汉服服饰体系展现了华夏文明的等级文化、亲属文化、政治文化以及重嫡轻庶、重长轻幼的儒家思想。[2]

(一)中规中矩追求礼制秩序美

中国伦理道德对中国审美文化有着极其重要的影响,中国数千年的

---

[1] 衣冠南渡既是一个历史事件,也已经成为固定词组,中国历史上几次人口、经济、文化中心的较大的转移,一般都以"衣冠南渡"名之。如唐朝中后期的安史之乱后,大量中原人向南方迁移;北宋末靖康之乱后,宋高宗渡江,建都临安(今浙江杭州),中原士庶南迁。
[2] 杨蓓:《"十从十不从"中的清代服饰制度考究》,《兰台世界》2014年35期。

服饰艺术发展中,只有遵从了儒家礼教思想和伦理道德规范的服饰才为美。周代制定的冠服制度影响了中国后世几千年,冠服是根据帽子的不同而命名的各类服装的总称。什么样的帽子配什么样的衣服,都有严格细致的规定。在不同的礼仪场合,不同等级的人必须穿着与其身份相适应的服饰,这些服饰在颜色、材质、尺寸等方面都有不同的规定。周代的冠服制度规定极严,同为裘服,也要根据皮质、颜色来划分等级。天子穿白狐裘,诸侯及大夫、士穿青狐裘、黄狐裘,庶民则穿犬羊裘。自周以后,冠服形制被历代传承相袭,虽按各代统治者之意略有改动,但其基本形制却大同小异,尤其是显示阶级差别的内涵始终没有改变。

中国的服饰制度始终与中国礼制思想紧密相连,中国古代礼制成于"三皇五帝"时代,到尧舜时,已有成文的"五礼",各部联盟首领在祭祀礼仪活动中以五彩之色施于衣物上,即将十二章花纹用画与绣的方法施于冕服上。"天子衮服十二章"的起源由此而来。十二章花纹纹饰的次序为日、月、星、龙、山、华虫、火、宗彝、藻、粉米、黼、黻,这说明当时的服饰图案已经很有特点了。殷商时代社会已出现了等级,但服饰形制还没确立。到了周朝时期,已逐步形成了华夏民族的礼乐衣冠体系。随着各种礼仪制度的确立,上至天子,下至庶民,无论贵贱尊卑,都应穿着相应的服饰,皆以"礼"的精神规范自己的生活。董仲舒在《春秋繁露》里说:"德莫大于和,而道莫正于中。"凡具有特定含义,或具有标志作用的图案多采用居中式,如明清时期的龙袍,团龙居中,为正面造型。如传统服饰纹样中常见的日月对应、龙凤对应,在装饰位置上彼此关联,相互配合。此装饰形式在民间服饰应用中比较常见。"礼"在中国古代,已经俨然超越精神文明的界限,而成为法权体系的一个重要支撑。而在这一发展过程中,服饰体现着相当重要的补充作用,它带有强烈的"礼"的色彩标志。

（二）秀外慧中彰显儒家审美观

《论语·卫灵公》云："君子义以为质，礼以行之，孙以出之，信以成之。"孔子这里所说的"质"，是指人内在所具有的伦理品质，也就是心灵美。《论语·雍也》说："质胜文则野，文胜质则史，文质彬彬，然后君子。"有人说这里的文指的是文采，也有学者倾向于认为这里的文其实是指包括语言、行为、服饰等在内的外在形象。《论语颜辞》里头提到，有人问子贡："君子质而已矣，何以文为？"子贡回答："文犹质也，质犹文也，虎豹之鞟犹犬羊之鞟。"因此，外在气质和内在品质的统一才是儒家强调的君子风采，儒家在服饰上文质统一的审美观，已经渗透到穿衣戴帽的许多细节中。无论是君子还是贵妇的服饰，无一不受这种观念的支配，而忠孝思想对服饰的影响几乎波及了社会各阶层，因此披麻戴孝是葬礼上的标配。

隋唐时期无论是人们的思想，还是物质的生产都达到了一定的历史高度。在《旧唐书·舆服志》中有一段记载："则天天授二年二月朝，集使刺史赐绣袍，各于背上绣八字铭……诸王饰以盘龙及鹿，宰相饰以凤池，尚书饰以对雁。"武则天以绣袍赐予百官，是以鸟兽纹样为主，而且装饰部位在前襟后背，是清代官服"补子"的起源。它直接把有形的文化符号显示在服装上，使服饰具有了鲜明的中国礼制文化特点。在宋代，程朱理学对服饰有较大的影响。它强调封建的伦理纲常，提倡"存天理，去人欲"。在服饰制度上，表现为十分重视恢复旧有的传统，推崇古代的礼服；在服饰色彩上，强调本色；在服饰质地上，主张不应过分豪华，而应简朴。清代的服饰是我国服饰发展的顶峰，服饰纹样在这时的装饰作用已达到了登峰造极的程度。清代在图案的设计上承袭十二章，在明代的八吉祥纹样的基础上，集图案的装饰作用之能事，使之达到了繁复的程度。这一时期,服装出现了一种叫"补子"的装饰,以"补子"的纹样代表官职。"补子"纹样的差别反映了清代等级的森严。并且清代的帽子注重顶戴花翎的装饰,花翎的不同同样反映不同的官职。历代服饰之间的差异,各种服饰装饰纹样的推陈出新,绝不仅仅是审美的变化,更多的是文化的反馈。[1]

三、出口转内销的唐装和旗袍

虽然这些年汉服有了流行时尚界的一席之地,但是在过去的很多年里,中国人和外国人公认的中华代表服饰是旗袍、中山装,以及唐装,就连G20杭州峰会上,中国领导人推出的也是刺绣唐装系列服饰,进一步官宣了唐装的中国服饰代表身份。国际生在回答"你最喜欢的中国服装"时,排在前三名的分别是旗袍、唐装和中山装。

17世纪,东印度公司开始将中国茶叶、瓷器和丝绸大量销往欧洲,掀起了一股"中国热"时尚潮流。18世纪的欧洲,人们依然经受着教派纷争和战乱之苦,但传教士们口中描述的中国是一片和谐美好、高度文明的沃土,让当时的西方人艳羡不已。路易十四就曾在凡尔赛宫里举行舞会时穿着中式服装,坐在一顶八抬大轿里出场,全场顿时一片惊叹声,这一举动也让当时的贵族们争相收藏中国舶来的珍品,攀比现象蔚然成风,许多人对这片土地心生向往。18世纪洛可可风绘画的代表人物——法国画家弗朗索瓦·布歇就曾经创作过一系列所谓"中国风"的作品,《中国皇帝上朝》《中国捕鱼风光》《中国花园》和《中国集市》是其中代表,引得当时的贵族们争相购买。[2]

---

① 俞晓倩:《符号学视野下的清代官服补子纹样特征分析》,《纺织科技进展》2019年第11期,第58—60页。

② 19世纪巴尔扎克的《人间喜剧:禁治产》中,首次提出 Chinoiserie,也就是中国风的概念。

　　1960年，电影《苏丝黄的世界》(*The World of Suzie Wong*)热映，带动了中国风进一步地流行，香港也成了西方人眼中的东方风情之地。而曲线玲珑的旗袍，严格来说是由西方人设计的，刚开始推出的时候服务的主要对象也是西方女性，但同时代的许多华人女性也不能免俗地追逐流行穿上了新式旗袍，虽然早在20世纪二三十年代，Jeanne Lanvin[①]等人都早有类似的中国风作品，但像旗袍那样打着传统中国文化旗号，其实是一群西方设计师参考中国清代满族典型女装后所设计的服饰，却是独一无二的。这些西方设计师从20世纪50年代到70年代，几乎制订了一套关于中国风的服饰，最为典型的比如旗袍、袄裤、马褂，唐装、云肩、流苏等。

　　"中国女性应该穿什么服装？"墨尔本大学历史系教授安东篱(Antonia Finnane)曾以此为题，有过引人入胜的讨论。[②]正如作者所言，探讨国家政治对女性时尚的调控，能够审视女性在民族国家中的地位。在不同社会向民族国家的演进历程中，民族服装的命运大不相同：以印度和中国做比较，纱丽在印度妇女的日常生活中始终占有一席之地；而在中国，却似乎没有地位可与之相提并论的民族服装。20世纪80年代的中国时尚杂志，曾对中国旗袍与日本和服、韩国韩服、印度纱丽有相同的定位，但在作者看来，这种定位却忽视了以上服装在各自国家的地位与含义：在很长一段时期的中国社会里，旗袍既远离市井生活，又不在高档时装之列，最后还是借由西方人的设计逐渐在本国流行起来。中国女性的旗袍时尚是从20世纪20年代中后期开始的，此前因为中国社会对男尊

----

　　①　让娜·朗万(Jeanne Lanvin)，20世纪20—30年代巴黎最早的高级时装设计师之一

　　②　Antonia Finnane. 2008. *Changing Clothes in China：Fashion，History，Nation.* Columbia University Press.

女卑观念的批判，以及女性广泛参与社会生活各领域的现实，社会上一度流行夹克衫搭配裤子/裙子的两件式女装。在早期西方来华人士留下的文字中有一种"文化相对主义（cultural relativism）"的倾向，①文化相对主义的产生，并不一定源自西方人对中国社会先入为主的喜欢或厌恶，而可能来自他们对中国女性的观察。这种观察既有对缠足的声讨，进而导致对中国社会和文化的否定；也有对中国妇女服装的赞许，从而引出对西方社会和文化的反思。安东篱认为，在一些西方人士的笔下，中国女性的服装曾被作为正面的参照，用来质疑西方对女性时尚的定义，即将身体的遮掩和暴露都置于一种满足观赏的需要上。例如，列夫·托尔斯泰就在小说《克莱采奏鸣曲》中对西方女性装束中的裙撑和对肩膀、手臂乃至于胸部的暴露不以为然，在他看来，中国人、印度人、伊斯兰教徒以及俄罗斯工人阶级中的女性对身体的自然呈现，相比之下要好得多。随使团访问中国的英国画家威廉·亚历山大（William Alexander，1767—1816）和美以美会驻华会督美国人柏锡福（James Bashford，1849—1919）认为，当时中国女性的日常旗袍穿着显得既舒适，又经济，又端庄。对于服装的舒适度，身着长袍在中国旅行的英国女性伊莎贝拉·伯德（Isabella Bird，1831—1904）是比较有发言权的。她评论道，中国各阶层女性的服装穿起来都极为舒适，没有紧身束腰之类的物件，她本人是如此习惯于中式服装以至于不想再换回欧洲的女性服装。

说到"唐装"，基本上是清末的中式着装，"唐装"说法的由来，也有些"出口转内销"的味道，外国人称"华人街"为"唐人街"，自然把中式服装叫

---

① 19世纪末20世纪初，一些西方学者怀着对种族主义、文化殖民主义的厌恶和对落后国家文化的理解与尊重，建立了"文化相对主义"，其中以美国人类学之父弗朗兹·博厄斯（Franz Boas）为个中翘楚。

作"唐装"了。在 20 世纪初,粤、港、澳一带同胞就是以"唐装""西装"来区别中西打扮的。在 2001 年的上海 APEC 会议上,中国作为东道主请前来参会的亚洲及太平洋经济体的领导人穿上"唐装",并由之而掀起祥和喜庆的"唐装"新潮,这不仅是传统与现代的融合,而且是流行规律的必然,更是中国在国际大家庭中地位与风度的体现。唐装的源起时间离我们很近,因此比较容易重新融入我们的生活。另外唐装上衣可配以西裤、皮鞋,外面能罩风衣,里面衬高领衫……这种实用特质是唐装再度流行的文化层面以外的因素。[①] 也就是因为这一点,真正唐代人穿的长袍大袖,甚或离我们更近的明代袍服,基本上不太可能重回流行。它们的回归只可能通过纹饰元素。现代唐装是由清代的马褂演变而来的,其款式结构有四大特点:一是立领;二是连袖;三是对襟;四是直角扣,即盘扣。另外从面料来说,主要使用织锦缎面料。它既吸取了传统服装富有文化韵味的款式和面料,同时又吸取了西式服装立体剪裁的优势,使古老的唐装重新登上了时尚舞台。现在穿着的唐装已经进行了很多改良,比如很少用连袖,因为连袖就等于服装没有肩部,不够美观。传统中式服装是不收腰的,女士穿着缺乏曲线美,现在的中式服装都改成收腰的了。过去的裙子下摆非常窄,走路只能迈碎步,现在把裙摆做大了,便于活动。中式的唐装被赋予了一些西式特征,这拓宽了唐装的穿着场合,使唐装得以走出礼仪服装、节日服装的小空间,日常生活以及工作中都能穿。一些事业有成、生活条件比较优越的中国港澳台人士、归国人士以及外籍人士是这类唐装的主要消费者,"唐装"已成为中外人士不得不提的关键词。岂止中国人自己穿,它还成为西方人的时尚标签,据说上海长乐路的中装一条街

---

① 陆建人:《APEC:上海会议的成果及今后发展的思考》,《世界经济与政治》2002 年第 2 期,第 49—54 页。

上，经常能看到一些美国人东摸摸、西看看，心情急迫地到处问："有和布什总统穿的那件一样的吗？"①在中国经济处于上升时期的当前，"唐装"的兴盛似乎可以看作中华文明复兴的一种象征。我们带国际生参加各种文化体验活动时，他们最开心的就是可以穿上主办方赠送的唐装、旗袍亮相，而不挑身材、老少皆宜的唐装更是成为很多国际生回国送给亲朋好友的伴手礼。

---

① 周春友：《中式服装与唐装》，《黑龙江纺织》2005 年第 1 期。第 44—45 页。

第二节　酸甜苦辣咸：中华多美食

中国的饮食文化源远流长，食物品种丰富，各色菜肴美食可谓举不胜举，知名的八大菜系更是有各具风格的特色菜。对于中国人来说，谈论起大中华美食，可谓如数家珍。如果试着将一桌满汉全席摆在一位外国友人面前，他的反应如何，却要视情况而定。若他是一位热爱中国文化和中国美食的人，也许他能吃得眉飞色舞，席间还能兴致勃勃地与主人交流某道菜背后的故事。如果他很少接触中国美食，又恰好比较不容易接受异文化中的事物，可能他会先礼节性地表示赞叹，然后就浅尝辄止，或者对一些菜肴无从下手，或者在得知某些菜的食材之后面露惊讶而不敢尝试。对于一些外国人来说，一盘饺子或者炒饭，就是他们所熟知的"中国美食"代表，满汉全席、山珍海味，他们还知之甚少，寓意丰富的菜肴名字，他们可能看不懂甚至产生误解。

由于对中国美食了解不深，一些人则凭着固有的刻板印象，做出"中国人吃猫狗""中国人用筷子喝汤""中国人都吃米饭"等论断，造成了种种误读。

因此，我们试着从历史的角度，看看中国饮食在与世界相遇的历程中产生了哪些波折，如今还存在那些误读，以及其根源来自何时何处。我们也将从实际考察的角度，看一看在现代中国生活了一段时间的外国人，是否还存在类似的误读，他们对中华美食以及饮食文化是否有了更为深入的了解与认同。

一、历史上外国人对中国饮食的印象

饮食文化作为一个国家文化中的重要组成部分,其对外形象是与国家地位和形象紧密联系在一起的。19 世纪末,在国力由盛转衰的背景下,中国的对外形象也大不如前,外国人了解中国社会的渠道主要来自华人士。

晚明前清时期,进入启蒙运动时期的西方社会延续了以往对中国政治制度和道德文化的推崇,甚至出现"中国热"和"中国风",中西方交流尚出于自愿交往、平等互惠的阶段,中国历史悠久,拥有灿烂文明,中国社会文化的各方面包括饮食文化都吸引着西方世界的好奇目光,各国的修士、神父、探险家等陆续来到中国探究这块神秘的土地。而从 18 世纪后期起,在西方殖民主义扩张的背景下,中国的经济、制度却逐渐落后,曾经辉煌的文明古国大门被列强一步步打开,在中西不平等的交流中,中国社会反而一步步走向衰落,这一阶段,西方除了探险家,也有更多的商人来到中国,而在通商口岸和租界担任领事、总督等要职的西方人士也著书记录其在华所见所闻。他们所感受到的中国社会的面貌,是闭塞落后、停滞僵化、民不聊生的,百姓甚至将鼠肉等作为日常食物,这些形象的描绘和传播,也极大地影响了西方世界对中国的印象,使其态度产生了急剧的变化。19 世纪末 20 世纪初,在中国旅行和从商的西方人认为中国食品因其食材的选择和卫生问题是无法食用的,甚至因此而完全摒弃了中餐,中国饮食文化的对外形象跌至低谷。一方面,到过中国的西方人士将负面的印象带回到西方社会,另一方面,国力衰弱的彼时中国无力将饮食文化有效地对外传播,因此,外界社会对中国人"什么都吃""饮食不卫生"的偏见逐渐加深。

有研究者结合中国社会发展的不同历史时期,将历史上外国人对中国饮食的看法总结为 14 世纪 20 年代开始的猎奇阶段,第一次鸦片战争后开始的歧视阶段,以及近现代对中国饮食的逐渐接受阶段。其在文章中提到,从 14 世纪开始,从葡萄牙、英国等地来到中国游历、传教、生活的宗教人士、冒险家,就开始在游记里记录中国人吃蛇、狗肉、燕窝等,将中国人描述成什么肉都吃尤其爱猪肉的民族。[①] 著名的巴黎耶稣会士杜赫德,虽然没到过中国,但他在 1735 年前后编辑出版的《中华帝国全志》和《耶稣会士书简集》,是基于在华耶稣会士关于中国的大量原始材料所编辑而成的,精心描绘的关于中国各方面的美好形象比较深刻地影响了许多欧洲人对中国的认知和印象,但其中也记录到了中国人什么都吃,包括吃猫、鼠、青蛙等情况。至丧权辱国的晚清时期,来中国的各界西方人士对中国饮食的态度已经由之前的猎奇心态转为越来越低的歧视,评价普遍较低,其著作和记录中不乏带有歧视和污蔑性的描述。从 20 世纪 20 年代起,一方面,中国社会开始发生变化,另一方面,很多海内外的中国人也在不断地为传播中国文化而努力,包括新一代海外华人华裔的营销和宣传、各种中餐菜谱在海外的出版等,而真正深入尝试过中餐的外国人也逐渐转变了对中国饮食的印象,对中餐的食材加工、饮食结构等方面的评价走向正面,前一时期的一味负面形象稍得扭转。

二、如今外国人还认为中国人"什么都吃"吗

从历史上来看,外国人对于中国人"什么都吃"这一印象是经过了几个世纪以来西方来华不同人士的记录和宣传而逐渐形成的,并不是短期内出现的评价,从最初的猎奇心理,到后来的歧视偏见,直到现在,还有不

①　宋燕:《中国饮食在西方的被歧视史》,发表于新浪博客"时拾史事",2017 年 11 月 3 日。

少外国人对这种说法持疑惑心理，甚至因为种种原因最终仍然形成了根深蒂固的偏见。

在我们跟外国人交流的过程中，当谈到"在中国，什么事情让你感到不理解"的问题时，来自不同国家和文化的外国人，会提到"我不懂中国人为什么会吃狗肉"这个话题，吃"猫""鼠"同样是让他们觉得不可思议的事。大部分外国人同样不能接受中国人吃臭豆腐这件事，但对吃猫、狗这类现象的批判是上升到伦理、文化层面的。

我们曾试着采访几位有来华经历的外国人，目的是看一看，一个外国人在到过现代中国，亲眼见过中国社会和生活场景，实地体验过中国饮食文化的背景下，是否仍然做出"中国人什么都吃"的结论。结果是让我们吃惊的，接受采访的人中有超过半数的人认为中国人的确什么都吃，而剩余的人则表示仍在观察中，对这种说法进行否定的人数较少。至于为什么会做出这样的判断，受访人表示主要是源自自己在中国的经历，少部分人是从他人那儿获得的印象，其他人是从网络浏览中得到的信息。而具体到"你对中国人吃狗肉怎么看"的问题，绝大多数的人都认为"吃狗肉"是不可接受的、无法理解的行为，甚至是"令人恶心的"。当然，其中有人能够较为客观地判断"有少部分人会吃狗肉，但不是所有中国人都吃"，有人根据自己的经验回答"有中国朋友说起曾经吃过狗肉"，因此而仍在疑惑和观察中，还有人无法抑制自己的愤怒与不解，洋洋洒洒地阐述了绝对不能接受吃狗肉的原因，认为"吃宠物相当于吃你的孩子和朋友"。

德国人毕睿的回答比较有意思，在他看来，欧洲人会将"中国人"与"吃狗肉"联想在一起，部分原因恐怕跟 20 世纪末由拉塞·斯潘·奥尔森的一部丹麦电影有关，电影名字叫《在中国，他们吃狗》（丹麦语：*I Kina Spiser de Hunde*）。这是一部黑色幽默电影，内容与中国无关，片中主角面临道德上的困惑时,有人告诉他:"在中国,他们吃狗。"意思就是规则都是人定的,不存在天生或者命定的道德律,就像你不必惊异吃狗这件事,那只是中国人的饮食习惯。虽然这不是一部关于中国的电影,但它的流行或多或少地给欧洲人带来一种"中国人普遍都吃狗"的印象。但是毕睿还是比较客观地说,其实真正了解中国的欧洲人,并不认为吃狗肉在中国是一种普遍现象,而仅限于部分地区。毕睿曾在中国学习、生活一年多,对中国文化的接受度、融入度较高,这也是他能够得出比较客观的结论的原因。

在美版的知乎网站 Quora 上曾有人发起过关于对中国人吃狗肉现象的看法,留言区各种声音都有,除了批判的一派,也有一部分人以比较开放的心态来看待这件事,认为选择或不选择什么肉跟一个国家的文化禁忌、风俗有关,比如在一些国家的文化中,认为吃类似狗的动物就是正常的,也有的国家将兔肉作为一种普通的食物,另外还有吃松鼠、鳄鱼、几内亚猪等现象也都存在。据说在古罗马时期的人还把老鼠当作是美味食物,这对另一些人而言又是不可接受的。

实际上,除了广西玉林等个别地区有吃狗肉的习俗,吃狗肉在中国并不是普遍现象。近几十年来,随着经济发展水平的提高,具备了一定经济实力的中国人越来越把狗当作宠物看待,而不是视之为跟猪一样可以拿来食用。而且一旦人将动物当宠物来养,与它们之间建立一种联系,将之视为家庭的一部分,一起生活和成长,就更不可能将它们当作食物了。然而,在中国历史上经济衰落民不聊生的时期,对一个快饿死的百姓来说,并没有吃什么东西的选择,重要的是有食物,这也就是人们会将各种在文明社会的人看来不可接受的动物当作食物的客观原因。

从更深层的文化角度来看,狗这种动物在中国文化中的形象也是具有复杂性的,一方面,狗代表忠诚能干,帮助人类看家、捕猎,另一方面,汉语里又有很多与狗有关的带有贬义色彩的词语,如"猪狗不如""狗仗人势""狗腿子"等,狗的形象并不那么可爱、正面。在这样的文化背景下,某些人在必要时将狗作为食物,也许不会被认为是犯了什么禁忌。

三、国际生对中国美食的认知与认同

如上所述,关于中国人是否"什么都吃"的话题,由于历史背景、自身经历等各种原因,部分外国人仍存在一定的误解,也有一部分人有比较客观的评价或者理解。因此,我们尝试着在来华留学的国际学生中做了一个调研,以了解在中国学习生活了至少半年的外国人,对中国饮食文化的认知和认同情况究竟如何。

(一)什么最能代表中国美食?

中国有知名的八大菜系,每个菜系又有琳琅满目的特色菜,更不用提其他各具风格的地方美食。饮食文化是中国文化的重要组成部分,一日三餐又是日常必需,选择来到中国留学的外国人,即便不能如同国人一样对中华美食如数家珍,至少也应该能了解一二,这是我们的假设。通过调研,我们发现,国际生提及频率最高的中国美食代表符号是"米饭""炒饭""面条""饺子"。作为重要的主食,这些食品在生活中出现的频率高于其他种类,这可以理解,受访者中提到上述食品的人数比例约占到70%。另外有四分之一左右的人提到与川菜有关的美食,比如四川火锅、麻辣烫、麻辣香锅以及其他的四川菜。这与近几年川菜的流行有密切关系,而且国际生常在学校或购物中心的美食街用餐,因此对口味比较有特点的川菜印象较深。相比较而言,只有少数人提到了北京烤鸭等传统菜肴,并认为既具有传统特色又融合现代因素的美食才是中国美食的代表符号,这样的比例约占 13%。

(二)地方美食知多少?

中国面积广大,地方差异明显,国际生是否能体会到各地美食的特色与魅力? 调查显示,约 66% 的人认为自己对地方特色菜是有所了解的,主要提到的有北京烤鸭,四川火锅和麻婆豆腐以及香辣鸭、宫保鸡丁,东北锅包肉,山东煎饼,杭州叫花鸡和糖醋鱼,等等,另外三分之一的人则表示不了解。结合在中国生活时间长短的因素,如图 4-1 所示。

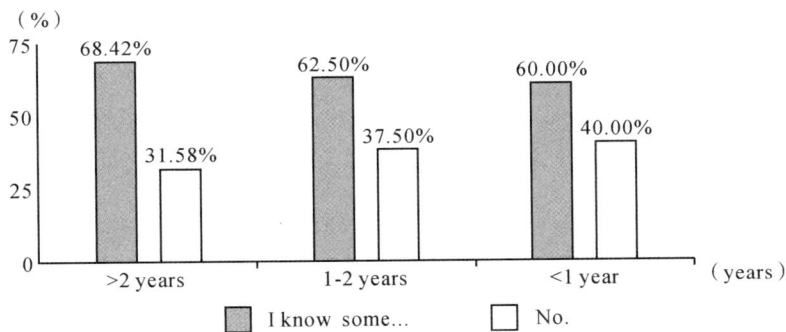

图 4-1 在华国际生对中国地方特色美食的认知度

这反映出,对地方特色美食的了解程度与国际生在中国生活时间的长短之间关系并不明显,即使在中国生活了两年以上的人,仍然存在一定比例的人表示不太了解。在信息技术发达,交通日趋便利的时代,这样的现象一方面反映出部分学生在主观上的兴趣程度较低,另一方面可能是作为学生经济条件有限,未能得到了解或更多实地体验各地饮食文化的机会。

（三）喜欢和不喜欢的中国菜

调查中反映，国际生比较偏好的中国美食与其所认为的"中国美食代表符号"有很大程度上的重合，一般来说，人们通常对自己比较肯定的事物印象较深，更不用说是美食方面的话题，因此，喜欢的中国美食中提及频率较高的有炒饭、饺子、面条、包子、麻辣烫、麻辣香锅、火锅、烧烤等，另外还有煎饺、糖醋里脊、西红柿炒鸡蛋、锅包肉、西湖醋鱼、北京烤鸭、春卷等，甚至还有人提到了葱油拌面、月饼等。

至于偏爱这些美食的原因，主要当然是味道的吸引，显而易见，糖醋、麻辣是比较能让人产生兴趣的味道。美食的卖相、制作方式、食材等也是吸引国际生的原因，比如煎、烤食物在一些国家是比较常用的烹饪方式，因此在中国吃烧烤包括烤肉烤鱼，或者烤蔬菜，这能让他们找到家乡食物的熟悉感。一种食物的风味或烹饪方式如果比较接近人们曾习惯的家乡食物，那么被接受的可能性就比较高。另外，约三成的人认为对身体有益也是他们偏好某些食物的重要原因，他们认为中国爱蒸煮食物和多食蔬菜是非常健康的饮食方式。还有四分之一的人也因为饮食背后的故事或者文化而对某些食物产生兴趣，比如月饼与中秋节的故事、长寿面的故事、冬至或过年吃饺子的习俗等，也让食物的内涵变得丰富起来。

国际生喜欢的中国美食品种比较多样，相比较而言，调查中反映出来的他们所不能接受的食物比较集中，其中比例最高的一项可能会出乎很多国人的意料：豆腐。有近三分之一的人不喜欢豆腐，另外有约 16％的人提到最不喜欢臭豆腐。国际生朋友对豆腐的喜好是否受了臭豆腐的影响，我们不得而知，但如果将这两项加在一起，有接近一半的比例。豆腐起源于中国，富含蛋白质，产品种类丰富，可以做成各式菜肴，是中国人餐

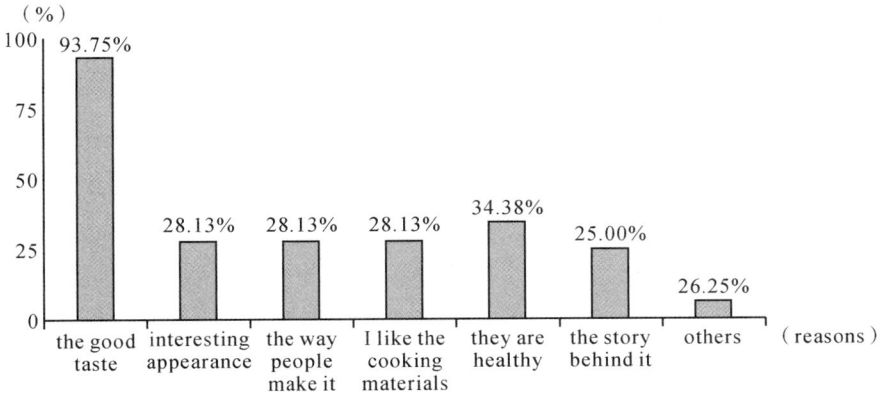

图 4-2　国际生喜欢某些中国食物的原因

桌上的家常菜。中国人食用豆腐很大程度上是一种传统习惯，而且对于食素的人群来说，豆制品还是非常重要的营养摄取来源。不喜欢豆腐的国际生比例较高，很可能是因为在某些国家，他们从不吃这类食品，因此在口感或者口味上没有什么特别的印象，而豆腐的确也不能散发诱人的香味来吸引人。

　　还有一类比较集中的情况是对食用猪肉的禁忌。但凡是信仰伊斯兰教的学生，猪肉就是他们不能接受的食物之一。另外，和我们平时所听说的情况类似，一部分人不能接受鸡爪、鸭脖、鸭血、蛙肉、兔肉等食物，还有人提到绝对不想食用野生动物，他们认为这些食物有的难以食用，有的是不卫生的，吃了对身体有害，或者从心理上不能接受吃兔子、青蛙之类的行为。还有少数人提到不喜欢包子、面条，这虽然是大部分人所喜爱的食品，但也不排除有些人习惯以烤制的面包作为主食，而对蒸煮的主食有一定程度的不适应。

　　图 4-3 反映了国际生不能接受某些食物的原因，可以看到，认为中国

菜"过于油腻"而不能接受的人数较少,虽然我们在之前跟国际生的日常交流中比较多地收到类似的评价。从调查来看,除了味道方面的主要原因,另外比较明显地反映出,有些人对于一些食物根本就是不尝试的,这或者跟宗教禁忌有关,或者跟一个人对异文化的接受度有关。我们在调查中也发现有13%的人持非常开放的心态,他们认为中国食物中,没有特别不能接受的,可以尝试各种食物。一个外国人来到中国,遇到了饮食方面的巨大文化差异,有些人因为与异文化接触较少,表现出来的接受度很可能就低于经常接触不同文化的人。敢于跳出熟悉的舒适区,去尝试新鲜事物,接受新内容、新方式,这也是对跨文化适应能力的考验。

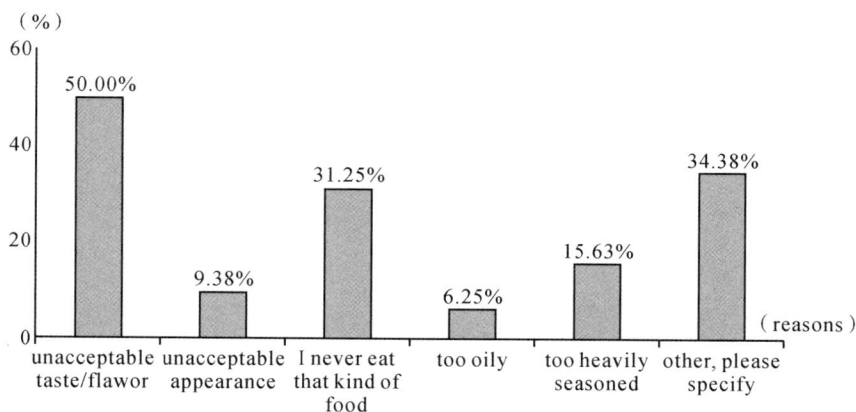

图 4-3　不喜欢某些中国食物的原因

虽然国际生对某些中国食物不能接受,但绝大多数的受访人表示常去中国餐馆吃饭,其中的原因包含对中国菜的口味、价格、品种、用餐环境等方面的肯定,也有学生表示,在中国学习生活,就应该尝试并努力适应这儿的饮食,这是在异国文化中生活的意义之一。选择"不常去中国餐馆"的人表示仍然不太能适应中国饮食,另有个别人是出于语言沟通能力方面的原因。我们发现，在中国生活 2 年以上的人常去中国餐馆用餐的比例明显高于在中国生活 2 年以下的人。这一方面是语言能力提高的原因，另一方面，也是对中国饮食的适应能力有所改善的反映。

(四)国际生了解饮食文化和故事吗

从之前的调研结果看，部分国际生对一些中国食物的喜爱，是跟食物所具有的丰富内涵有关。调查反映，有约四分之一的人表示了解与食物相关的一些故事和文化，比如中秋吃月饼、春节吃饺子、端午吃粽子等，另外近 60％的人表示不知道，但有兴趣了解，而 15％的人则表示不了解也不感兴趣。因此可以说，有 85％的人对饮食文化存在认知兴趣，只不过大部分人的认知程度还比较低。与之相对应，我们也了解到，曾有机会参加过饮食文化体验活动的人只占到约 18％，而 25％的人从未参加过这类活动，另外 56％的人偶尔参加过几次。至于对这类活动，有 70％左右的人表示了肯定的意愿，这个比例还是比较高的。

调查显示，国际生对中国饮食的了解和认知主要基于自身的观察和经历，也有从朋友的介绍中得到的信息，另外小部分是来自网上信息的浏览和相关书籍的阅读以及在校中国概况课程的学习。

由此反映出，因为具备在中国生活的机会，国际生更多地靠自己的实践建立起对中国饮食文化的认知，而较少地利用网络资源去进行更广泛而深入的学习，了解的手段较为单一。饮食文化作为《中国概况》课程庞杂的内容之一，也未能得到特别深入与详尽的介绍，给大部分学生留下的印象还不够深刻。可以说，国际生目前只是根据自己的经历对中国美食有所了解，但对更丰富的文化知识还比较缺乏了解，也未有效地利用网络资源进行学习，因此，引导学生观看学习网上的视频、文章和相关书籍，并

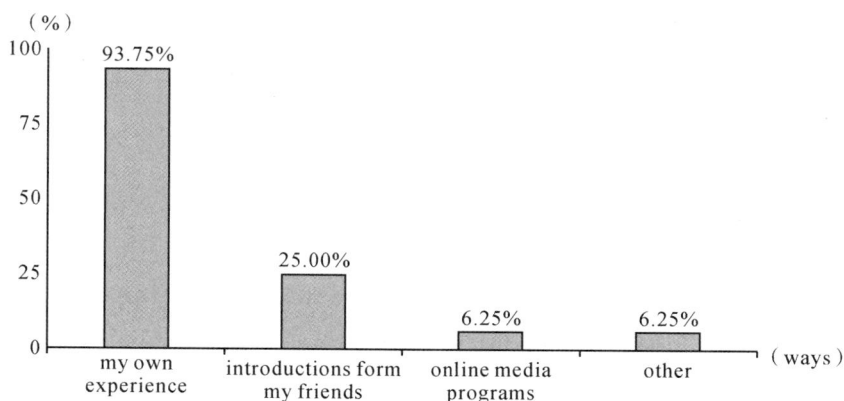

图 4-4　了解中国饮食的途径与信息来源

组织有意义的文化体验活动,是迎合学生内在意愿并能有效提高其对中国饮食文化认知度和认同度的有效手段。

　　另外,我们也欣喜地看到,部分国际生在结束中国的留学生活归国以后,非常积极主动地充当起中国文化"大使"。埃及学生娜丽曾在杭州求学多年,非常热爱中国文化,面对同胞对中国饮食的误解,她在社交媒体上贴出各式中国美食的图片,认真地帮助从未到过中国的人消除误解。她觉得自己非常有义务做这样的工作。

　　我们也曾对少部分外国人做过一对一的简短访谈,从中了解到,从未到过中国的人对中国饮食的了解其实是相当缺乏的,他们中的一些人,除了"米饭、饺子"就无法再说出其他代表性的饮食,在这类人的印象中,中国人是常吃米饭的民族,而去唐人街吃饺子,是他们偶尔有过几次的有关尝试中国食品的经历。而另外曾到过中国哪怕只有短暂旅行经历的人,或者跟当地华人有过一定接触的人,不但对中国饮食和饮食文化有更多的了解,并且非常明显表现出对这个话题有更强烈的兴趣。德国人毕睿曾在杭州学习、生活，也曾去中国各地旅行，在他看来，欧洲的食物与中国北方菜更为接近，如果为一个欧洲人端上一盘饺子，或者一碗面条，或者一笼包子，通常欧洲人是会愉快地接受的。

综上可见，大多数外国人对中国饮食文化的认知度还有待加深，由于历史和传播手段的原因，部分外国人还存在着"中国人什么都吃"的误解，而民俗文化差异和个人经历背景也影响着他们对中国饮食的认同度。但是，总的来说，中国饮食文化的对外传播是较为成功的，大部分外国人对中国菜的总体印象也都比较正面，包含健康、美味、有趣、品种丰富、烹饪方法多样、富有内涵等积极评价，而且也有越来越多的外国人表示了想了解饮食文化的强烈兴趣与意愿，从广度上他们想看看中国各地美食文化的特色，从深度上他们也想知道美食背后所蕴含的历史和文化故事。

第三节　聚散两依依:茶文化和酒文化

马来西亚前首相马哈蒂尔曾言:"如果有什么东西可以促进人与自然之间关系的话,那便是茶。茶味香馥甘醇,意境悠远,象征中庸和平。在今天这个文明与文明互助的世界里,人类需要对话交流,茶是对话交流最好的中介。"①茶文化具有丰富的内涵,在文化交际中有重要的功能。茶自中国起源,通过古老的丝绸之路和海上航线传播到各个国家与地区,并形成各个地区独具特色的茶文化。茶饮的普及不仅改变了各国人民的生活方式,也深刻地影响着世界经济与文化。英国科技史专家李约瑟将茶誉为中国在继四大发明后对人类的第五个贡献②。据统计,世界上目前有 160 多个国家与地区的人们有饮茶习惯,有 50 多个国家开展茶叶种植。

一、中国茶文化概述

(一)起源与发展

中国的茶文化可以追溯到四五千年之前的三皇五帝时期,民间流行着神农发现茶的传说,茶经历了从野生植物到被药用、食用、饮用的不同时期。学者王建光和宋丹的文章对中外茶文化缘起及各个时期的发展做了非常详细的研究。据记载,人们饮茶的习俗是在秦汉时期初步形成的,

---

① 转引自黎莉:《中国的茶文化与和谐社会》,《市场论坛》2010 年第 6 期,第 88—90 页。
② 徐庆生:《铜钹山河红》,国家行政学院出版社 2015 年版,第 63 页。

如汉朝王褒《僮约》记录了当时达官贵人饮茶的习惯，司马相如《凡将篇》和杨雄《方言》分别从药用和文学的角度写到了茶。西晋时期，儒家政治家提出"以茶养廉"，在当时官场奢靡风气盛行的社会背景下，倡导饮茶，以茶中清气比喻廉洁，饮茶行为初步融合了儒家思想的文化特征。唐朝时期茶圣陆羽对茶文化的发展起到了关键作用，他在《茶经》中首次创造性地提出了茶的精神和气韵，将饮茶行为与艺术审美结合在一起，提升了饮茶的境界和文化性，比如他提到"茶性俭"，"精行俭德之人"适宜饮茶。经陆羽的倡导之后"尚茶成风"，茶与文化、社会乃至政治各方面的联系得到了加强。茶文化与道家、佛家思想也进一步融合，比如茶由于其天然风味和清淡特色，切合了道家天人合一、道法天然的思想，形成了"盏茶品天"的唐朝道家茶文化，而茶能静心宁神的特点又与佛家追求心静的思想相符合。经由文人饮茶行为的兴起，茶与儒释道联系在一起，开始具备丰富的文化内涵。宋代，由于社会经济进一步发展，饮茶不再局限于大家贵族、文人雅士，而逐渐也走入民间，上至宫廷，下至民间交友、婚嫁仪式，茶文化出现了各种礼仪习俗，逐渐得到普及。宋代蔡京在《延福宫曲宴记》中就记录了当时繁复的宫廷茶宴礼仪。这时期的各阶层还兴起了"斗茶"等活动。文人墨客饮茶，因而产生了茶诗茶画茶歌。宋代繁复的饮茶礼仪在元朝时未得到作为统治者的北方民族认同和延续，元朝饮茶文化具有返璞归真的特点，但到了明清时期，茶礼在复古的风气下又重新得到重视，至近现代，民间茶楼茶肆盛行，成为百姓待客聚会的场所。

（二）茶文化的特征

"柴米油盐酱醋茶"，茶在中国人的生活必需品中占据重要一席，以茶会友、以茶待客也是日常交际中的常见风俗。中国茶文化的丰富性表现在物质层面,有茶叶种类、茶具、茶器等诸多选择,还有制茶、泡茶、品茶等各种讲究;表现在精神层面,茶可以与诗歌、绘画、书法等各种形式相结合而独具特色。茶有疗养身体的药用功效,但对于大多数饮茶的中国人来说,饮茶的意趣重于功用。茶道文化在中国可说是雅俗共赏,普通百姓饮茶,可以去腥除腻解渴,增添生活意趣,文人雅士以茶会友,托物寄怀,品味茶韵,佛家讲茶道意在心静提神,道家重在品茗养生,茶味、茶韵、茶德、茶功,中国茶道文化底蕴丰富,形式不拘一格①。

茶文化作为中国传统文化的重要组成部分,蕴含了天人合一、崇尚自然、和谐相处、追求美德的精神特质,是中国人传统价值观和思维方式的生动体现,也反映着中华民族勤劳、好客、热爱和平的良好品质。茶文化中有农耕文化,也有中医药文化,还融合了儒释道家哲学文化,结合人文、历史、民俗、宗教、美学等人文科学的不同方面。

新时期以来,现代中国茶文化继承和发扬了传统理念,也融合了新时代特色,学者周国富提出了当代茶文化"清、敬、和、美"的新价值理念,"清"是指茶的本性和人的品格内涵,包含修身养性、从政为官等基本品德,"敬"是指茶礼,也包含人际相处之道及人对自然、规律、历史等的敬畏之心,"和"继承了传统文化的核心思想,指人与自身、他人、自然、社会之间的和谐关系,"美"是指茶文化达到天人合一境界之上的美好愿景②。可说是对当代茶文化内涵的精确概括。

二、中外茶文化的异同与融合

2014年,习近平总书记在文艺工作座谈会上指出:"古往今来,中华

① 李红艳:《中外茶文化底蕴的思考》,《农业考古》2008年第5期,第315—318页。
② 周国富:《浅谈当代茶文化核心理念(二)》,《茶博览》2016年第12期,第14—17页。

民族之所以在世界有地位、有影响,不是靠穷兵黩武,不是靠对外扩张,而是靠中华文化的强大感召力和吸引力。"《论语》言,"远人不服,则修文德以来之",中国茶文化综合了儒释道思想,体现了传统文化的内涵与礼仪,独具特色,尤其在经济全球化以及"一带一路"经济发展战略的背景下,影响力日益攀升。目前世界各国的茶文化,如英国流行休闲下午茶文化,日本讲究严肃茶道文化,美国注重效率和消费者口味的速溶茶、特制茶,俄罗斯的牛奶乌龙、甜茶,斯里兰卡的拼配红茶,等等,都与中国茶文化有着千丝万缕的联系。

中国茶文化在公元七八世纪时就开始走出国门向周边邻国如日本、朝鲜进行传播,西亚和阿拉伯等地区得到茶叶的时间也不晚于唐朝,两宋之时,茶文化开始传入东南亚地区。亚洲国家自身的茶文化与从中国传播过去的茶文化结合发展,比如,日本的茶文化历史与日本禅师在不同时期的访华活动相关,日本的茶文化源自公元9世纪初最澄禅师的贡献,日本的茶道文化与唐代佛家"心静神思"的禅境思想有关,是中国佛家茶文化的延伸,而且,饮茶治病疗养身体的功能也得到流传。宋代时日本禅师也有重要的访华交流活动,13世纪中期,南浦昭明禅师更是将中国的饮茶礼仪和《茶道经》带到日本,与日本独特的风土文化结合,逐渐形成了注重"和、清、静、寂"的独特茶道文化。韩国茶文化的起源与新罗时期遣唐使的活动有关,传统茶礼注重"心性",核心为"和、敬、俭、美",这一理念贯穿于各阶层。韩国茶礼文化作为韩国文化中重要的组成部分,有着重要影响,整个茶礼过程有严格的规范与程序,对饮茶环境、茶具排列、吃茶过程等都十分讲究高雅与文明。韩国有禅茶大会,有特定的茶日,会举行茶文化祭典、韩式茶礼表演等,韩国对茶事的重视也是为了避免浮躁和流俗的风气。

亚洲以外地区的茶文化传入稍晚,大约在近代时期,《马可波罗游记》

为欧洲人带去了中国饮茶的故事,茶叶销往欧洲国家后,各国对中国茶叶的需求日增,清代史学家赵翼在《檐曝杂记》中记录"大西洋距中国十万里,其番舶来,所需中国之物,亦惟茶是急,满船载归,则其用且极于西海以外矣"。

中国茶叶通过丝绸之路和海上航线向东西方国家传播,西方国家的殖民扩张活动在客观上也加速了中国茶文化在欧、美、非以及大洋洲等各地的传播。茶叶向西方国家的传播过程与葡萄牙、荷兰等国的航海家、传教士的活动密切相关,比如 16 世纪葡萄牙传教士克鲁士(Gasper Da Cruz),从中国回欧洲后宣传中国茶叶的药用功能,之后意大利的利玛窦和法国的特莱康将中国饮茶习俗带回欧洲。欧洲各国饮茶风气的兴起,与茶叶的运输、贸易的发展密切相关。饮茶习惯的传播过程是自上而下的,茶最初是上层阶级的奢侈品,而在后期国家调整茶叶进口政策、茶叶贸易进入正常渠道后,茶逐渐进入一般民众的生活,这也是多数西方国家茶文化的普及过程。

荷兰早在 16 世纪末出版的航海旅行书籍中就有关于茶的介绍,欧洲其他国家在 17、18 世纪出现了一批关于茶的论著,比如 1653 年法国神父 Aiexanderde Khoder 在《传教士旅行记》中详述了"中国人之健康与长寿,当归功于茶,此乃东方所常用之饮品"等相关内容。法国著名作家 P. Petit 发表了题为《中国茶》的长诗,将茶誉为与圣酒、仙药相媲美的神草[1]。1678 年荷兰医生科内利斯·邦特克博士在《茶——优异的草药》这一著作中介绍和说明了茶的特点、饮茶方式、功用等各方面内容,也对当时人们"对于茶的担心怀疑和误解"进行了回应解释。再如迪富尔的《关于咖啡、茶、巧克力的新奇论考》,托马斯·肖特的《茶论》,约翰·科克

① 徐庆生:《茶文化进高校影响作用的多维思考》,《福建茶叶》2019 年第 10 期,第 178 页,第 301—302 页。

利·莱特松的《茶的博物志》,等等,都重点论述了茶饮与健康的关系①。这一时期的相关著作也逐渐激发了欧洲人对中国茶的向往与追求,对于茶的普及有很大的促进作用。

荷兰的饮茶历史较早(17世纪初),茶最初在该国被称为"百草",其疗养身体的药效尤其得到关注。17世纪上半叶,饮茶是荷兰上层贵族的时髦行为,到下半叶则已普及到全国,并且也效仿中国以茶待客等饮茶礼仪,讲究茶具、茶室、茶礼,18世纪初的荷兰喜剧《茶迷贵妇人》就是当时饮茶风气的写照。英国饮茶文化的流行与17世纪中期加入英国的葡萄牙公主凯瑟琳有关,她将葡萄牙上层阶级中流行的饮茶风俗带入英国宫廷,19世纪中期左右,英国下午茶文化逐渐兴起扩散。英国的红茶文化成为典型,与英国的商业观念与运作相关,茶逐渐成为世界性的饮料。美洲大陆的饮茶习俗最初是由荷兰殖民者带入的,美洲后来也成为欧洲国家茶叶的重要种植地之一。

各国茶文化呈现的特征与茶叶最初传入该国的方式有关,也与一国的历史和社会特征有关。比如在日韩等国,人们更注重的是茶的精神特质;在英国,茶被视为生活中的重要物品,茶叶贸易在贸易交流中也有重要地位;而美国社会由于比较关注大众文化,茶文化注重的是以消费者为导向的商业价值,一方面推行商业化与工业化,一方面又注重创意与健康,因此改良了茶饮的口味与特性的特制茶较为流行。另外,美国文化追求效率,不拘泥于茶礼或茶味,因此加入了冰镇、加糖等新做法,茶饮文化也带上了饮料的特征并开始流行,这种茶的形式在一定程度上从待客交

---

① 江晓原主编:《多元文化中的科学史:第十届国际东亚科学史会议论文集》,上海交通大学出版社2005年版,第265页。

际的文化功能中脱离①。

三、现代茶文化的传播

我们曾在外国人中做过有关中国茶的初步访谈，以了解他们对中国茶文化的认知程度。大部分受访者听说过中国人喝茶的习俗，认同茶叶起源于中国，但是对茶的种类、喝茶的讲究等方面的认知十分粗浅，有人尝试过绿茶、红茶、乌龙茶等品种，认为香气较浓郁的铁观音等乌龙茶相对较符合一些人的味觉审美，绿茶较淡，其他尚无特别深的感受与评价。有人表示，在初次品尝各类中国茶后，发现自己对茶的味道不太习惯，尤其不适应中国人喝茶不加糖不加奶的做法。从口味上来说，外国人对茶饮料如冰红茶、乌龙茶、茉莉花茶、珍珠奶茶等更为适应，或者对味道奇香的特制茶更为感兴趣。相对来说，欧洲国家的人仍然偏向于喝咖啡，英国人相对更能接受中国茶。还有的人比较关注茶的功能，比如减肥、提神等。东南亚人如印尼人更倾向于喝红茶，这与印尼茶文化和历史有关，有些东南亚华裔会对工夫茶稍有认知，这与他们的家庭背景有关。但来自不同国家和地区的大多数人表示尊重中国茶文化，也对茶道、制茶工艺、各式茶具等非常感兴趣，也有人会借在中国旅行的机会购买功夫茶具回国，而如中国影视片中表现茶文化的细节总是能引起他们的注意。

热爱中国文化的中亚姑娘古兰说，她虽然对茶文化了解不深，但感觉在茶中能获得心灵的平静。来自南亚的林杰喜欢尝试中国的一切，他对各类茶都跃跃欲试，在对茶文化有初步了解以后，也得出了自己的感受，他认为"品茶真正的内涵是品生活"。来自乌克兰的塔莉已经在中国成家

---

① 张忠良、毛先颉编著：《中国世界茶文化》，时事出版社 2006 年版，第 430 页。

并生活多年,她在生活中接触茶的机会比较多,她觉得饮茶总是能够得到茶之外的感受,中国茶的清香和味道似乎是有灵魂的。他们之所以能做出这样的评价,也跟他们在中国生活的时间以及跟中国人打交道的丰富经历有关。

了解茶文化是让世界了解中国的一种方式,茶文化具有纽带作用。在茶文化的传播中,可以适当利用仪式感来吸引人们的兴趣,比如采用有辨识度和易于实现的茶礼,虽然只是形式,但仪式能够给受众带来一种直观的感受,引起他们敬畏与好奇的心理,才能促使他们去进一步接近茶文化。另外,中国茶叶种类丰富,但在推广的过程中却因名称翻译良莠不齐,缺少个性和统一规则,一方面无法体现茶文化的特色,另一方面显得过于复杂,也容易造成国际友人的误解,给茶文化的传播带来困难。这一点上,日本茶就因其品类单一,识别度高,而且日本茶道也特别受到保护和推崇等因素,比起中国茶,似乎在海外受到更高的文化认同。

从发现之初,人们就关注茶疗养身体的功效,现代科学与研究更加印证了茶叶的保健功能。有饮料专家根据回归自然的世界潮流做出判断,21世纪将是茶的世纪。中国拥有众多名茶,但并未得到广大海外消费者的了解与认同,最能欣赏中国茶文化的消费者绝大多数局限于国内,而且目前,无论是在国内还是国外,中国茶的品牌和在大众消费中的传播与推广方面还有很大的发展空间。如何让越来越多的国外消费者认识、了解中国饮茶习俗,欣赏和追求中国茶叶风味的精妙之处?有人提出,在茶的制作和包装上不断改进,将传统茶与现代技术进行结合,都是促使茶饮料开拓市场的手段。中国的茶饮料目前以西方饮料标准为参考,以"时尚软饮料"为定位,对茶的东方文化特色背景未加以利用宣传,而日本的茶饮料则以茶文化为定位,重在宣传茶道文化"净""静"的内涵,因此可以说中日茶饮料所吸引的消费群体是存在差异的①。另一方面,现代都市茶坊兴起,茶坊以回归自然为特征,注重营造原生态、天然的文化氛围,讲究茶道与茶艺,对于压力繁重的现代人来说是一个放松身心的去处,也是重新接触传统茶文化的契机。

另外,年轻人的传统文化素养也需引起重视,受欧美文化影响,年轻人容易崇尚西方文化与生活方式,比起茶文化,他们更容易接受咖啡文化,或者对奶茶更感兴趣。有人评价现在的年轻人传统文化素养不深,因此对于民族文化的了解和自信都存在一定程度的欠缺。不只是年轻人,其他年龄段的中国人对传统文化比如茶文化的了解程度也堪忧,知乎网站曾经组织街头随机采访,受访人中表示喜欢喝茶、每天都喝的人不在少数,但大部分坦言对中国茶文化并不了解,也没有概念。中国的茶文化是独具本土特色的传统文化资源,学习茶文化,提高传统文化素养,有助于增强民族文化自信,只有这样才能进一步促进民族传统文化的复兴、繁荣与传播。

四、中外酒文化的碰撞

谈到外国人对中国酒文化的看法,大多数人只听说过白酒,对其他中国酒的种类及关于酒的历史和酒文化并不了解。一说到中国酒,外国人存在的一个明显误解是:中国人崇尚"干杯文化"。在中国生活过的一些外国友人纷纷表示对中国人的敬酒方式特别不习惯,即使是善饮的俄罗斯人也是如此。与传统饮酒礼仪相比,现代酒桌文化的确有变味的倾向,

---

① 李思屈:《东方智慧与符号消费——DIMT模式中的日本茶饮料广告》,浙江大学出版社2003年版,第202页。

流行"干杯文化""段子文化",这虽然体现出中国人待客的热情,但与传统酒德是相悖的。中国传统的酒文化有酒脱的意味,古人饮酒,酒逢知己,兴之所至可能酩酊大醉,而非强逼醉酒。传统酒文化也讲究"酒德"。中华民族的传统文化认为,在所有的言行中,道德是最为重要的,也是具体的。饮而不过、不贪就是酒德,人逢喜事,借酒助兴,举杯祝福。酒德也反映了中庸之道对人们的思维、生活和行为的重要影响,中国人饮酒旨在追求酒趣和雅兴。李时珍言:"酒,天之美禄也,少饮则和气行血,壮神御寒,消愁遣兴;痛饮则伤神耗血,损胃亡精,生痰动火。"

(一)起源的比较

中西方饮酒文化在起源上就存在着差异,据考古发掘表明,世界上古老的文明几乎是同时(农耕时代初期)开始人工酿酒的,地理位置决定了农作物品种的选择,因而在古代中国小米大米等谷物被用作制酒,而在西方小麦被古巴比伦人制成啤酒,另外葡萄因气候和土壤适合而广泛种植,葡萄酒也比较盛行。酒文化是在农耕文化基础上产生的,受地理环境的影响较大。中西方酒文化的传说则跟宗教文化等各方面都相关,比如中国人主张酒是由人酿造而成的,有杜康造酒之说,古代还有"酒星""酒泉"的传说,如李白《月下独酌》:"天若不爱酒,酒星不在天;地若不爱酒,地应无酒泉。天地即爱酒,爱酒不愧天。"在中国,酒文化很早就开始有文字记载,比如《吕氏春秋》云"仪狄作酒",《战国策》《说文解字》中也都提到了类似内容,《本草纲目》中则记载:"战国策云:帝女仪狄造酒,进之于禹。说文云,少康造酒,即杜康也。然本草已著酒名,素问已有酒浆,则酒自黄帝始,非仪狄矣。"这表明酒文化在更早的时期就已经发端。汉语中对酒存在褒贬不一的称呼,比如"天禄""欢伯""福水""魔浆""祸泉"等。酒肆、酒家、酒馆、酒望、酒令、酒肉朋友、酒囊饭袋等特有表达也表现了中国文化的民族特性和历史发展的轨迹。

在西方文化中，人们认为酒神造酒，虽然古埃及与古希腊有不同的酒神文化，但人们普遍认为酒是神赐之礼，也是丰收的象征，每年还会举行祭奠酒神的仪式。英语中用与酒神有关的词语来形容有关饮酒的人或行为，这是与汉语不同的，比如罗马神话中酒神名字 Bacchus 与酗酒狂欢等行为联系在一起，Bacchant 形容狂欢作乐者，Bacchae 指参加酒神节狂欢的妇女，等等。

（二）饮酒之道的比较

中国有着丰富的酒文化传统，古代文化名人中，有"酒仙"张旭，"酒圣"李白、陶渊明，"酒贤"苏轼、曹参等。文人饮酒，有曲水流觞和饮酒劝诗的文雅游戏，也出现了不少有关饮酒的著名诗文，比如陶渊明"偶有名酒，无夕不饮"，王翰"醉卧沙场君莫笑，古来征战几人回"，曹操"慨当以慷，忧思难忘，何以解忧，唯有杜康"，毛泽东"把酒酹滔滔，心潮逐浪高"。西方饮酒诗歌中强调酒神精神，狂欢、享乐，有原始欲望的表达，比如裴多菲《我们喝吧》就是一例，中西饮酒诗歌中体现的精神迥异。

中国人饮酒基于"以人为本"的主观性思维模式，酒是为人服务的，酒具的采用与人的身份地位相关，酒的类别、等级选择、敬酒行为等则与饮酒人之间的尊卑、亲疏有关，这反映了中国注重等级观念、尊卑长幼的传统伦理文化。与之相比，西方酒文化更重视酒的本质特点，因此喝酒的讲究与程序、酒具的选择也以此为基础，从酒本身的风味出发，重视酒与食材的搭配，也遵从味觉规律的变化，每次也不只限于饮一种酒，鲜明地体现了西方酒文化注重理性科学思维的特点。

　　中国人的价值观有集体主义倾向性,重视群体关系的和谐,反映在酒文化中就是,中国人比较重视饮酒的氛围,以酒来维系和增进关系,促进沟通,因此如相互敬酒是常见的做法,而且有诸多规矩与讲究,另外酒席中也会玩独具中国特色的饮酒游戏,以让饮酒人更尽兴。中式酒礼中的劝酒和敬酒在英文中没有对应词,劝酒有文敬、罚酒等不同方式,是中国人好客文化的表现,但容易让外国人觉得不适应。西方文化一般不劝酒,英语中的 toast 是提议祝酒,会有在特定场合一同举杯的做法,与中国的劝酒敬酒并不等同。在西方酒文化中,助兴游戏也并不常见。

　　另外,如前所述,中国传统文化中所强调的中庸之道对酒文化有重要影响,如中国人说"雅饮",提倡饮酒有度,不赞成酗酒。西方人饮酒风格体现出其开放、热烈、狂欢的风格和情感上的强烈诉求。

　　茶文化、酒文化都是交际文化、休闲文化,中外茶酒文化的差异可以体现东西方文化特性的区别。喝茶与中国人相对内敛的性格气质相符合,体现了中国人向往平和心境的一面。中国人表面上看是在饮茶、饮酒,实质上却在追求茶酒之外的精神和情感,人们在饮茶中寻求淡雅清虚的精神情趣,也体现了人对大自然的欣赏、尊重,饮茶让人保持宁静从容的心态,养成看透世事的清明理性,既是文人避世的方式,也是人们抒发情感的寄托。

第四节　亭台楼宫阁：中国建筑的意境和风水

　　建筑是人类文化的重要组成部分，有人甚至认为建筑称得上是全部文化的高度集中，比如某一时代的重大建筑物，就是当时科学技术和文化艺术水平的重要反映。美国时政杂志《新闻周刊》曾根据美国、加拿大、英国等国家的网民投票，评出 12 大文化国家以及代表国家文化的 20 大符号。在代表中国文化的形象符号方面，除了列首位的汉语，接下来就是北京故宫、长城及苏州园林等传统建筑，可见建筑在文化中的重要地位。

　　在这个中西文明不断交汇的时代，西方仍握有话语霸权。我们可以看到，不同时期以来，在友好的外国摄影师、学者眼中，中国人是勤奋而有智慧的，中国的传统建筑是造型别致、独具风格的；在带有偏见的外国人眼中，中国建筑是丑陋的，可笑的，是与西方建筑理念完全不符的。我们需要了解，在不同时期不同社会背景下，外国人如何看待中国的建筑文化，如何理解中国建筑理念与内涵。如同照一面镜子，从他人的评述中我们也可以更好地了解自己的文化，看到问题。在西方建筑理念和价值观占主导地位的今天，我们也需要提高文化自信，立足本土文化特色，去看待传承千年的建筑传统，发出自己的声音。

一、中外建筑文化理念的差异

　　从文化理论上来说，人与自然的关系是文化维度中的重要组成部分之一。比如马兹内夫斯基（Maznevski）的文化理论将人与大自然的关系分析为凌驾、臣服、和谐三类，琼潘纳斯（Trompenarrs）和克拉克洪、斯乔贝克的文化理论中都将人与自然和环境的关系列为重要内容之一。

中国人的传统理念是,与自然和谐共存十分重要,直到现代社会,为了达到与自然的和谐统一,每当要建造大楼或其他重要建筑时,仍会请专业人士对大楼的建筑和设计提出建议,以使建筑物的布局艺术和其他方面与自然和谐统一。在某些文化中,人们的传统理念是自然是可以控制的,比如美国文化强调 Can-Do,信仰文化认为没有什么事是预先注定的,其他如一些伊斯兰教占主导地位的文化则认为应该顺其自然,不将个人意志强加在自然和现实之上。可以说,亚洲国家、巴西、葡萄牙等国家和地区都倾向于一种命定论的思想,而中国尤其讲究与自然的和谐共存。

建筑作为文化的重要方面,可以传达人们的情感与精神,反映一个民族、一个时代的特征,能体现一种文明中的传统思想、审美观念、社会等级等的不同方面。中西建筑文化在发展源流、建筑理念、艺术形式等各方面都存在差异,这与中西文化本身存在的比如思维逻辑、传统思想、宗教文化、审美境界等方面的差异相关。中国文化注重道德与艺术,西方文化注重宗教与科学;中国文化注重个体与环境的融合一体,西方文化主张征服自然,注重个体的独特;等等。

中国建筑文化有自身传承已久的经典营造理念和建筑技艺,与西方建筑深受宗教影响的特点不同。中国传统建筑理念受到古代"天人合一"哲学思想的深刻影响,讲究与自然的和谐互动,比如其中的风水思想与园林意识等,讲究人与自然的相互顺应、共生欣荣、相得益彰,最后达到"天人合一"的文化氛围与理想境界,这样的追求持续贯穿于中国传统建筑与建筑环境生态文化几千年的发展历程中,深刻影响了传统建筑的选址、结构布局、形制、用材等各方面。中国的建筑理念也与中国持续两千多年的封建社会政治环境密切相关,封建统治力量长期比较强大且相对稳定,

"天子臣民"的等级观念对人们的思想观念也产生了重要影响,反映在建筑文化上,就是重融合、并存、一体,强调人与人之间的伦理秩序、关系和谐,比如"四合院"格局就是从民居住宅到宫殿的一种普遍模式,体现了一种封闭的群体的空间格局。

西方哲学强调客观世界的独立性,而且西方国家由于没有像中国封建社会那样长期强大的封建主力量,因此人们的观念比较注重自由,反映在建筑理念上,也比较追求自由多变、多元的风格。西方建筑高耸雄伟,以自然为背景,有与自然相抗衡的力度与氛围,体现永恒的意图。与中国建筑的"集体"美不同,西方建筑体现上帝崇拜、人类力量,以及自由、冒险的精神,这也与海洋文明的背景有关。另外,西方建筑在选材上用巨大厚重的石头材料,在造型上用简单的几何形体,容易让人在心灵上产生一种震撼①。明清时期的法国传教士、画家王致诚(Jean Denis Attiret)是当时西洋艺术在中国的主要传播者之一,他曾记录到,当时中国人看欧洲的高大建筑,感觉"像是穿了窟窿的悬崖",觉得十分可怕。当然,他也将当时的中国建筑传到西方,并对欧洲建筑产生了一定程度的影响。

由于宗教的原因,西方的古代建筑如教堂、神庙、陵墓等,都是为了一个永恒的世界所设计,是为神灵、上帝所建造的,选用象征永恒的坚固石材,也会花费数十年乃至数百年的时间去完成,建筑追求宏伟、永恒。相比较而言,中国的建筑比如宏大的皇宫、行宫、都城等的建造时间却短得多,这一方面跟中西建筑结构的规模有关,而且中国建筑结构易于通过严密的施工组织进行高效率的工作,另一方面,中国人不受宗教思想的影响,而是以一种比较现实的态度来对待建筑,并没有把建筑物看成永久性

---

① 谈秉和:《从中西建筑风格看中西文化差异》,《当代世界》2007 年第 5 期,第 46—48 页。

的纪念物，而且历史上大部分开国之君都倾向于重新建造皇宫和都城。明末造园家计成在中国第一本园林艺术理论专著《园冶》中写道："我们所创造的环境应该和预计自己可使用的年限相适应便足够了。"这也是部分中国人的建筑态度。比如利玛窦在《利玛窦中国札记》中评价中国建筑："从房屋的风格和耐久性看，中国建筑在各方面都逊于欧洲。……他们似乎是用一生一世的观念来衡量事物的，是为了自己盖房而不是为子孙后代。"利玛窦认为中国人对建筑技术比如挖地基等的利用比较原始，也缺乏透视原理等几何知识，建筑技术的落后使得中国建筑的房屋城堡不能经受长时间的风雨。他的评价存在误解，但也指出了中国建筑的某些问题。中国人在建筑观念上不追求永久，这不仅是西方人的误解，而且如梁思成等深受西方建筑观念影响的中国建筑师也持这样的观点。从中国本土文化出发，结合自身的历史背景与传统思想，而不以西方观念为标准，才能更好地诠释中国古建筑文化的特点与内涵。

　　至于东亚文化圈近邻国家，韩、日作为东亚儒家文化圈中的成员，与中国之间的关系错综复杂，文化上也存在千丝万缕的联系。朝鲜李氏王朝的文化就曾受到中国明朝文化的深远影响，因此其建筑风格也与明清建筑十分类似。而日本受中国的影响始于中日交流密切的隋唐时期，直至宋元明时期，日本建筑界也仍然广泛学习吸收中国建筑风格的特点，但从 16 世纪中期开始，由于中国在东亚的影响力渐趋弱，对日本建筑发展的影响也有所变化。与朝鲜半岛不同，日本在学习中国文化技术的同时也比较注重消化与吸收，根据日本社会的形态特点与经济模式，将其进行"日本化"，这可能就是日本现存古建筑看起来与中国古建筑似同实异的原因①。

---

　　① 刘亦兴：《中国建筑对日本建筑的影响》，《新建筑》1985 年第 4 期，第 32—40 页。

二、不同时期的外国人如何看中国建筑

在 17、18 世纪,西方掀起中国热,18 世纪末,英国画师威廉·亚历山大随马戛尔尼使团访华期间,创作了大量反映中国社会世态风情的画作,其中包含京城的城门、城楼、皇家园林,还有天津、北京、承德、杭州、广州和澳门等各地的塔、寺庙、牌楼等不同类型的中国建筑,促进了西方对中国社会的了解。后来英国画家托马斯·阿洛姆等借用威廉·亚历山大的画作,创作了一系列 19 世纪中国风貌的铜版画,包含皇家御道、寺庙、江南园林、岭南别墅等部分,在很多外国人看来,这些铜牌画成为当时有名的中国文化教科书,虽然是西方人笔下的中国风景,但也在一定程度上填补了这一时期中国图像的空白。

这一时期,西方社会对于中国建筑的评论是比较积极的,东方元素进入了工艺装饰、服装等各方面,建筑上也受到影响,各国建造了中式风格的建筑,中国园林艺术尤其影响了欧洲的造园风格,18 世纪欧洲出现了很多融合中西园林特色的花园。在一些与中国贸易关系紧密的国家,还流行过中国风格的建筑,比如瑞典的中式楼阁"中国宫",德国的"中国塔"、法国的"红楼"等。但当时大部分的中国文化多来自来华传教士的记录,他们所描述的中国建筑景象加上了艺术加工的成分,因此西方建筑中所运用的东方元素并不完全符合中国建筑的实际情况。

然而,中国建筑作为一门学问,真正引起西方学者关注的历史并不长。这有多方面的原因,首先,从中国自身来说,在历史上,建筑的技术和艺术并没有形成一门独立存在的学问,对中国建筑的研究不够深入和充分,留下来的有关建筑的专业性著作文献并不丰富,可供外国研究者参考的资料比较少,仅有宋代《营造法式》和明代《天工开物》等著作。而且由

于木结构建筑难以保存的问题，可供研究的古老建筑实物也存在局限性，现存的建筑物多为 15 世纪之后的，这种情况与以砖石结构为主的西方古建筑存在差异。

其次，由于历史的原因，清朝后期国力渐衰，尤其是鸦片战争后，西方对中国文化的看法也逐渐由向往而转为鄙夷，"中国热"渐渐消退，中国文化的价值呈现出弱势的状态。18 世纪之后的大部分西方学者并未把中国尤其是中国的建筑文化放在眼里，仅在版画、插画作品中看到中国建筑的例子，而且由于不明其历史含义和建筑变迁的背景，又较难读懂中文文献，因此对中国建筑的论述并不深入，也缺乏客观性。著名建筑研究者李允鉌在其著作中谈到，19 世纪末 20 世纪初的时候，欧洲建筑学者并未将包含中国建筑在内的东方建筑视为世界建筑中的重要一部分，甚至视之为"非历史传统的"，认为其重要性远比不上西方的传统建筑。一方面是中国建筑可供研究的资料不足，另一方面是西方建筑学者的认识不深，因此他们对中国建筑的评价往往容易产生误解和偏见，甚至用西方的建筑观点来套中国建筑，认为中国建筑不足重视，或者一无可取。比如英国的弗莱彻《比较法世界建筑史》（1896 年）、詹姆士·弗格森（James Fergusson)《印度及东方建筑史》、德国的 Oskar Munsterberg《中国艺术史》、Werner Speiser《彩色插图本东方建筑》等，都是这方面的著作。弗莱彻在《比较法世界建筑史》中提出的观点是，中国人往往醉心于自然之美而不注重由建筑带来的感受，建筑在中国人眼里并不是一种艺术，而是匠人的工作，因此相关的学术研究也并不深入。他以西方建筑的标准来评价中国建筑，而且未深入了解中国建筑的特色，因而对飞檐、屋檐装饰等独具中国建筑风格的重要部分存在偏见和误解。

当然，这一时期，外国建筑学界对中国建筑的论述不都是负面的。比如，日本建筑学者尹东忠太在其著作中曾批判西方人对东方文化艺术的偏见，认为他们对中国建筑所知太少。为了确定日本建筑起源，他数次到中国实地考察，于 1925 年完成《中国建筑史》，这是日本第一部系统介绍中国建筑的作品，第一次将中国建筑确立为独立、稳定的本源性建筑体系。对此后中国营造学社的创立，对梁思成等建筑学家的研究都产生了较大影响。

而德国建筑师恩斯特·柏石曼，则被认为是全面考察和记录中国古代建筑的第一人，他于 20 世纪初对中国十多个省的各类建筑进行考察，包括皇家建筑、祠堂、民居、寺庙等，对晚清中国建筑景观和风格做了大量相片和文字的记录，并从更为深入的角度如宗教、哲学、政治等结合考量，将理论和历史背景与建筑特点结合起来。一位外国建筑师能如此深入了解讲述中国特有的五行八卦、阴阳等理念，反映了其对中国建筑和建筑背后所蕴含文化的兴趣与尊重。柏石曼编写了 6 部论述中国传统建筑的书籍，比如《西洋镜 一个德国建筑师眼中的中国 1906—1909》，成为研究晚清时期中国建筑和历史的珍贵资料。柏石曼在其著作中说："为何在看到中国建筑时从我们的灵魂中会升腾起一种宁静而和谐的感觉？因为我们不仅为看到众多建筑和地面与周围环境和自然的统一……而且我们还感觉到那些建筑本身，不，甚至连同它们的装饰物，都在某种程度上注入了一种鲜活的灵魂。"

这一时期，外国建筑公司也开始在中国建造融合中西方建筑特色的新建筑，如雅礼大学（1917 年）、北京协和医院（1917 年）、燕京大学（1919 年）等，可以反映出西方建筑师对中国传统建筑文化的了解有了一定的深入。

英国建筑师安德鲁·博伊德也是对中国建筑文化持积极态度的学者之一。他曾担任《插图本世界建筑史》（1968 年版）中国部分的编写工作，他在书中写下这样一段前言："中国文化成长于中国本土自己的新石器文化上,不受外来干扰而独立地发展,很早便达到了十分成熟的地步。从公元前七世纪左右的铜器时代直到最近的一个世纪,在发展的过程中始终连续不断,完整统一。"他肯定"中国建筑是中国文化的一个典型的组成部分",中国建筑在发展过程中形成了独特的性格,而且在中国历史中保持了一定的延续性。风水文化与园林文化的社会地位和作用,使它们当之无愧于"中国建筑与建筑环境文化"两大"支柱产业"的称谓,而"有助于造就独一无二的中国文化要旨"①。

但尽管如此,中国社会经历了多年战乱、战后经济重建,后来在政治稳定、经济恢复的背景下,20 世纪七八十年代,尤其是中国改革开放以来,随着中国文化重新开始对外输出,中国在科学技术和文化上的贡献才逐渐得到重新认识。英国学者李约瑟 Joseph Needham 在其所著《中国科学技术史》(1975)中,就比较客观地肯定了东方文明的繁荣与丰富多彩,他不但指出了欧洲学者对其他文明的认识不足,也认为中国的科学工作者对自己祖先的贡献不够重视。李约瑟认为,中国建筑实际上对现代建筑产生了意想不到的影响,比如以"柱网"来布置平面,增加重复单位来解决人所要求的尺度和规模,在建筑空间上合乎人体比例尺度,有节制地设计空间,等等。另外,中国的"框架结构"建筑特点也具有十分深远的影响。他表述道:"中国建筑这种伟大的总体布局,已经达到了它的最高水平:将深沉的、对于自然的谦恭情怀与崇高的诗意组合起来,形成了任何文化都未能超越的有机图案。"他也认为"人不能离开自然的原则"成为"中国建筑的精神"。李约瑟不仅肯定了中国建筑在技术上的重要特征,

---

① 　转引自刘月:《中西建筑美学比较论纲》,复旦大学出版社 2008 年版,第 155 页。

也阐述了中国建筑文化中"天人合一""生态平衡"的内涵。

这一时期,西方世界对"中国风"有了更深的内涵解读,而且不再局限于中国元素的点缀,形式也趋于多样,比如中外友好城市之间的园林捐建就是一种比较普遍的方式。从 1980 年竣工于美国纽约大都会艺术馆的"明轩"开始,中国园林以更为丰富的形式二次走向海外,如蒙特利尔的梦湖园、法兰克福的春华园、纽约的寄兴园、德国杜伊斯堡的郢趣园、温哥华的逸园、悉尼的谊园等,带去了中国各地不同园林的特色。

三、国际生对中国建筑的认知

外国人对中国建筑的评述与态度跟时代背景和中国社会经济的发展密切相关。21 世纪,中国的发展又进入了新阶段,世界地位不断提升,在大力推进城市建设的同时也涌现出了各种新建筑,其中包含众多具有代表性的优秀建筑,雄伟壮观,体现了中国现代建筑理念与技术,引起国内外的关注,也出现了一些建筑乱象,比如山寨、模仿欧陆建筑风,或者价值观失调等,或者破坏原生态山水和自然景观,失去了中国传统建筑理念所注重的对自然、环境的尊重意识。在这一时期,我们可以看到来自国外的各种赞美中国建筑的视频与评论文章,也有对中国建筑进行有意揶揄、误读的声音,比如此前对在建人民日报大楼建筑的嘲讽就是一例。

我们对部分参加中国大学专业学习的国际生进行了一个初步的访问调查,以了解现代外国年轻人对中国建筑文化的态度。调查对象有在读或已毕业的学生,包含本科生、硕士生、博士生等不同层次,身份背景来自各个洲不同国家和地区。我们在对国际生的调研和访谈中了解到,有 81.48% 的人表示对中国传统建筑有比较高的兴趣度,有 79.63% 的人表示对中国现代建筑有较高的兴趣度。可以说,并不是像我们原先预想的那样,外国人只对现代化的摩天大楼感兴趣,他们多数也对古典建筑文化感兴趣。

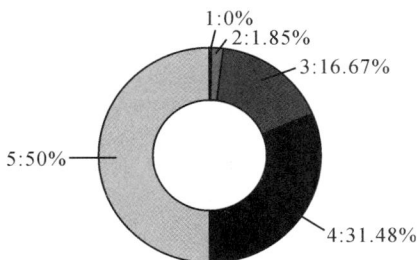

图 4-5　国际生对中国传统建筑感兴趣的程度

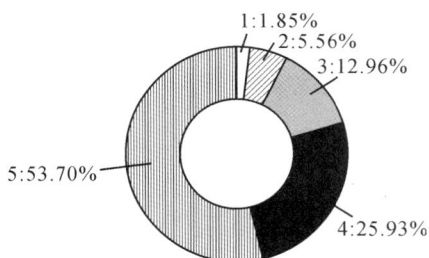

图 4-6　国际生对中国现代建筑感兴趣的程度

注:图中数字 1-5 表示感兴趣程度从低到高,1 表示不感兴趣,5 表示非常感兴趣。

我们也了解了国际生对中国建筑感兴趣的方面,其中有 20% 的人对中国建筑的传统和历史感兴趣,另外还对建筑蕴含的文化、理念感兴趣,比如人与自然的理念、道家思想、风水等,还有人对中国传统建筑艺术比如建筑设计、装饰(木梁装饰、屋檐装饰)、材料等感兴趣。至于目前特别想参观的中国建筑,有 81% 的人表示最想参观中国的传统建筑,多人提到长城、故宫,中国古典园林比如苏州园林,还有塔、寺庙、传统民居等,小部分人提到上海外滩、东方明珠塔等现代建筑。

通过调研,我们也了解到国际生对中国建筑的印象主要来源渠道是社交媒体上的图片与视频,有 80% 以上的学生选择了此项,另外电影和学校相关课程也是比较重要的了解渠道,有人表示在中国留学期间,观看了大量的电影和电视剧,比如历史剧中所展示的古典建筑如传统寺庙,总有一种平静氛围,给他们留下了深刻的印象。总的来说,选择通过书籍、旅游参观的方式的比例比较低。由于疫情的特殊原因,部分受访学生尚未入境留学,部分学生在中国逗留的时间尚短,亲身体验的机会还不多。

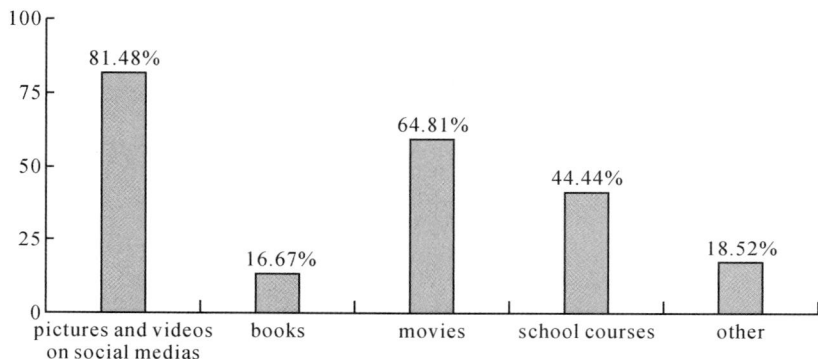

图 4-7　国际生对中国建筑印象的来源渠道

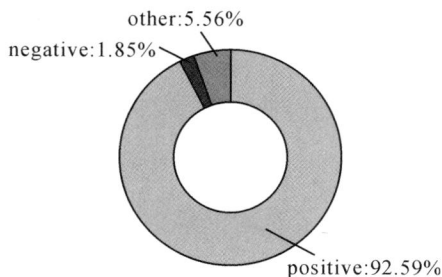

图 4-8　国际生了解到的中国建筑相关信息倾向性

谈到外国人如何评价中国建筑这一话题,在短视频时代和碎片阅读时代,人们可能会联想到外国网友对中国现代奇葩建筑的热议,容易产生外国人对中国建筑看法比较负面的误解,或被《外国人眼中的中国建筑有多震撼》这一类标题吸引眼球,一味地认为外国人对中国建筑文化充满了崇拜赞美之情。我们了解到受访国际生中有近93％的人,认为在网上读到的有关中国建筑文化的信息主要是倾向于积极方面的。这看起来的确是一个令人欣慰的数据,在一定程度上反映出现阶段人们对中国建筑的正面印象。

四、关于中国建筑文化传播的思考

关于中国建筑文化的中文纪录片不少,比如《中国古建筑》《消失的建筑》《园林》等,用英文讲述的外国纪录片数量则比较有限,除了《层层透视古建筑》《漫游世界建筑群》《文明》等包含涉及中国建筑的内容,还有NHK制作的中国建筑文化短片,另外五洲传播中心与Discovery亚洲电视网联合制作的系列纪录片《中国建筑奇观》,是以西方的视角来展现中国具有代表性的古今建筑地标景观与人文内涵。总的来看,完全由中国制作的英文纪录片还比较少见,如何立足本土文化,从中国自身出发,对外讲好中国建筑文化的故事,还有发展的空间。

在西方建筑风格、价值观和文化理念在城市中逐渐渗入的今天,我们需要文化自信,需要提高对中国建筑文化的自信心,杜绝对国外建筑作品的生硬抄袭,同时,要更好地传承传统建筑理念,使其与现代建筑文化以一种更和谐的方式进行结合,避免生搬硬套传统文化符号的做法。目前在中国工作的许多西方建筑师和规划师中,大多数还存在对于中国当下的社会、政治、文化环境仍缺乏足够了解的情况,在观念上还存在文化理解障碍甚至误解,比如广州融创剧院的设计就是一个典型的例子。另外,我们也有必要让建筑文化的更多方面和特色得到传播,从而使外国人能够更好地理解中国的建筑理念,而不是一提中国建筑,就只将关注度放到长城、故宫上。

第五章
中国人的语言与习俗

第一节　传承创新：镜像视角下的中国节日

近年来，传统节日的保护和传承受到越来越多的关注。2005 年，中央宣传部、中央文明办、教育部、民政部、文化部共同印发《关于运用传统节日弘扬民族文化的优秀传统的意见》。2006 年，国务院公布了第一批非物质文化遗产名录，春节、清明节、端午节、中秋节等传统节日榜上有名。2017 年，中共中央办公厅、国务院办公厅印发了《关于实施中华优秀传统文化传承发展工程的意见》，要求实施中国传统节日振兴工程。节日是文化的重要组成部分，中国传统节日文化是中华民族传统文化的重要载体，其形成和发展过程既是历史的传承，更是人民生活方式和价值观念的重要体现。因此，中国传统节日"回温"得益于政策的引导，也出于人民自身的情感需求。

与国内对传统节日的重视一脉相承的是，伴随着中国经济实力和国际影响力的提升，近年来中国传统节日的海外传播力度也在不断加强。

以春节为例,海外庆祝中国春节早已不是新鲜事,各国政要恭贺中国新年、各国民众与当地华人华侨共庆佳节的新闻更是屡见报端。以 2021 年春节为例,在中国农历牛年春节即将来临之际,不仅各国政要发表新春贺词,各地民众更是早早准备起了庆祝活动——世界地标纽约帝国大厦点亮"中国红",舞龙舞狮走上阿根廷的街头,曼谷的大街小巷都洋溢着春节的喜庆,泰国政府更是首次将春节列为法定节假日……

　　但令人遗憾的是,除了春节,其他的中国传统节日在国际上并没有太大的文化影响力。近年来,某些中国传统节日在国际传播中甚至可能面临着某种困惑。例如,2005 年 11 月 25 日韩国江陵端午祭被世界教科文组织指定为人类口头和无形遗产。虽然江陵端午祭主要是韩国江陵地区农民在端午节气时间里特有的一种巫俗祭祀活动,与中国人的端午节来源相去甚远,但此事仍然引起了网友的热议。奥飞娱乐出品的动画片《超级飞侠》第四季第 25 集中提到了韩国的中秋节,并介绍中秋节是韩国最重要的节日之一,大家有吃松饼的习俗。因为节日的时间和名称与中国中秋节一致,网上因此出现了"中秋节是中国的还是韩国的"的讨论。

　　那么,在文化传播的过程中,外国人如何看待中国传统节日? 他们了解多少? 认同哪些? 需要什么? 这些问题对传统节日和文化的海外传播至关重要。我们以在其母国生活的 18—30 岁的外国青年为主要考察对象,结合新闻媒体的相关报道,在镜像理论的研究视阈下探讨中国传统节日海外传播的现状和策略。本次采样对象为随机选择,虽在样本数量上具有局限性,但仍可作为参考。

一、外国人关于中国传统节日的认知

　　毋庸置疑,春节是中国传统节日中海外知名度最高的。一到春节,海内外可谓是"普天同庆"。里安、萨尔和阿里是三位从未到过中国的也门人。他们从脸书、推特或朋友的言谈中知道了中国人庆祝春节,虽然他们并不了解中国春节有什么习俗,但从图片和视频里可以感受到中国春节很热闹也很有意思,他们很欢迎中国人在海外开展节庆活动。戴维斯是坦桑尼亚人,他曾在中国留学。但让人意外的是,虽然有在中国留学的经历,戴维斯也仅知道中国春节,对春节的习俗一无所知。当被问及原因,戴维斯解释说他没有什么机会参加中国春节的活动,对中国的节庆活动也不是很感兴趣。奥克塔薇尔、苏珊娜和戴维斯一样,都曾在中国留学,她们听说过多个中国节日的名字,比如春节、元宵节、清明节、端午节等,但关于这些节日的习俗和节庆活动了解得不多。亚伯拉罕是印尼人,他对中国传统节日的了解也仅限于春节,他听说,春节的时候中国人会去亲戚朋友家,并且会送红包。

从上述调研结果可知,不论是否来过中国,外国青年普遍了解的中国最重要的传统节日是春节。这是近年来中国传统节日海外传播的积极成果,值得肯定。但同时这也给某些对这个遥远的东方古国不甚了解的外国人造成了一些困扰:中国传统节日就是自己的新年,他们这个时候会舞龙舞狮、送红包、吃饺子。这种将中国节日简单等同于春节的想法可看作一种误读。不可否认,春节是中华民族最重要的传统节日之一,在海外也最具知名度,但从文化内涵的角度来看,春节不能等同于中国传统节日。中国传统节日是服务于农业生产的时令节点,代表的是祖先们对社会生活的美好向往。这种美好向往既有关于生产的,也有关于生活的,既有关于亲情的,也有关于爱情的。如果把春节等同于中国传统节日,显然过于片面,建立于这一基础上的认知,必然也是片面的。

尼古拉斯和露辛达对中国传统节的了解是两位印尼年轻人,他们祖父辈均有人来自中国,他们是海外华人的后代。尼古拉斯曾在中国留学和旅游,他对中国传统节日可谓如数家珍:不仅对春节、清明节、端午节、中秋节所知甚多,还知道关于元宵节、七夕节、重阳节的相关知识。在他的理解中,中国传统节日的习俗基本都与"吃"相关,比如元宵节吃汤圆、端午节吃粽子、中秋节吃月饼、春节吃饺子等。他对中国节日的海外传播有着积极的态度,他觉得在印度尼西亚庆祝中国节日很有意思,他也很愿意参与相关的庆祝活动。露辛达的情况也差不多,她关于中国传统节日的认知主要来自她的家人和朋友,而且她对民俗的了解也比较丰富,比如她提到中国春节时大家会互送红包,清明时中国人会扫墓祭祖,等等。参考学者们的研究数据,东南亚地区大约有 2780 万华人居住,占海外华人总数的 70.59％。其中印尼约有 1000 万华人,占印尼总人口的 5％,是世界上海外华人数量最多的国家。从这一角度来看,印尼人对中国传统节日有较多、较准确的了解便不意外了。

但从尼古拉斯和露辛达的情况来看,我们还可以观察到另一个重要信息。在中国传统节日的海外传播中,"吃"常常是一个重要的活动设计。如果对方是通过媒体获得相关信息,那么他对于节日习俗的理解便会流于表面(如中国人春节就是吃饺子)。如果对方是通过华人家庭获得相关信息,那么他对于节日习俗的理解便会比较具体(如中国人春节时重视团圆,会走亲访友、互送祝福)。

同是东南亚国家,泰国的情况便大不相同。首先,泰国人对中国传统节日种类的了解比较有限。维萨是一个从未到过中国的泰国人,她从家人和朋友那里听说过中国春节,但对习俗几乎一无所知。当被问到是否想要体验中国传统节日时,维萨觉得如果相关的活动有意思的话,她很愿意参加,可见她对中国传统节日抱有兴趣和好感。潘、科特、尼可、西奇都曾到中国旅游或者学习,但他们对中国传统节日的了解也仅限于春节、端午节等节日。其次,泰国人对中国节日的习俗所知有限,甚至有一定误读。比如,尼可觉得春节时中国人喜欢出去购物,科特仅知道中国人过节时大家要给钱,潘认为中国节日时大家要吃蒸鱼、蒸鸡和面条,西奇认为中国节日的习俗就是有龙和鸭子。上述关于中国传统节日的信息主要来自他们的朋友、家人或者脸书、推特,信息在"口耳相传"的过程中会表现为琐碎的、片面的、再造的。这或许可以解释为什么上述泰国人对中国传统节日的习俗有所了解,但又有较多偏差或误读。

总的来说,外国青年关于中国传统节日的认知呈现以下特点。第一,在众多传统节日中,春节的海外认知度和接受度是最高的。由于社交媒体的发展,不论是否来过中国,"中国人有自己的新年"已经为外国青年所知晓。第二,外国青年关于中国传统节日的认知呈现出极大的差异性,海外华人群体是中国传统节日海外传播的重要依托。首先,是否曾在中国学习生活会影响外国青年对中国节日文化的认知;其次,是否有华人家庭背景会直接影响外国青年对节庆民俗的了解程度以及他们对于中国节日的关注度。第三,是否有较为准确的传播渠道和是否有文化共通的基础是影响节日习俗和文化海外传播的重要因素。如果只是在社交媒体上接触过相关信息,外国青年对中国节日往往会产生一定的误读,如果是自己亲身体验过当地的中国节日活动,其认知虽然可能片面,但一般会更准确。第四,性别和年龄会对节日文化的海外传播形成干扰。在我们的调研过程中,老年人似乎对外国节日没什么兴趣,甚至个别人会对当地民间团体大肆庆祝中国节日表示反感。就青年群体而言,虽然他们在文化多元性上抱有更开放的态度,但总体上看,女性似乎更愿意参与体验中国节日的民俗活动。

二、自我镜像与他者镜像中的中国节日

跨文化传播是一个镜像认知的过程。拉康将人类意识发展分为三个阶段："现实界"(the Real)、"想象界"(the Imaginary)和"象征界"(the Symbolic)，分别用"需要"(need)、"要求"(demand)和"欲望"(desire)三个特点加以标注。黄丽娟主张在拉康看来自我一开始就是一个幻想或影像，借助于他人而诞生，它永远是想象关系不可或缺的一方，"他者"(即镜中影像)产生于想象和自我与镜中影像的认同过程。[①] 就跨文化传播来说，发送者企图通过文化内容、行动和符号等构建一个自我镜像，但接受者会根据其需要、要求和欲望生成一个他者镜像。他者镜像形成的过程可能是有意的、自知的，可能是无意的、不自知的。自我镜像与他者镜像之间的偏差正是对文化的误读，偏差越大，误读越多。具体到中国传统节日的海外传播，我们认为造成相关偏差和误读的因素主要有以下三点。

(一)文化背景是最大的干扰因素

文化背景决定了他者镜像生成的"欲望"。东亚和东南亚国家不论是从地缘政治的角度，还是海外华人影响力的角度都有比较好的中国文化传播土壤，相关国家对中国文化的接受度也较高。因此，不论是否有来华旅游或学习的背景，东亚和东南亚国家民众对中国传统节日的认知都较为丰富。大部分的人听说过除了春节之外的中国节日，并且了解某些节日习俗。这与地缘较远的(如非洲)或文化差异(如宗教差异)较大的国家

---

① 黄丽娟：《从拉康"镜像说"解读"他者"的含义》，《沈阳师范大学学报(社会科学版)》2008 年第 6 期，第 86—87 页。

民众对于中国传统节日的接受"欲望"形成鲜明对比。例如,非洲国家的民众即使有来华留学的经历,他们对中国传统节日的了解和接受仍非常有限。文化背景不同是形成文化误读的内因。

(二)宣传内容较为集中

推广中国春节是近年来中国文化海外传播的重点。根据《人民日报(海外版)》2019 年 2 月 4 日第 5 版中的相关报道,2019 年文化与旅游部启动了全球"欢乐春节"活动,并在 133 个国家和地区的 396 座城市开展了 1500 余场活动,涵盖演出、展览、庙会、广场巡游、非遗互动、讲座论坛、冰雪龙舟等 30 多种类型。这种文化传播策略有利于短期内让尽可能多的外国人了解一定的中国节日,有助于宣传当代中国和中国人的精神面貌。但也有其弊端,即让外国人对中国节日形成片面的认知。比如,在我们的调研中就有外国青年认为中国传统节日就是发红包、吃饺子,更有人将个别中国元素和传统节日文化等同起来。这使得节日文化的海外传播停留于表面的形式,而不利于外国人真正理解中国文化。

(三)活动内容比较单一

由于中国传统节日海外传播的重点是春节,因此大部分的活动也是围绕春节来设计的。外国人对中国节日的基本理解是发红包、走亲访友、吃团圆饭等。诚然,这些活动让人感受到了中国节日的热闹氛围,但也可能导致"中国新年类似于圣诞节"的误读。我们认为这是不合适的。西方的圣诞节是源于宗教的节日,而中国的春节既包含了一些民间故事,更是源于大自然本身的召唤。正如前文提到的,中国传统节日的形成与中国农耕社会的传统密不可分,在中国较重要的 20 个传统节日中,来自日月时令交会的（或与之有关系的）就有 16 个。但在目前只推广春节庆祝类活动的现状下，在他者镜像的生成中自然会出现中国节日就是讨彩头（如发红包、舞龙舞狮等）、求热闹（如走亲访友、放鞭炮等）等误解。

三、中国传统节日的海外传播策略

节日文化是中国传统文化的重要组成部分，中国传统节日的海外传播是突破文化壁垒、打造文化"软实力"的重要手段和机会。在新时代中国"走出去"的今天，如何利用好这一平台，是值得思考和讨论的。在镜像研究的视阈下思考这一问题，有助于发现不足，从而在文化传播中"有的放矢"。

（一）突出传统节日的现代价值

文化差异和隔阂直接导致接受者在面对文化传播时无"欲望"。换言之，接受者觉得发送者提供的文化信息与他无关，他没有"欲望"接收相关内容，甚至拒绝接受文化传播。因此，中国传统节日走出去的第一步就是要突出传统节日中所反映的跨文化现代价值观，先与文化接受者形成共鸣，再将其关联到中华民族的核心价值观。

中国传统节日讲求时令，通过节日来表现人类生存与自然发展的结合。以春节为例，春节是农历年的第一天，在每年的正月初一，代表着旧历年的结束，新一年的开始。它本由岁首祈岁祭祀演变而来——上古时代，人们在万象更新的岁首举行祭祀活动，敬天法祖、驱邪攘灾、祈岁纳福，而后演变为各种庆贺新春的活动和民俗。春天作为四季的开端，伴随着气温的回升，人们又要开始新一年的劳作，因此，其他国家也有春天的节日。以俄罗斯的谢肉节为例，大约在每年的 2 月底至 3 月初，俄罗斯人会在这个节日里庆祝春天的来临。其中,最传统的习俗是吃一种圆形烤薄饼,烤饼颜色金黄,象征太阳。此外,俄罗斯人民还会烧稻草人,寓意将冬天送走,迎接春天的到来。由此可见,将节日与自然更替、人类生活相结合是人类文化中的共性。因此,除了体现春节喜庆热闹的气氛外,在海外宣传中,我们也可以加入一些新年伊始的元素,从而形成更好的文化认同。

此外,中国传统节日重视家庭、追求和谐的文化内涵也是一种跨文化价值观。以中秋节为例,东亚国家基本都有过中秋节的习俗,日本的月见节、韩国的秋夕节和中国的中秋节有一定的相似性。日本人在月见节一般会吃江米团子。而韩国的秋夕节则更为隆重,韩国人有在秋夕节祭祖扫墓、追忆祖先恩德的传统。显然,秋夕节与中国的中秋节不一样。中国中秋节源于天象崇拜,自古就有祭月、赏月、吃月饼、玩花灯、赏花饮酒等民俗。从文化角度看,"月圆人团圆",团圆是中秋节最重要的内容之一,明代文学作品中还有将中秋节称为团圆节的记载。团圆体现了中国人重视家庭、追求和谐的价值观,可以引起大多数人的共鸣,如果以此为出发点传播中国传统节日,有助于跨文化者在心理上实现认同和接受。

(二)创新活动设计

内核有侧重,外在的形式也应该有创新。在传统节日的推广活动上,设计者应尽量满足接受者在形成镜像过程中的"需要"和"要求"。随着中国综合国力的提升,外国人对中国充满了好奇,特别是外国青年对中国传统节日基本持开放和欢迎的态度。如何把这种好奇转化成体验中国传统节日、了解中国文化的动力?"如果活动有趣,我很愿意参加。"这基本是外国人的回答。我们认为,如果文化内核不变,传播形式稍微有别于国内

"正统"的节日习俗也无伤大雅。以春节为例，海外推广的活动平台主要是庙会和庆典，活动设计也以传统民俗为主，如写"福"字、写春联、吃饺子、发红包、舞龙舞狮等。但是汉字与汉语本身就为文化活动的开展设置了一定的门槛，对某些元素的理解也存在较大的差异，因此，这些活动的开展并不一定能让外国人真正参与进来。相较于这些正统的春节活动，设计一些门槛较低的、文化冲突较少的歌舞类或者游行类活动或许更能鼓励普通民众参与进来。此外，活动的体验感也很重要。如何在此基础上进行创新，是活动策划者需要思考的。

（三）将节日变成假日，增强参与度

节日是文化的重要载体，是一种全社会参与的实践活动。它不仅有具体的历史渊源和民俗内容，更蕴藏着丰富的文化财富。而假日只是民众放假或休假的日子。我们主张，在中国传统节日的海外传播过程中，需"因地制宜"。依据文化背景的不同进行有针对性的设计，并且将我们的节日包装成对方的假日，因而满足文化接受者的需要。

以圣诞节在中国为例。西方传统节日圣诞节是基督教纪念耶稣诞生的重要日子，作为一个宗教节日，它在中国的传播缺乏文化土壤。但是近年来，很多中国青年也有了过圣诞节的习惯。那么，中国青年是真的在过节吗？对此，我们持怀疑态度。与其说中国青年是想过节，不如说他们在放假——在中国，圣诞节更像是一个狂欢日，电影院有新电影，商场有促销活动，青年们在这种热闹的气氛中聚餐欢笑。至于圣诞老人会不会来，他们并不在乎，也不相信。而西方圣诞节的火鸡、姜饼等传统食物，家里布置的圣诞袜、圣诞树等传统装饰，中国人也并不热衷。

换位思考一下，本国人过传统节日多是出于文化和情感的需要，这种

需要对外国人来说是不存在的，也是难以生搬硬套的。商家需要的是商机，普通民众需要的是娱乐和放松。因此，我们可以效仿圣诞节在中国的推广，把中国节日在海外的传播包装成一种休闲活动，结合当地文化凸显一到两个中国元素，在宣传中国文化的基础上，重在鼓励当地民众参与和体验。通过长期的宣传过程使外国人从知道某些中国传统节日的存在，再到了解这些节日的习俗和某些中国元素，最后再通过节日文化认识中国。总的来说，中国节日的海外传播是一个长期的过程，活动设计者需要根据对方的"需求"进行创新和创造，让文化接受者以娱乐为目的参与进来，以了解为结果离开。

第二节　情感共通：合辙押韵的古诗词

"山川异域，日月同天。""岂曰无衣，与子同裳。"2020年在中国新冠肺炎疫情暴发期间，人们一度被日本捐赠物资上的诗句所感动。此后，世界疫情渐起之时，中国的抗疫物资也带着充满温情的诗句驰援他国。中国古典诗句穿越历史时空，穿越国界，仍然能让人感受到带着诗意的关怀。

谈到外国人与古诗词的话题，一般人印象最深的可能就是外国选手在"汉语桥""中国诗词大会"等电视节目或比赛中的表现，肤色各异的外国青年对古典诗词熟稔于心，不仅有丰厚的诗词积累，更心怀对中国诗词和中华文化的热爱和向往。

外国人读中国诗词吗？答案是肯定的。有些外国人不仅感兴趣，还成了古典诗词迷。一般来说，读中国诗词的外国人是有一定汉语基础的。网上有一段视频，记录的是"歪果仁协会"对北京市"未来领袖　青春使者"国际青年夏令营参与者的采访，视频里的夏令营成员几乎每一位都对中国诗词有一定程度的了解，不仅能随口背诵几句，而且对诗词名家如数家珍，了解的诗歌范围也非常广泛。他们认为读中国诗可以领略到优美的自然风景和独特的边塞风情，体会古人的境界，让人放松。甚至还有人表示以后要在自己的国家开设中文学校，教中国诗词，把中国文化传下去，可见这一批国际青年对中国古典诗词的热爱。我们还读到了许多外国人与中国诗词结缘的故事，除了汉学家，普通的外国人也会在日常生活中与诗词不期而遇，比如在友人相赠的中式陶瓷花瓶上看到一首古诗，听邻居朋友介绍一首古诗,在祖先传下来的家训上读到一首古诗,然后就为古诗不仅有艺术性,亦有文字性。

外国人为什么读诗?对于爱读中国诗的外国人来说,诗歌有着无穷的魅力,参加诗词大会的美国选手伍淡然是毛泽东诗词的爱好者,他喜欢诗歌里壮丽澎湃、激动人心的词句,读那些诗词,他"感觉能看到当时的情景,长征的场面,红旗万卷飘扬"。印度尼赫鲁大学教授莫普德从16岁便开始通过英文译本读李杜的诗歌,因为感觉译本使诗歌失去了原来的韵味,就产生了学习中文的动机,学成后翻译了多部中国诗歌作品,在2012年翻译出版了毛泽东的诗词,在印度引起较大反响。对于有些外国人来说,中国诗词不但可以帮助他们找到情感的寄托或者表达,也在一定程度上帮助他们跨越中外文化的鸿沟。

一、亚洲人读中国古诗词

相比其他国家,汉字文化圈里的国家从古至今仍然保留着学习中国古典诗词的文化传统,对诗词的理解与接受度也比较高。

在上海念博士的越南青年 Tran Ba Hieu 是一个中国诗词迷,他在唐诗中看到了"各行各业和各种类型的情感,形式上的规律性,韵律和声和音节的独特性",这让他对中国古代的生活有了深刻的了解,也使他的思想变得更为深刻。诗词已刻入他的记忆中,因此当他在看到美丽的风景或者处于一种特殊的情感状态时,就会联想到某一首诗,比如登山时想到《登鹳雀楼》,孤单时会想起陈子昂的《登幽州台歌》,想念家人时会想到"独在异乡为异客,每逢佳节倍思亲"。他对唐诗的评价是:唐诗包含了人类可能遇到的所有风景。所以,一位外国人能从"他者"的不同角度解读诗歌字词,努力地探究其中深意,并与生活中的微小情绪联系起来,更好地理解诗词,这比起我们一些人用纯粹机械的背诵与记忆要有意义得多。

　　我们从对越南学生的访谈中了解到,越南人在学校里会接触到中国古诗的学习,一般上初中时开始学习这方面的内容,其中大部分是唐诗。因此上过学的越南人应该都对中国古诗有所了解,特别是李白的诗。他们学习的是汉越文版和越南语翻译版的古诗,汉越文比越南人平时用的词语难,其中的汉越词是从汉语中借用的,一些词读起来在发音上很像汉语词。作为"汉字文化圈"国家之一,越南曾长期以汉字作为官方语言,历史上出现过有名的汉诗诗人白毫子,越南国王胡季犛的汉诗水平也较高。相对而言,越南人因为接触中国古诗的时间较早,由于历史文化的原因也比较容易读到古诗,所以人们容易对古诗产生兴趣并达到更深的理解。因此直到现在,还有很多越南老人会写汉字,有不少年轻人到中国进修汉语。越南人在春节或者孩子参加高考的时候会去向老人要字,用以祈求好运。

　　在"汉字文化圈"的另一国家日本,孩子们一般在初中和高中时学习中国的古诗,会学习杜甫、李白等诗人的作品,其中就有《春望》。据说,他们的国语课要学汉诗和古文,有时在高考试题中也会出现汉诗。《枫桥夜泊》在日本也非常有名,东京的寒山寺刻了《枫桥夜泊》的诗碑。在日本的许多民宿酒店、茶馆、拉面馆乃至博物馆、文化馆等都能看到这首《枫桥夜泊》。日本把这首诗列为汉文课本的第一首,此诗更得以广为流传。清朝的国学大师俞樾在《新修寒山寺记》写道:"凡日本文墨之士咸造庐来见,见则往往言及寒山寺,且言其国三尺之童,无不能诵是诗者。"①据说,因为这首诗,日本产生了各种"寒山"文化,比如以此命名的酒、精品墨块等。

① 引自"世界华人同刊"公众号文章《一首唐诗,影响了今天日本的一个年俗》,作者李思远,2018年2月16日。

说到唐朝的寒山,他经历坎坷,曾与拾得和尚为友,讨论佛学与文学,文学造诣较高。拾得后来远渡日本,成为佛教宗师,并将寒山的思想、诗句传到日本,"寒山诗"在日本文学史上有重要地位,在宗教、艺术、美学、商业等不同领域对日本文化产生了一定的影响。

日本人比较能引起共鸣的诗句还有杜甫的"国破山河在,城春草木深""无边落木萧萧下,不尽长江滚滚来",陈子昂的"念天地之悠悠,独怆然而涕下",李商隐的"昨夜星辰昨夜风",等等。白居易的感伤诗、闲适诗,更受到较多人的喜爱。这也反映出中日两国人民在诗歌风格上的不同倾向性,对于中国人来说,白居易作品的价值不仅仅在感伤诗和闲适诗,其他体现诗人心忧天下的讽喻诗、杂律诗同样也值得欣赏和学习。在日本的文学作品中,白居易的诗篇被多次引用,比如随笔文学《枕草子》引用共计 29 处,而深受《长恨歌》影响的《源氏物语》引用白诗多达 100 余处,嵯峨天皇曾设置宫廷侍读官专门讲解白居易的诗,使得白诗成为天皇以及贵族们的必修课,可见白居易诗作在日本的影响之大。

有学者分析,日本人在学习中国古代文学时,有选择性地接受了与日本文化相似的部分。日本由于其所处地理位置易发生自然灾难,因此日本人容易形成万物流转的无常观与人生的虚幻感,这也是日本文化中独特的"物哀"美学观,睹物伤情,物我同悲,再加上平安时代政治黑暗的社会背景,因而唐诗中触景生情的主题、感伤的诗歌风格较能触动日本人的心弦,比如寒山诗的意境、白居易的感伤诗等。

中日文化在隋唐时期交流非常紧密,日本的中央政权曾十数次派遣大规模的遣唐使团及留学生、学问僧等到中国学习,带回去的唐文化给日本注入了新鲜的血液。诗歌总集《万叶集》借鉴中国诗歌的题材、形式和分类方法,而且还收编了部分汉诗,可谓中国文学对日本古代文学产生影响的明证。江户时代著名的俳句作家松尾芭蕉就是在钻研了李白、杜甫、寒山等诗人作品的基础上创立了高雅的韵文学。据记载,日本的大正天皇还著有《汉诗集》。日本人在尝试创作汉诗时非常严谨,他们会查阅字典或有关汉诗押韵平仄的网页来确认汉字的音韵声调。除了写汉诗,日本仍保留着与中国古代吟诗方式类似的"诗吟"艺术,将吟汉诗配上扇舞、剑舞等进行表演,他们有各种不同流派并会定期举行诗会和比赛。据日本《中文导报》,2020 年 1 月东京还开设了中国诗歌春晚的日本会场,与北京会场进行了相隔时空的诗意互动。

　　韩国在历史上与中国文化的交流也十分密切,曾长期使用汉文字。历代以来,大量中国诗人的诗集直接经由韩国文人介绍给他们的国人,而且一些作品还加上了翻译和注释以便赏读理解,韩国后来出现的多部诗话作品都对中国历代诗人给予了高度评价,包括屈原、李白、杜甫、白居易、苏东坡等文人及其作品。其中杜甫更是得到了不同角度的各种评价,涵盖了其诗歌内容、语言、艺术风格等各方面,突出了他在中国诗歌史上的地位。据说,早在 1483 年,韩国就已将杜甫的 1400 多首诗歌全部翻译成了韩语。历史上随着中国古诗的逐渐传入,韩国也出现了用汉字创作的汉诗,在韩国古代达成了辉煌的成就。这一方面是由于中韩之间交流的频繁,另一方面是由于韩国历代统治者对汉诗的重视,据说当时如果一个人能接触到中国诗词,并且还能进行创作,不仅代表他学富五车,更是其身份地位的象征。历代韩国诗人持续地进行学习和创作,因此汉诗在创作题材、形式、风格上都非常多样。被誉为韩国汉诗鼻祖的崔致远,在唐朝求学十余载,与唐朝文人结交甚广,留下了大量优秀的汉诗作品,有些还被编选进诗集中,所获评价极高。唐以后的宋、明、清时期及至近代,两国的文人之间仍然保留着互赠诗文、酬唱和诗的传统,韩国涌现了如朴寅亮、金覩、李齐贤、李德懋等一系列优秀的汉诗、汉词创作家。

韩国从 20 世纪 70 年代起停止小学汉字教育,但由于比较重视传统文化,中国古诗词的教育仍然在继续。我们在访谈中了解到,韩国人在小学时就要学习古诗词,初高中时则要进行深度学习,他们的课本中也收录了《春望》等诗词,与日本类似,在重要的高考中甚至也会涉及古诗词的内容,由此可见,他们对新一代的诗词教育仍然是十分重视的。然而,就汉诗创作来说,现在会写的只有汉学家、儒学家了,而且如果不经专门学习,认识汉字的韩国人也寥寥无几了。

可以说早年受到汉文化影响较深的国家,或者曾以汉字作为书面文字甚至口语的国家,有长期学习中国诗和创作汉诗的传统,他们的年轻人在理解中国古典诗词方面相对更为容易一些。我们也了解了印尼、新加坡等国的情况,他们的学校里就没有中国诗词教育的传统。在印尼,一些教中文课程的学校可能会涉及古诗的教学;在新加坡的国际学校里,如果有中国人较多的班可能会教授一些古诗词方面的内容,而一般的学校则不安排这样的教学内容。

二、西方人读中国古诗词

中国古典诗词在西方也有一批追随者,其中一部分是精通汉语的汉学家,他们以饱满的热情,持之以恒地从事着诗词翻译与研究的工作。另一部分是并未掌握汉语的诗人,他们接触到中文诗词的其他外文译本后,进行再次品读、翻译、再创造,传播给更多的读者。可以说,百余年来,中华诗词在海外的翻译与传播中,国外的诗人与翻译家做出了巨大的贡献。还有一类诗词爱好者则是不懂汉语的读者,他们只能通过诗词的译本进行学习欣赏,但也被中国古典诗词的魅力深深吸引,甚至从而产生了学习汉语的想法,并不远千里到中国求学深造,以读懂原汁原味的古诗词。

在历史上,很多西方诗人深受中国古诗尤其是唐诗的影响,甚至还由此诞生了重要的诗歌流派。美国诗人艾略特·温伯格曾言:"英美诗歌与欧洲其他国家诗歌的发展不同,最重要的原因是受到中国诗歌的影响,这可以追溯到 1911 年庞德的意象派宣言。"实际上,国外的意象派诗人就是将中国诗词介绍到英语世界的主要介绍者之一。赵毅衡在《意象派与中国古典诗歌》一文中提到,英美的意象派受中国古典诗歌之惠非常深重。意象派就是 20 世纪初在多种国外影响之下开创出来的新诗路,他们强调诗人应当使用鲜明的意象来表现诗意,诗人的情绪要隐藏在意象背后,其主张与中国古诗尤其是唐诗绝句和宋词小令的特点正好契合。翻译成英文的中国诗词通常比较简洁、优雅,具有强烈的意象和浪漫感。同时,由于诗句的句法结构特征,中国古诗从字面上看,用词与句法比较简洁,略去了各种连结词和句法标记等,这种特殊的形式也十分契合意象派"绝对不用无益于表现的词"的原则。

意象派前期的主要代表人物埃兹拉·庞德曾表示:"正是因为有些中国诗人,满足于把事物表现出来,而不加说教或评论,所以人们不辞繁难加以移译",他的《华夏集》(*Cathay*)翻译了十五首李白和王维的短诗,在美国的现代文学史上有重要的地位,触发了英美诗坛翻译中国古诗的热潮。庞德后期的作品如有名的诗篇《地铁车站》中也可以非常明显地看到中国古诗的影子。除了庞德,叶芝对中国古诗的喜爱也达到了如生命般钟爱的地步,可以说 20 世纪中期的美国诗人尤其是意象派诗人都直接或间接地受到了中国古典诗词的影响。W. S. 默温曾翻译过不少中国古诗,他也曾写过 *A Message To Po Chu-I*,*A Letter To Su Tung Po* 等作品,在诗中与白居易、苏东坡等诗人进行对话。加里·斯奈德曾研究翻译寒山的诗歌,并在美国掀起一股"寒山热",使得禅修的思想流行开来,而且他在诗中塑造的寒山形象受到了 20 世纪六七十年代美国"垮掉一代"和"嬉皮士"的热烈崇拜。

谈到读中国诗的美国人,不得不提哈佛大学的美国汉学家宇文所安,他以中国古典诗歌为主要研究方向,自称"唐诗王国的异乡人"。他曾编著有关中国文学尤其是唐诗的论著十多部,在他看来,中国的古典诗里"有更多人与人的交流,有日常的东西,它抓住某个瞬间,让生活值得流连"。他正是在十几岁的时候偶尔翻到一首唐诗,19 岁开始学习汉语,从此结了中国诗缘,逐渐痴迷于中国古典文学的研究,据说迄今已读了上万首唐诗。他在著作《追忆》中,从全新的角度,探讨了中国古典诗词中的记忆与时间问题,他尝试"把英语'散文'和中国式的感性进行混合",展示了他作为一名西方学者看古典诗词的独特方式,著作中蕴含的丰富思考和浓厚热情感染了很多中国读者①。从宇文所安的角度来看,中国古典文学包括唐诗对现代人仍存在宝贵的审美价值,值得更多人来欣赏,可惜除了日韩之外的很多外国人对此还不甚了解。

德国与中国古典诗歌文化的交流早在 19 世纪就开始了,学者们最初是从法语和英语翻译作品中了解到中国的文学和哲学思想,他们也将很多中国作品翻译成了德语。诗人与汉学家沃尔夫冈·顾彬在 1967 年读到了庞德译作《黄鹤楼送孟浩然之广陵》,从此与中国文化结缘,他读懂了李白诗歌的美并为之震惊,从中看到了诗歌所带来的广阔的思路和可能性,这也为他打开了中国古典文学之门,他先后翻译了上百本中国古代诗词和现当代文学作品。他认为"中国的诗歌完全改变了我的生活,完全改

---

① 《让唐诗走向世界　美国人宇文所安缔结中国诗缘》,中国侨网,http://www.chinaqw.com/news/200904/20/160244.shtml。

变了我对世界的理解和立场",甚至戏言"想做德国的李白"。所以无论在公开言论还是学术专著中,顾彬都对中国诗歌褒扬有加:"我钟爱它(中国诗歌)不仅是在漫长的中国文学史之中,而且也远远超越了中国文化的界限。在第一位德国诗人出现之前,中国的诗人们已经进行了2000多年的诗歌创作,只在若干世纪之后,一位德国诗人才终于能够与一位中国诗人相提并论。"在他看来,中国文化一直影响着德国文化。[①]

古典诗词传到法国是在19世纪下半叶,当时的《北京耶稣会士杂记》中就有介绍李白、杜甫的内容,汉学家埃尔维·圣·德尼侯爵在日文版的唐诗译作基础上翻译出版了《唐诗集成》,他曾发表高度评价:"孔夫子故土的诗人们……也有自己的伟大时代……这就是唐朝,就是杜甫、王维和李白……这几位享有的盛名超过古罗马诗人贺拉斯和维吉尔。"德尼侯爵的译作对其他诗人和诗派都有影响,包括对象征主义的影响,诗人戈蒂埃和其女儿朱迪也受此影响酷爱东方文化,朱迪不仅学习汉语,还出版了包含71首中国古诗在内的译诗集《玉书》,震动了法国文坛[②]。

巴西的唐诗迷里卡多评价杜甫:"他是世界上最伟大的诗人,也许只有莎士比亚、但丁才能和他比肩。他的每首诗都像罕见的、完美的宝石,每一个细节都无可挑剔。"他喜欢杜甫诗歌中浓密的意象聚集和厚重的情感表达,本着"这些美好的诗句应该被更多巴西人欣赏和了解"的初衷,他将32位唐朝诗人的208首作品翻译成葡萄牙语并结集出版。在里卡多看来,与中巴两国越发密切的经济关系相比,文化之间的交流仍需努力。阿根廷的翻译家明雷当初学中文的主要原因就是读到了中国古代的诗

① 《世界纵论新中国70年|德国汉学家沃尔夫冈·顾彬:"我想做德国的李白"》,参考消息网,http://column.cankaoxiaoxi.com/g/2019/0910/2390625.shtml。
② 《诗词研究·中国古诗与戈氏父女》,品诗文网,https://www.pinshiwen.com/cidian/wendian/20190901239550.html。

歌,产生了对李杜作品的兴趣。意大利著名汉学家、罗马大学孔子学院外方院长和罗马大学前副校长马西尼曾说,"互通有无,是学习上的交流,也是中意两国间长久的文化交流",了解古典诗歌可以"让更多人获得理解中国的钥匙"。在意大利高校中开设的中文课程里,老师们会给学生介绍以唐诗宋词为代表的古典诗歌[1]。中国古典文学蕴涵了中国文化的智慧和精髓,研究中国古典文学可以让人们更好地了解中国的过去与现在。

此外,不同时期的一些外国音乐也与中国古诗词产生了各种形式的联系。中国古诗词有吟唱的传统,诗乐合一,很多诗词本来就能配上音乐,适合传唱,在诗词传播到国外的过程中,外国的音乐家们发现了诗词中的音乐学和意境之美,为之谱成曲子或交响乐,以另外一种形式促进了诗词的流传。比如,20世纪初的德国作家汉斯·贝特格译诗集《中国笛》之中,收录的诗歌包含了园林、凉亭、池塘、小桥等富含东方气息的丰富意象,感染了很多作曲家,他们在阅读之后将其中的部分诗谱成美妙的歌曲,令许多人感受到了古典诗歌中的含蓄婉转之美。其中最有名的是维也纳作曲家古斯塔夫·马勒的交响曲《大地之歌》,其歌词曾取材于唐诗,包含《中国笛》中的七首李白诗歌(德文版)、王维的诗歌等。可以说这是西方音乐与唐诗意境的独特结合,引起了较大反响。提到《中国笛》,根据维基百科上的记载,理查德·施特劳斯、阿诺德·勋伯格、安东·韦伯恩、阿尔伯特·鲁塞尔等著名作曲家都从中获得过灵感。

三、外国人对古诗词的误读

外国学者研究和翻译中国诗,可以综合中西方不同的文化背景,可能

---

[1] 蒋肖斌、陈馨瑶:《当外国人遇到中国诗》,《中国青年报》2015年10月16日。

有更宽广的视域。其研究无疑促进了中国古典文学在异域的传播和理解，可以说为中国学者的研究注入了新鲜血液。但由于语言和文化上的差异，外国人读诗也产生了一些误读现象。

外国人对古诗词的误读主要出现在国外汉学家翻译解读的过程中，引起误读的原因一方面是对古代汉语的理解有偏差，另一方面是中外文化背景上的差异。据学者孙亚萍的文章所列举的，如英国汉学家弗莱彻将李白《渌水曲》中"荷花娇欲语，愁杀荡舟人"的"荡"字理解为轻佻之意，因此译文使用了 wanton（荡妇）一词，这是对原诗中展现的温柔江南女子的一种误读，也改变了整首诗清新柔美的风格。因此这可以说是由汉字的一词多义而引起的误读。英国汉学家阿瑟·魏理认为汉乐府《上邪》中诗句"上邪！我欲与君相知"意为"Shang Ya! I want to be your friend."，而非我们通常所认为的表达爱情之意，因为在他看来，中国诗人以朋友的姿态出现比较多，反映在诗中就是表达朋友离别之情的作品。亚瑟·魏理作为 20 世纪上半期的杰出汉学家，虽从未到过中国，但自学汉语并翻译出版了《170 首中国诗》等多部著名作品，为中西文化交流做出了杰出贡献，也直接影响了庞德以及西方现代诗的风格，但他个人的误读也影响了西方世界对中国古典诗词的看法。[1] 比如他认为，中国人局限于文学应该反映事物而非思辨的看法，故而中国的诗歌中少有理性推断和哲学思辨。另外，他也认为中国诗中所用明喻、双关语非常少见，他也把引经据典看作中国诗中的"败笔"，使之过于雕琢。他认为欧洲的诗歌总与爱情相关，而中国诗人更强调友情，并不重视男女之间的爱情。其实，哲理诗是中国文学中非常重要的一部分，中国诗人运用质朴而鲜明的意象，通过比喻、象征等不

---

① 西木：《他让中国诗被误读百年》，《诗踪记》卷 1，2016 年 2 月 24 日，https://site.douban.com/123509/widget/notes/191242148/note/541324002/。

同手法,揭示出深刻的人生感悟和社会哲理,著名的哲理诗如"蝉噪林逾静,鸟鸣山更幽""岁老根弥壮,阳骄叶更阴"等不胜枚举。中国有描写自然景物的哲理诗,也有表现社会政治和人生理想的哲理诗,也不乏描写爱情的哲理诗,通过各种比喻和象征的手法来表现爱情的忠贞与可贵。

外国人对古诗词的另外一种误读,则是有意的再创造,国外做中国诗歌翻译工作的研究者一般其本身也是诗人,比如意象派诗人庞德,就根据其自主翻译理论,会结合其自身的思路和情感对译诗进行"创译",他将"烟花三月下扬州"中的"烟花"故意翻译成 smoke flowers(烟雾做成的花),以增加诗歌中的意象,使之与"长江""天际"更好地对应,这也体现了意象派的意象叠加手法。这类有意误读可以说是译者对原诗的领悟与突破。庞德也曾尝试将汉字进行拆解,根据拆解后的部分重新翻译意思,比如将《北风·静女》中的"静女"译成 Lady of azure thought,azure 即"静"中"青"意,《诗经·小雅》中"渐渐之石,维其高矣","渐"被拆解成"水,车,斤",译句里就包含了"湍急的河床割破了车轮"的全新解读①。庞德本身并不会汉语,但他从诗人的角度,结合汉字的象形性和表意性进行诗句的"创译",虽然是对原诗的一种误读,但也为诗歌的解读增添了多元性和丰富性。

四、传播古典诗词　讲好中国故事

在古典诗词的对外传播方面,除了众所周知的许渊冲、翁显良等现代翻译名家,还值得一提的是 20 世纪初至上半期中国留学生群体所做的贡献。这一时期,留美、英、法、德、俄、日等国的知识分子如陶行知、刘诗舜、徐仲年、梁宗岱、林语堂等,翻译了多部中国作品包括中国古典诗歌。留

---

① 　魏家海:《庞德创译中国诗歌中的空间"象思维"》,中国高校人文社会科学信息网。

洋的年轻学者还为国外的汉学研究做出了重要的贡献,比如参与汉学研究项目、中文文献资料收集,进行汉语和中国文化课教学,与国外学者开展学术和文化交往,等等。

哈佛大学教授约瑟夫·奈曾认为,在全球信息化时代,会讲故事的国家或非国家组织更能赢得人心,增强国家软实力对提高一个国家的国际竞争力意义重大。而讲好中国故事,传播中国形象,传统文化是取之不竭的源泉。全国政协委员、中国社科院副院长李捷建议,可以用中华诗词来传播中国形象和中国故事,用多种方式让传统文化"走出去"。我们可以做如下尝试:

一是可以试图在中外诗词文化融合、国际汉语推广、诗词国际传播媒体开发、诗词对外传播的政府间和民间交流诸多方面下工夫,寻找和修正中国诗词对外传播的路径和策略。

二是可以开创古典诗词的新形式。诗词最早就是唱出来的,而且最讲究意境,我们可以将流行音乐跟诗词结合,在此基础上发挥,创作出含有古典诗词韵味的作品。这将有助于古诗词在国内外尤其是年轻人群体中的推广传播。

三是可以在国际生的汉语课堂里加入诗歌教学的内容,通过诗歌,学习者可以深度了解汉语的基本特征和背后的文化。朗读诗歌经典对培养语感极为有益,有学习者认为"读中国诗,可以使非母语的学习者更好地掌握汉语发音的奥秘"。

四是可以利用孔子学院的渠道,在教汉语时把汉字和中华诗词结合起来,一边教认汉字,一边讲中华文明理念。还可利用海外华人联谊、侨联等渠道,扩大中华诗词的海外知音,用中华诗词来传播中国形象、中国声音、中国故事。

第三节　外国人看戏：只看热闹不懂门道

　　长久以来，提到中国传统文化，戏曲艺术总是会作为一张经典名片呈现到外国人的面前。中国文化艺术"走出国门"，中国戏曲是独具民族特色的典型代表。在外国学生的中文课和文化课堂上，京剧等戏曲也是必然会涉及的话题之一。一般来说，教师会为学生介绍脸谱知识、角色分类、京剧历史和艺术特征等，有时会放映具有代表性的演出片段。我们发现，外国学生对脸谱表现出浓厚的兴趣，但在播放京剧片段时，如教师未对剧情背景做任何解释，有些人的观看兴趣似乎并不能维持太久。

　　我们向在读外国学生做小范围的调研，以京剧为例，我们发现受访者中有半数以上的人从未观看过京剧，30％的人只看过一两次，仅 10％的人表示看过数次。在观看意愿上，被问到如有机会是否愿意观看京剧时，96％的人表示肯定，其中有 42％的人有较强的意愿。从这两项结果的对比中我们可以看出，观看意愿和实际观看经历是不成正比的。我们也意识到，即使是在中国留学的外国人，有观看经历的人数比例尚且如此低，那么在国外，有机会看京剧或其他戏曲的人就更少了。

　　所以，我们跟老外津津乐道的戏曲文化，他们是真的感兴趣还是仅仅出于好奇？爱看或不爱看？是戏曲本身魅力的问题还是与我们的推广方式问题？外国人看戏，会产生怎样的误读？打打闹闹的武戏也许吸引眼球，咿咿呀呀的文戏也能让外国观众耐心欣赏吗？传统戏剧有 300 多个剧种，除了京剧，老外还知道其他地方戏吗？在文化内容丰富多彩的今天，推广传统戏剧文化，除了形式上的艺术审美，在内容上还有吸引现代人的深层内涵吗？

一、中国戏曲概述

中国戏曲与希腊悲喜剧、印度梵剧一起被称为世界三大古老的戏剧文化。作为中国传统戏剧文化，戏曲的形成最早可以追溯至秦汉，至 12 世纪宋元之际形成完整形态，迄今已有 800 多年历史，发展出 300 多个剧种。戏曲从宋代南戏和元代杂剧发展而来，结合诗歌、音乐、舞蹈、说唱、杂技、武术等艺术形式的特点形成了其独有的形式，其特征主要表现为动作的舞蹈化、表演的程式化和舞台时空的虚拟性。

中国戏曲具有丰富的文化内涵、独具特色的艺术风格和审美观念，在内容上，凝聚了古代人民的智慧，体现着传统中国人的哲学、宗教、伦理等方面的观念，表达了普通民众对政治、法律等的理解，是了解中国社会、历史和文化的重要途径。在艺术形式上，戏曲吸收、借鉴或融合了各种传统艺术的精华，也蕴含着中国人的审美观念。中国戏曲经历了不同的时代，直到今天仍在不断发扬着传统文化的特色，仍在不断创新，适应新时代和新观众的需要。观众看传统戏曲，可以从中学到很多关于中国传统和核心价值的知识，比如孝顺父母、忠诚、仁慈、正直等，而戏曲文化中所蕴含的和谐意识，对于树立国家的和平形象、传播和谐世界的理念，也具有十分重要的意义。我们曾在外国学生中调研过他们对中国戏曲产生兴趣的主要原因，从中发现有 55% 的人因为故事情节而对中国传统戏曲产生兴趣，有 51% 的人认为中国戏曲是中国传统文化的一部分因而值得关注、欣赏，有 44% 的人指出中国戏曲的艺术性也是使他们产生兴趣的原因之一，他们认为戏曲在服装、脸谱、表演形式等方面都精彩纷呈，引人入胜。

中国的戏曲艺术是传统文化的结晶，也是中国和世界的宝贵遗产。

昆曲作为中国戏曲中最古老的剧种之一,于 2001 年被联合国教科文组织命名为"人类口述和非物质遗产代表作",粤剧和京剧分别于 2009 年和 2010 年入选《人类非物质文化遗产代表作名录》。随着藏戏、皮影戏等越来越多的戏曲剧种先后被联合国教科文组织列入"人类口头与非物质文化遗产代表作",中国戏曲更应得到世界人民的了解、保护和弘扬。

二、中国戏曲海外传播的现状

20 世纪初期,西学东渐使得传统戏剧文化受到了冲击,同时期国家也提出了"中国文化走出去战略",在这样的背景下,戏曲艺术的改良和发展得到促进,其中京剧艺术更是达到了新的繁荣,各地方戏曲剧种的发展也出现了繁荣的景象。

中国传统戏剧文化的海外传播始自梅兰芳先生 1919 年的访日演出,这是中国戏剧美学在世界舞台上进行展示的第一步,1924 年梅兰芳再度率团访日,京剧艺术在日本深度传播的同时也对日本的戏剧界产生了重要影响,日本也产生了京剧的改编剧目等。20 世纪 30 年代,梅兰芳先生出访美国是中国戏曲跨洲与西方进行交流的开始,他的表演打动了美国民众,超越了东西文化障碍,成为中西文化交流史上的佳话。在梅兰芳此次出访之前,美国演员斯金纳(Otis Skinner)曾消极预测梅兰芳在美成功的可能性很小,在他看来,中国戏曲的表演形式太过另类因而很难受到欢迎,更适合好奇者或者只能在美国少数几个城市的唐人街进行表演。但后来梅兰芳的表演不光引起了美国大众的关注,而且产生了更深层的影响,尤其在当时西方文化对中国的丑化潮流之下,在某种程度上改变了西方民众自 19 世纪以来对中国比较负面的认识。剧评家艾金生等在观看表演后高赞京剧表演之美,喻之为古老的中国花瓶和刺绣,或是一幅优美的中国古画，评论使用了"奇妙、浓重、细腻、和谐、庄严、宁静"等字眼。斯达克·杨则评论京剧与希腊古戏剧之间在脸谱（面具）、布景、思想和精神深处的特征等各方面都存在相似的地方，看京剧会使人联想到希腊特征，肯定了京剧的艺术性①。中华人民共和国成立后，京剧团以国家名义被派往国外并连续几届在世界青年与学生和平友谊联欢节上展示，只是当时展示的多以《三岔口》等武戏为主。此外更多的京剧演员也跟随外交使团等官方派遣方式赴海外多国演出，京剧作为"国剧"，在海外的影响力与日俱增。

对于其他剧种来说，自 20 世纪以来，演出团队纷纷以不同形式出访，也促进戏曲艺术在海外产生了前所未有的影响。韩世昌于 1928 年代表中国昆曲第一次赴日演出，为昆曲登上国际舞台付出了极大的努力，他本人更是被日本学界称为"复兴昆曲的伟人"。21 世纪初期，昆曲《牡丹亭》也以各种版本登上西方各国的艺术节，引人瞩目。白先勇先生曾言"中国传统文化中有很多了不起的成就、很美的东西，所以我觉得我们要恢复自信。如果文化崩溃，整个民族的灵魂都要漂泊的"，因此他自 2000 年前后开始就为传统文化的传播而奔走海内外。他带着青春版《牡丹亭》奔走于国内各大高校，引发了昆曲文化复兴的热潮。2006 年，他在美国加州等各地以开展昆曲历史、文化的讲座、研讨会，还有请昆曲名旦辅助演唱、演员见面会等丰富的形式，先宣传、讲演，为帮助观众了解昆曲的文化内涵做了大量的前期工作，使之后《牡丹亭》在美国的正式演出取得了圆满成功。此后《牡丹亭》赴英国、希腊、新加坡等地展演，也引起了较大反响，这都跟白先勇先生在演出前期所做的各种形式的宣讲与铺垫有密不可分的

---

① 詹争艳：《论梅兰芳访美演出》，《长沙铁道学院学报（社会科学版）》2013 年第 2 期，第 49—50 页。

关系，同时，青春版《牡丹亭》的传播还借助了新华社、《人民日报》、凤凰卫视、上海电视台、《纽约时报》、《芝加哥先驱报》等国内外主流媒体进行报道，尽量做到了宣传效果的最大化，可以说掀起了戏曲文化海外传播的第二次浪潮。

除了率团出演，中国戏曲对外传播的另一种方式是由外国人作为创作演出主体的戏曲剧目。比如德国留学生贡德曼的京剧版《夜莺》，日本歌舞伎大师坂东玉三郎与苏州昆剧院合作演出的《牡丹亭》，等等，都是戏曲发展史上中外合作的新方式。美国夏威夷大学"洋贵妃"魏莉莎，作为英美从事京剧英译研究的名家之一，更是为京剧艺术的传播和国际化长期做着不懈努力。夏威夷自1923年开始就有亚洲戏曲的传统，至今已有近百年。魏莉莎曾在20世纪80年代跟其他外国知识分子到中国学习，回到夏威夷大学后，自1985年开始每四年排一出京戏并在肯尼迪剧院演出，由美国人用英文进行表演，首开了男女同台、英语京剧的做法，至今已排演了《凤还巢》《穆桂英》等数场戏。魏莉莎既是导演，也是剧本的翻译。在魏莉莎看来，京剧是人民的艺术，是中国传统文化一个活着的窗口，京剧艺术在国际化的过程中，如何从民族性到国际性，要由原来不是这个文化的人去"尊敬地学它，让它变成国际化"。她认为英语京剧可以飞越东西方的文化藩篱，是比较适合外国观众的一种形式，使得外国人包括华裔在有了看懂京剧的基础之后，再有机会就可以去欣赏专业京剧。包括魏莉莎在内的英美戏剧英译名家在对京剧英译的各方面都进行了深入研究与探讨，而且仍然在孜孜不倦地推动着京剧的国际化传播。

当前传统戏曲文化传播的第三种形式是以传统戏曲演绎西方的经典剧目，包括莎剧、古希腊悲剧等，有的则是结合韩国、日本的古典文学作品进行改编。中国戏曲有独具魅力的审美特色，如在内涵上能不断创新，更好地与现代人进行精神沟通，传达普适哲理和审美价值，就能够打动更多的国内外观众。自 20 世纪以来，越剧就有改编国外剧目重新演绎的传统，越剧版《心比天高》《茶花女》《简爱》等，打造出了"中国式越歌剧"的特色风格，莎剧越化则是保留莎士比亚剧中的剧情风格，将人物、场景、音乐、舞美改成中国的，比如《冬天的故事》《王子复仇记》《马龙将军》等剧。浙江越剧多年来一直坚持本土创新和海外发展相融合的理念，越剧名家茅威涛认为，传统戏曲也必须具备现代性，而不能只停留在农耕时代的思维和理念中。中国戏曲应该与时代接轨，像西方话剧一样在市场上竞争。另外，将西方经典名著搬上戏曲舞台的，还有京剧版《朱丽小姐》、《王者俄狄》，粤剧版《天作之合》等，有的改编剧甚至吸引了外国人参演。这样的改编方式保留了中国戏曲的演绎方法和传统美学特征，在内容上精心改编西方剧目，以此反映出现代精神，一方面让国内观众以另类方式欣赏了西方经典，一方面让西方观众通过中国戏曲的形式体会到中国传统的审美和文化内涵。西方经典剧目通过新方式的演绎，让老故事获得了现代观众的新共鸣。因此，"中演西戏"可以说是一种有益的尝试，既有形式上的变化，又有文化内容上的融合。

　　20 世纪末以来，粤剧也借由海外华人社团的传承与传播，在海外舞台上获得了关注与肯定。作为一门深奥的传统艺术，粤剧在年轻一辈看来难免会显得老土、沉闷，因此要令外国人能够有所了解或产生兴趣，需要做很多的努力。有的外国人在访谈中表示，即使在香港生活多年，在完全不了解粤剧知识的情况下，没有勇气单独前往观赏一场富含传统文化内涵的粤剧。鉴于此，香港特区政府和粤剧艺术的工作者们已经做了很多工作，比如从 2008 年起已逐步为粤剧剧目提供英文字幕，资助粤剧剧本英译的工作，建设全球首个专注于粤剧的中英双语网站，等等。粤剧在海外的观众以华人华侨为主,但很多华裔已经融入当地文化,如何让他们了解、喜欢、传承、传播粤剧文化也是粤剧社所面临的难题之一,目前也在努力推行海外粤剧知识讲座、粤剧剧目创新等。

三、外国人对中国戏曲的误读

(一)"文化折扣"导致的误读

跨文化交流中有一个概念"文化折扣"(culture discount),即某种文化产品对于那些不熟悉此种文化的受众来说,由于文化差异和文化认知程度的不同,受众在兴趣、理解能力等方面都会大打折扣,语言、文化背景、历史传统等因素都会导致文化折扣,从而导致文化产品在异文化中的吸引力减退。美国学者萨姆瓦曾言:"人们所具有的共性越多,他们在交流中所遇到的严重挫折或者文化曲解就越少。当不同文化群体的成员的文化差异增大时,误解的可能性无疑就更大。"[1]东西方戏剧在戏剧形式、戏剧内容和观剧体验等方面是完全不同的。西方戏剧突出行动、时间、地点的统一性,追求使观众相信、投入,进而产生逼真的生活幻觉和审美原则,西方戏剧在结构上强调戏剧冲突和故事情节。而中国戏曲作为传统戏剧,其审美特征主要体现于综合性、程式性和虚拟性。戏曲的文化本原是一种"意象创造",把抒发自我和描摹现实统一起来,达到"物我一体,以意为主"的理想境界,甚至"得其意而忘其形",是一种"貌离神合"的舞台境界。美国人斯达克·扬在纽约看了梅兰芳的演出后,曾评论中国戏曲

---

[1] 〔美〕萨姆瓦(L. A. Samovar),《跨文化传通》,陈南,龚光明译,生活·读书·新知三联书店1988年版,第34—37页。

并不是"写实的真",而是在"艺术的真"上达到了一定的高度,"是艺术的真,使观众看了比本来的真还要真"。由于东西方戏剧在概念和思维上的巨大差异,东西方观众对于整个戏剧体系的理解和要求都是不一样的。

"如果你对了解中国传统文化和审美有特殊的兴趣,中国戏曲可能是挺有趣的,但你得做好心理准备,因为要跨越文化与时代的障碍并非易事。"这是来自一名外国网友的评论。李四清等曾在国外就京剧的传播形式进行实证调研,根据他们的结论,受试者中86%认为欣赏京剧存在困难,100%认为语言和文化对欣赏京剧造成的障碍最大,52%的人认为在理解故事情节上,对历史背景缺乏了解也是一大问题,另外还有小部分人认为不了解舞台道具的含义对理解剧情有影响。因而演出前的相关知识讲座、观摩学习等可以作为有效辅助的方式。

(二)推广形式引起的误读

20世纪传统戏曲多次走出国门进行文化交流,但由于大部分普通外国观众对中国传统戏剧文化的内涵理解不深,而且存在语言障碍,传统经典剧目的海外传播受阻,导致过去不少人主观地认为外国观众听不懂唱词,所以就选择最热闹的武戏,因此国外观众所看到的武戏较多,比如《三岔口》《三打白骨精》等。此类剧目出国演出优点在于没有语言障碍,外国友人易看、易解、易懂,但同时也可能导致观剧者以"盲人摸象"的心态造成片面化的误解。久而久之,外国观众误认为京剧就是穿上中国古代服装、化了妆的杂技,有的观众甚至将京剧与功夫等同,产生了误解。大陆京剧传承与发展(国际)研究中心主任李嘉珊也指出,很多看过戏的外国人,很容易形成一种误解,认为中国的京剧就是猴戏、武戏。更多的经典剧目蕴含着更为丰富的文化内涵和独特的艺术特征与美学体系,推广工作值得重视。

另外，为数不少的外国人误认为京剧是中国唯一的传统戏剧，对其他剧种知之甚少，比如我们的调研人群中，仅有 5％的外国学生表示听说过京剧以外的其他地方戏，他们提到了越剧、川剧、昆曲等，但几乎没有人有相关观看体验，当然他们也表示出了解其他剧种的兴趣。

（三）翻译引起的误读

戏曲剧名和歌词的翻译不确切，词不达意，容易引起笑话、误解，会让看不懂剧情的外国人一头雾水或倍觉尴尬。比如名唱段《夜奔》被译为 *Running in the Night*（在晚上跑步），《单刀会》译成 *Lord Guan Goes to the Feast*，完全读不出英雄气概；《四郎探母》译成 *The Fourth Son Visited His Mother*；《贵妃醉酒》译为 *Drunken Concubine*，等等。因此含有人名、历史事件等的剧名翻译，如果只是字面上的直译加拼凑，就很难让观众从剧名中联想到相关剧情，甚至造成误解。北外艺术学院院长孙萍认为，京剧目前在国际上并不流行，是因为戏词翻译后的内容会失去很多原文中重要的意思，并非其深奥的主题和故事情节所致。他坚信很多外国人是为京剧的异国风情所吸引的，因为这种特色与他们所熟悉的本国艺术形式几乎没有相似之处。①

京剧英译或者说英语京剧是目前京剧国际化传播的方式之一，美国的魏莉莎等名家正在努力从事相关研究工作。英语京剧的传播方式一方面在沟通观众方面的效果上受到了肯定，一方面也因其过度的再创造容易造成文化缺省现象而遭到国内部分研究者的否定，研究者赵一农就认

---

① 孙萍：《文化传播 在于传心——中国戏曲跨文化传播研究》，《艺术评论》2017 年第 1 期，第130—138页。

为：意译或初代的译文虽然做到了神似与流畅，但不利于文化交流，且使读者失去了原来应该欣赏到的异国文化。① 比如京剧的对白、唱词中的大量双关语、典故和特定称谓等在英译中一般会使用替代和再创造的方法，这样可以促进观众理解，达到比较好的戏剧效果，但却使得观众无法读到原汁原味的作品，也失去了欣赏异国文化的机会，有时甚至容易引起观众对原作的误读，反而不利于文化交流。从接受美学的"期待视域"观点来看，当出现作品展现与期待视域比较接近的情况，就会使接受者进入一种快速、轻便的接受过程，但这样的过程未必能产生深刻的审美愉悦。将英语京剧与传统京剧相对比就能发现这样的问题。

从总的情况来看，目前京剧对外交流和传播的方式主要仍然是按照本来面目直接用中文演出或电影播映、用中文演出或播映的同时辅以外文字幕两种方式。据研究者邵巍调研，外国观众在看外国的演出或电影时更希望看到加载字幕的电影，而不是配音电影②。目前，外国汉学专家加入共同翻译，已逐渐成为戏曲界的流行做法，比如江苏省演艺集团昆剧院所排的几乎每部大戏都配有中英文字幕。我们在来华外国学生中也做过相关的调查，发现有近90%的人更偏向于欣赏原汁原味的中国戏曲，并认同以外文字幕进行辅助是更适合的方式，这远远高于希望把戏曲直接翻译成外文进行表演的人数比例。

英国皇家莎士比亚剧团艺术总监格雷戈里·道兰曾在访华时谈道："中国有以汤显祖为代表的非常丰富的戏剧遗产，但这些在西方世界并不为人所知，就是因为这些作品很少被翻译成英文。"在越来越多的文戏取

---

① 赵一农：《读者需要想象的空间——略论意象翻译》，《语言与翻译》2004 年第 3 期，第 43—47 页。

② 邵巍：《功能对等理论对电影字幕翻译的启示》，《西安外国语大学学报》2009 年第 2 期，第 89—91 页。

代武戏"走出去"交流的形势下,戏曲文学作品的英译、戏曲演出和戏曲电影的字幕英译,以及做好普及型的对外出版物,是更应该重视的研究方向。

从深层原因来看,西方戏剧多起源于古希腊戏剧,与中国传统戏剧在诞生的历史背景、社会文明背景方面都存在着差异,以来自海洋文明为背景的希腊戏剧在取材、主题、结局等方面都与诞生于农耕文明的中国戏曲不同。因东西方人的性格差异,中国戏曲在表现形式、情感传达、对话歌唱等方面也有着独特的风格,对西方人的理解也造成了一定影响,容易引起欣赏时的不习惯和误读。

四、中国戏曲海外传播建议

重视传统文化,做好中国戏曲的国际化传播,首先国人需要思考如何更好地继承和发扬戏曲文化。中国的年轻人现在很少走进剧院看传统戏剧,听不太懂方言台词还有唱腔,自己也没有建立起对戏曲的审美。但有趣的现象是,"戏腔＋流行乐"的方式却受到很多人的欢迎。比较流行的作品有王力宏的《盖世英雄》《在梅边》,李玉刚的《新贵妃醉酒》,陶喆的《苏三说》,陈升的《北京一夜》,等等,《刚好遇见你》等歌曲甚至在外国学生中流行起来。特别是以周杰伦、王力宏、陶喆等为代表的一批歌手在流行音乐中加入大量的戏曲等中国传统音乐元素,在唱腔上融入戏腔,配乐运用大量中国传统民族乐器尤其是京剧中的文武大件,形成了独特的"中国风"音乐特色,虽然这种形式也遭到了部分戏曲专家们的质疑,但不可否认这是推广传统戏曲艺术的新思路,在一定程度上促进了青少年对传统民族文化艺术的关注和发扬,也给中国流行音乐注入了浓厚的传统文化内涵。将戏曲元素融入流行歌曲,一方面让人们听到了本民族的声音,另一方面也顺应了年青一代追求流行时尚的心理。

在新媒体飞速发展的今天,戏曲文化的海外推广也应采取新思路以获取宣传效果的最大化。梅兰芳在访美前,曾做了大量的准备工作,比如将京剧应用的东西、曲谱、戏剧说明书等都进行详细的描绘,便于美国观众了解,梅兰芳访美演出的成功与他前期的准备、宣传是分不开的。白先勇在海内外推广《牡丹亭》之前,也安排了多场昆曲知识的讲演、讲座,促进了昆曲艺术的顺利传播。戏曲大师的经验和努力值得推崇和效仿,要做好传播,演出前戏曲知识的讲授,剧情、人物关系的讲解,甚至戏曲文化的体验活动,都是让外国观众更好地理解、接受文化差异,引发其深层的观看兴趣的重要手段。

英语京剧在一定程度上促进了外国观众对京剧和中国戏曲文化的了解,但剧本的英译、英文字幕的制作更加有利于戏曲以"原汁原味"的方式呈现给外国观众。因此,培养出既有戏曲文化修养,又具备跨文化交际能力、外语翻译能力且熟悉现代国际传播技巧的复合型专业人才,作为中国戏曲跨文化传播的推动者,是戏曲文化国际化传播工作的重要部分。

海外表演活动由单一的政府主导转变为政府与市场双重引导模式,其中政府主导可着眼于支持全民推广。与此同时,应当重视科技时代新媒体功能的使用与营销策略的制订,将"互联网＋"思维运用到戏曲文化传播的每一个环节上,从纸媒到网络,从采访、现场演出到电影、电视剧、纪录片,真正做到中国传统戏曲艺术的全方位、立体性传播[1]。

找到适宜的接受群体,提高戏曲文化传播的有效性。学者林一提出了对文化产品"受众"进行研究的必要性,他认为这一类产品最适合的接

---

[1] 孙萍:《海外戏曲传播的 3 个方法:让外国人看懂而不是看热闹》,道略网,2016 年 2 月 3 日,http://www.idaolue.com/News/Detail.aspx? id＝857。

受群体首先是艺术家,其次是艺术领域内的其他工作者,最后才是普通的大众。对于中国戏曲来说,找到能够有兴趣、能了解并理解其文化内涵和艺术特征的特定群体,对提高戏曲文化传播的有效性和持久性有更为切实的作用。让国外受众不是出于一时的好奇心理,而是能保持更为长久的兴趣去欣赏和理解"原汁原味"的中国戏曲文化。我们在对外国学生的访谈和调研中发现,有约 17% 的受访者表示对其本国传统戏剧完全没有兴趣,这一类群体对中国戏曲的观看兴趣恐怕也并不强烈,或者是不能持久的。

另外在传播途径上,除了传统的舞台演出、电影等大众传播途径,充分利用其他媒介尤其是新媒体互动交流性强的优势,在传播手段上形成长效性的国际演出运作机制,从而对戏曲文化进行广泛、长期、有效的传播,这对推动中国文化的软实力建设也有重要的促进作用。

第六章
现代化的中国

第一节 "新四大发明":国际生
心中的中国名片

  1978 年 12 月,中国共产党十一届三中全会在北京顺利召开,中国开始实行对内改革、对外开放的政策。在接下来的 40 多年里,中国人民的创造能力和创新能力被唤醒,中国乃至世界的命运因此而改变。2013 年 9 月和 10 月,中国国家主席习近平先后提出建设"新丝绸之路经济带"和"21 世纪海上丝绸之路"的战略构想,得到了国际社会的高度关注。"一带一路"的提出必将把世界经济发展和全球化进程带入快车道。国际生是直接感知中国的一群外国人,在他们心中当代中国是什么样的呢?本章节中,我们将着眼于"新四大发明",参考学生的课程论文和问卷调查,观察国际生眼中的当代中国,同时解读可能存在的文化误读现象。

一、何谓"新四大发明"

"新四大发明"的说法源于 2017 年"一带一路"国际合作高峰论坛前北京外国语大学丝绸之路研究院发起的一次国际生民间调查——"你最想把中国的什么带回家"。在此次调查中,来自"一带一路"沿线的 20 国青年评选出了他们心中中国的"新四大发明":高铁、支付宝、共享单车和网购。① 在相关的新闻采访中,来自罗马尼亚的国际生向记者展示他网络支付时所用的二维码,分享"交通神器"共享单车,描述中国高铁带给他的高效和舒适,以及网购带给他的便利和欣喜。此后,陈芳、余晓洁、鹿永健在《高铁、网购、支付宝、共享单车成中国"新四大发明"——标注中国启示世界》一文中进一步对"新四大发明"的中国现状进行了具体描述。

事实上,"新四大发明"并非真的"中国发明"。高铁技术最早起源于多个国家,但是日本是第一个将多个分散的技术集成起来并实现高铁商业运营的国家。1964 年 10 月 1 日,从东京到大阪的东海岸新干线以每小时 200 公里的速度开通,1964 年也被认为是世界高速铁路的元年。而中国直到 2003 年才开通第一条高速国铁线路——秦沈客运专线。网购一般认为兴起于美国,世界上第一个购物网站是 1995 年创立于美国加利福尼亚州圣荷西的 eBay 网,从此,人们可以通过网络买卖商品。而今天在中国互联网领域举足轻重的阿里巴巴集团是 1999 年才在杭州成立的。最早推动移动支付模式大范围应用的国家之一是日本——2004 年,日本麦当劳和最大的移动通信运营商 NTT DOCOMO 的合作极大地促进了移动支付的发展。而当前全球最大的移动支付厂商支付宝则是 2004 年

---

① 《你最想把中国的什么带回家——20 国青年街采定义中国"新四大发明"》,新华社新媒体专线(广州),2017 年 5 月 9 日。

12月才成立公司。共享单车的鼻祖则是荷兰,1965年,阿姆斯特丹的一群年轻人发起"白色自行车计划"——将一些涂成白色、没有上锁的自行车放在公共区域,供人们免费使用。而在中国,2014年,北大毕业生戴威等共同创立了ofo,ofo作为一个无桩共享单车出行平台,从此缔造了"无桩单车共享"模式。

虽然,从技术层面来说,"新四大发明"并不是起源于中国,但它们都在中国成长,并实现了创造性的发展和跨越。高铁技术起源于日欧,在神州大地上奔跑。根据国家统计局的报告,2019年末,中国高铁营业总里程超过3.5万公里,占全球高铁里程2/3。2019年,动车组发送旅客23.1亿人次;2019年年底开通的京张高铁,成为世界上第一条时速350公里的高寒、大风沙高铁,第一条采用北斗卫星导航系统并实现自动驾驶等功能的智能高铁。网络出现于1969年的美国,而中国却成为世界第一大网络零售市场。根据发布于2019年8月的第44次《中国互联网发展状况统计报告》,截至2019年6月,中国网络购物用户规模达6.39亿,占网民整体的74.8%。近年来,下沉市场、跨境电商、模式创新更是为网络购物市场提供了新的增长动能。虽然最早的移动支付和二维码技术都不是出现在中国,但它们却在中国"成长",使用二维码和条码支付的支付宝取代各种货币。根据相关统计数据,截至2019年6月,中国网络支付用户规模达6.33亿,2019年前三季度移动支付在中国市场的交易额高达252.2万亿元。继扫码支付普及之后,生物识别等技术与网络支付业务深度融合,更是催生出许多不再依赖手机的新型支付方式,比如"刷脸支付"。致力于解决大学校园出行问题而创立的ofo,通过无桩式共享单车的模式引领了"绿色出行"的新风潮,目前,共享单车行业正逐步进入成熟期,以实现长期健康的可持续发展。

"新四大发明"既是科技在中国创新应用的结果,也是当今中国人的生活方式的表现,更是中国人"高效、智能、环保"生活理念的集中体现。不仅仅是中国人,所有生活在中国的人都会被这种生活方式和生活理念所吸引。

二、中国名片:"新四大发明"

前文提到了相关采访中,国际生关于"新四大发明"的体验和感受。在教学过程中,我们搜集了多篇关于"新四大发明"的课程论文,并组织了国际生进行了相关的问卷调查及访谈。从这些珍贵的一手材料中,我们可以看到,"新四大发明"已经成为国际生心中的中国名片。

(一)国际生对"新四大发明"的了解多于传统的"四大发明"

四大发明,即造纸术、指南针、火药和印刷术,是中国古代劳动人民对世界文明发展的重要贡献,是中国科学技术发展的见证。因为高校为国际生开设了《中国概况》等相关课程,因此国际生对于"四大发明"的提法是基本了解的,但是关于"四大发明"的发展和意义却知之不详。在问卷调查中,大部分的学生可以说出一项四大发明,但仅有18%的受访学生知道全部的四大发明。而国际生对"新四大发明"的提法却比较熟悉——在问卷调查中大部分的受访学生可说出至少一项"新四大发明",同时他们对这些技术在中国的应用也比较有感触。

值得注意的是,在论文和访谈中均有学生提出"中国并非这些技术的发明者,因此'新四大发明'的表述是不合适的"。对于这种质疑,我们需要表示理解,而不是直接否认。在教学过程中,教师应当加以解释和说明,并在事实层面阐述中国在原有技术上的创新和突破,以免因此产生误解。

（二）方便的网购和移动支付

问卷调查的结果显示，网购和移动支付是国际生体验最多的"新四大发明"，其体验比例达 100％。在具体使用过程中，天猫和淘宝是国际生最常光顾的网购平台，服饰是学生最常在网上购买的商品，日用品食物次之。和中国学生会选择时兴的直播购物等方式不同，国际生还是倾向于传统的网络购物。在问卷调查中，仅有极少数的学生听说过直播购物，且没有人尝试过。但有国际生尝试过外卖点餐，而且体验感良好。由此可见，对国际生而言，网购的价值在于更便捷地满足其基本生活需求，而语言是其进行深度体验的障碍之一。

结合论文和访谈，我们可以了解到国际生更多的使用感受和反馈。首先，虽然在中国网购和使用移动支付很方便，但有的时候只能网购或只有移动支付也是另一种不方便。特别是对于刚来中国的学生而言，他们对中国的消费环境不熟悉，也没有相关的支付工具。例如，新生想买教材或相关的学习资料，但是学校附近的书店不多，老师则会推荐他们网上购买。其次，虽然中国快递很多也很快，但国际生和网店客服或者快递员沟通起来有障碍。这主要是因为部分国际生的汉语表达能力有限，汉字的认读能力也不强，有一定的交际障碍。再者，网上买东西比较便宜，但有的产品质量不好。在和国际生的沟通中了解到，很多学生在网购时没有"货比三家"的习惯，他们往往根据价位选择产品。最后，也有国际生提到支付安全的问题。根据上述反馈，教师们应当向国际生倡导合理的消费观念，学校组织（如国际生学生会）也需要为新生提供相关的志愿服务。当然，学生自己更应该努力学习汉语，使语言不再成为他们在中国生活的障碍。事实上，大部分国际生在自己国家并不经常网购，更没有使用移动支付的习惯。"我们主要使用现金和信用卡",有国际生如是说。但来到中国后,大部分的国际生可以适应中国的消费环境,对网购和移动支付的感受也是比较积极的。

(三)快捷的中国高铁

在问卷调查中,有62％的国际生乘坐过中国高铁,且均有积极正面的体验感。国际生们对其评价最多的是"快"和"方便"。在没有乘坐过中国高铁的学生中,"有体验意向"的比例也是100％。由此可见,虽然高铁的使用需求和体验比例不如网购和移动支付高,但是它给国际生留下的"中国印象"是非常积极的。中国高铁运行初期,曾有媒体针对中国高铁的安全性问题提出疑问,这或许也会成为外国人体验高铁前的一种顾虑。但真实的体验会打消这种顾虑——有86％参加问卷调查的学生认为中国高铁是安全的,更有国际生在其论文中提到其乘坐高铁在中国旅游的经历,感慨中国高铁的快捷和平稳。在访谈中也有学生谈到高铁票价昂贵等问题,但总的来说,高铁对他们的吸引力还是不容忽视的。

(四)环保的共享单车

相比于前三项内容,国际生关于共享单车的体验则少了许多。在问卷调查中,仅有28％的国际生使用过共享单车,其使用区域以学校范围为主。问及细节,不会骑自行车和担心操作有误是主要原因。换言之,共享单车并不是国际生的主要交通工具。虽然在关于"你觉得共享单车怎么样"的问题上,"环保"是国际生的第一感受,这说明国际生是认同共享单车所提倡的健康和环保的理念的,但在访谈过程中,也有国际生表达出了对共享单车的困惑:是不是每个中国人都会骑自行车?投放大量的共享单车是不是一种浪费？这些困惑正是由于对中国的发展和共享单车的理念不了解所致。中国是自行车大国，但随着经济水平的提高，自行车早已不是国民的主要出行方式。国家鼓励共享单车的发展，既是相关部门对积极主动为民排忧解难、服务群众"最后一公里"的响应，又是群众选择低碳环保、健康出行的具体方式。如果国际生有更多机会了解中国绿色发展的理念，相关的误解必当能够澄清。

三、国际生关于"新四大发明"的体验和中国国家形象的建构

"中国是一个什么样的国家？"国际生来中国求学之前，或多或少都有这个疑问。他们希望通过真实的中国生活来回答。而"新四大发明"正好为他们建构了一个全新的中国形象。

（一）"互联"的中国

在本次的问卷调查中，国际生们普遍反映，在中国生活不能没有网络。"新四大发明"的体验基本都和互联网关联在一起，而移动支付的使用又贯穿其中。除此之外，在传统网购基础上衍生出的网络消费（如团购、外卖），以及支付宝平台功能的拓展（比如签证业务）都给国际生带来了新的体验和感受。在接受这种生活方式的过程中，国际生体验到的是在中国生活的网络化和便利性。在论文和访谈中，国际生们普遍表示中国是一个比他们想象中还要便利的国家，有一个很现代化的社会。教师们需要在此基础上引导国际生认识到，这种网络化的"互联"是中国经济高速发展的结果，是国家政策鼓励下人民收获的便利，还可能成为他们未来创业的机遇。

（二）"制造"的中国

在体验网购的过程中，国际生们真切地感受到了什么叫"中国制造"。有学生在其小论文中表示，"只要你需要，在中国的网络上什么都可以买到"，而且"有促销活动的时候，真的很便宜"。"物美价廉"是国际生网购之后的真实感受，有学生帮本国的家人和朋友在中国买东西，甚至做起了"倒爷"。安全高效的网购和移动支付，不仅让国际生体验到了在中国生活的便利，更让他们感受到了中国物资的充沛和社会的高效。提到网购，学生们的论文中最常提到"淘宝上的东西很多""中国的快递很快"等。中国发达的制造业通过网购这一小窗口生动地展现在国际生的眼前。而今日之中国，正从"中国制造"走向"中国智造"。过去，中国有着"世界工厂"的美誉，但世界对其产品质量却是毁誉参半。近年来，中国在提升品质的同时，逐步加快经济发展方式的转变，促进经济结构调整和产业优化升级，重视自主创新，大力发展拥有自主知识产权的高新技术，大力推进产学研相结合。有条件的教学单位可以组织学生开展企业参观等实践体验活动，让国际生不仅感受到中国的"地大物博"，更让他们体会到中国经济的活力。

（三）"智能"的中国

不论是移动支付、共享单车的创新应用，还是中国高铁的技术发展，体现的都是当代中国的"智能"。1840年，第一次工业革命结束，英国发动鸦片战争敲开了清朝的大门，中国一步步沦为半殖民地半封建社会。第二次工业革命期间，美国经历了南北战争，法国发生了巴黎革命，日本崛起为亚洲第一强国，而中国开始遭受西方列强的侵略，后期更是经历了长达十四年的抗日战争。中华人民共和国赶上了第三次科技革命（也称"第三次工业革命"），改革开放四十余年，中国取得了令世人瞩目的辉煌成果。而进行中的第四次科技革命（也称"第四次工业革命"）将是中国向世界展示国家实力和文化魅力的最佳时期。这个 21 世纪发起的全新的技术革命将引领人类进入一个全智能化的、多维纵横的、绿色发展的新阶段。"新四大发明"正是这一目标的体现和成果的呈现。国际生基于"新四大发明"的体验所构建的中国形象是一个完全不同于某些国家或地区所恶意宣传的极端的、封闭的模样，而是一个开放的、智能的中国形象。在面对国际生的教学和中国形象宣传过程中，可以结合"新四大发明"向国际生宣传，倡导人类命运共同体理念，展示中国和平发展、合作共赢的人间正道。

（四）"高速"的中国

国家主席习近平曾在考察中国中车长春轨道客车股份有限公司时赞誉，高铁已成为中国装备制造一张亮丽的名片。不仅仅是中国人，高铁也已成为国际生在中国偏爱的出行方式，其中又以短途出行为主。国际生对高铁的体验感比较正面，在问卷中出现频率最高的评价是"快""方便"和"平稳"，高铁在国际生心中展现了"高速"的中国形象。在 2018 年发布的《中国国家形象全球调查报告 2016—2017》中也曾提到高铁已成为中国国家形象的新名片——在中国的科技成就当中，高铁获得 30％—40％的海外认可度，高居第一，其次是中国的载人航天技术和超级计算机。

（五）"绿色"的中国

共享单车在中国的创新和发展充分体现了绿色和共享的发展理念，

但国际生对这一中国形象的感受并不多，反而有"资源浪费""资源过剩"之类的误读。究其原因：一是国际生在中国以学习和生活为主，对中国的发展战略了解有限；二是在共享单车的发展过程中确实出现了一些问题和不足。这些问题都可以随着国际生来华时间的增长和共享单车的规划发展而得到有效的解决。在教学过程中，教师们不应回避国际生提出的质疑，而是应当引导学生认识到共享单车背后的绿色发展理念。最终，"新四大发明"应该成为中国向世界展示"绿色发展"新形象的名片。

"新四大发明"为中国人的生活带来革新与便利，未来也将为世界人民带来福利，它向世界生动地展示了中国所提倡的绿色、协调、开发、创新、共享的发展战略理念。结合国际生的论文和调研，我们可以观察到"新四大发明"为中国建构了一个互联的、制造的、智能的、高速的中国形象，同时也为绿色发展的中国形象打下了基础。国家形象的建构对国家的发展有重要意义。中国媒体在国际话语环境中并不占优势。国际生通过体验"新四大发明"，真切地感知中国生活方式、了解中国发展理念，是中国国家形象建构的重要途径和契机。在教学过程中，教师们应该给予国际生充分的引导和鼓励，解答学生的困惑。同时，"新四大发明"也应该为国民带来更多的文化自信。

第二节 进退有据：在中国
工作的得失观

随着中国综合国力的不断提升，中国与世界的文化交流持续加深，中国逐渐成为国际学生青睐的留学目的国。教育部网站公布的数据显示，2018 年共有来自 196 个国家和地区的 492185 名各类外国留学人员在中国内地 31 个省（区、市）的 1004 所高等院校学习。其中，以亚洲地区生源为主，多达 295043 人，占 59.95％。北京、上海、江苏、浙江位列吸引国际生人数省份的前四位。除了国际生人数的不断增长，近年来国际生事业的发展另有两处值得关注。一是国际生学历结构不断优化。2018 年接受学历教育的国际生总计 258122 人，占来华生总数的 52.44％，其中研究生学历生有 85062 人。二是"一带一路"沿线国家成为国际生的主要生源地。2018 年国际生人数按国别排序前 14 名分别是韩国、泰国、巴基斯坦、印度、美国、俄罗斯、印度尼西亚、老挝、日本、哈萨克斯坦、越南、孟加拉国、法国和马来西亚，多数为"一带一路"沿线国家。近 50 万的国际生中半数接受至少本科学历教育，且来自与中国发展密切相关的"一带一路"沿线国家。国际生或可视作中国未来国际人力资源开发的"蓝海"地带。

出台于 2010 年 9 月的教育部《留学中国计划》中提到，国际生教育的目标是到 2020 年"我国成为亚洲最大的留学目的地国家"，"培养一大批知华、友华的高素质来华留学毕业生"，"打造中国教育的国际品牌"。2014 年 12 月 12—13 日，首届全国留学工作会议在北京召开，会议提出来华留学工作要"坚持人才培养和发挥作用并重"。此后,《学校招收和培养国际学生管理办法》(2017 年中华人民共和国教育部、中华人民共和国外交部、中华人民共和国公安部令第 42 号)中规定"高等学校应当将国际学生教学计划纳入学校总体教学计划,选派适合国际学生教学的师资,建立健全教育教学质量保障制度"。2020 年 5 月,中共教育部党组发布《关于学习贯彻习近平总书记给北京科技大学全体巴基斯坦留学生重要回信精神的通知》,强调各单位要严格执行《学校招收和培养国际学生管理办法》《来华留学生高等教育质量规范(试行)》的各项要求,不盲目追求国际化指标和来华国际学生规模,建立规范的管理体系和工作流程,不断加强对来华国际学生中国法律法规、国情校情和文化风俗等方面的教育,增强来华国际学生对中国发展的理解和认同,讲好中国故事,传播好中国声音。回顾国家政策,国际生的教育工作不断得到推进和落实,从最初的追求数量到近年来的提高质量,以期国际生发挥更大、更有实际意义的作用。如何发挥国际生的价值和优势?留在中国工作或者从事与中国或中国企业相关的工作是一个不错的选择。但当前就业环境如何?国际生自己又是怎么考虑的呢?这正是我们本节将讨论的话题。

一、毕业了:留下还是离开?

大海是一名来自乌兹别克斯坦的国际生,在杭州学习酒店管理专业。他已经学习了两年的汉语,虽然仍有口音,但其汉语已经能基本满足日常交流的需要。当被问到"毕业以后想留在中国工作吗",大海毫不犹豫地说"当然,如果有机会的话"。他希望可以在上海或者杭州从事和自己专业相关的工作。提及原因,大海说现在中国的发展很快,在中国生活很方便,特别是杭州很美,所以他很乐意毕业以后留下来。至于他是否能够成功在中国找到工作,大海不置可否。

　　大龙是一名来自安哥拉的国际生,是大海的同学。他汉语不太好,日常生活基本上需要用英语交流,但是他很健谈。他说他很愿意和中国人做朋友,但是他并没有很多中国朋友。"中国人有些害羞,我也没有机会认识他们",大龙遗憾地说,"不过我觉得中国人很友好,我们宿舍的叔叔阿姨们就对我很好。"至于毕业以后的规划,大龙说,"中国经济在快速发展,如果可以在中国找到工作,那当然是最好的","不过我的汉语不太好,可能还要多学习一些"。关于工作地点的考量,大龙也倾向于北京、上海、杭州等中国的大城市。

　　科莱特是一名来自喀麦隆的国际生,她在杭州学习商务英语专业。面对"毕业以后留在中国工作还是离开"这一问题,她表示都可以,"如果中国有合适的工作机会的话"。但被问及"你知道毕业生在中国怎么找工作吗",她顿了顿,然后说:"网上找? 我不知道。"她的回答是具有代表性的,大部分国际生对怎么在中国找工作毫无头绪,上网找和朋友介绍是国际生获取就业信息的主要来源。

　　塞尔希是一名在杭州学习通信专业的西班牙籍国际生。他说毕业之后,如果有合适的工作机会,他希望在上海工作,但应该不会一直留在中国生活。当被问到"你知道学校在每年春天都会为中国毕业生组织招聘会吗",塞尔希显得有点儿吃惊,反问:"真的吗? 我们可以参加吗?"而面对"你希望有面向国际生的毕业生校园招聘会吗"之类的问题,塞尔希表示很欢迎:"当然,如果能有帮助国际生找工作的招聘会,那对我们在中国找工作是有很大意义的。"

　　诗舒是来自印度尼西亚的国际生,和上述学生的家庭背景不同,诗舒是印尼华裔。诗舒的汉语很好,性格也很开朗,已经在印尼获得本科学位的她专程来到杭州学习汉语。当被问到是否有兴趣在中国继续深造时，诗舒腼腆地说"要看是否有奖学金"。或许是因为家人也从事贸易类的工作，经常来上海出差，诗舒对于留在中国工作持开放的态度。"我觉得北京、上海还是挺适合外国人工作的，不过我不确定是否会有适合我的工作，"诗舒说，"未来我要面对成家的问题，所以我应该不会一直留在中国，但我希望我在中国的工作经历对我以后的职业发展有帮助。"

二、问卷调查：留华工作的态度与顾虑

毕业了，留在中国工作还是离开中国重新开始，这是大部分国际生都会面临的问题。基于上述国际生访谈中的反馈，我们做了一个小范围的问卷调查。本次调查对象为 30 名在杭州学习不同专业的国际生，来华留学时间不短于 1 年，其中男女生各占一半，语言生有 5 人，余下 25 人为学位生。问卷为我们提供了以下信息。

（一）国际生对在中国工作持开放态度

在受访对象中，73.33% 的国际生都表示，"留在中国工作是毕业后的一个选择"。其中语言生普遍希望先在中国攻读本科或研究生学历，但本科生继续深造的意愿不强。我们认为之所以有较高比例的国际生有留华工作生活的意愿，一方面是中国改革开放后发展形势喜人，对国际生是一种吸引；另一方面也和国际生自身的经历有关。受访国际生中仅有 16.67% 有过工作或者实习的经历，因此他们对就业以及职业规划并没有太多具体的想法。作为 20 岁左右的青年学生，面对工作的问题，他们更多的是"跟着感觉走"。另外，少数国际生因家人工作的原因，学习之余也帮助家人处理一些和中国的商务往来，他们也更愿意留在中国工作。

（二）国际生心中最理想的就业城市

高达 96.67％的受访学生表示如果在中国工作的话，首选城市是北京、上海和杭州。北京和上海作为中国的核心城市，不仅位列中国城市GDP 的前两名，也吸引了最多的国际企业落户。它们作为国际生留华的首选地点并不意外。而在问卷中，杭州备受学生青睐或许与受访学生在杭州的求学和生活经历有关。受访学生普遍表示，杭州是一个美丽且充满活力的城市，这里有他们熟悉的朋友，还有很好的企业，是一个不错的就业选择地。被问及为什么愿意留在中国工作时，66.67％的国际生回答是因为中国经济发展很快，20％的国际生回答是因为自己喜欢中国文化。"打铁还需自身硬"，中国经济的开放和腾飞是吸引国际生留下来的最主要的原因。此外，从受访学生的反馈来看，城市的国际化程度以及文化魅力也是吸引国际生留下来的重要因素。经济发展前景好、国际化程度高、气候好环境佳、有文化魅力的城市往往能吸引优质的国际人才。

（三）国际生留华工作的主要顾虑

当被问及"你认为外国人在中国找工作有什么困难"时，86.67％的学生担心签证问题，70％的学生担心会出现语言或文化的交流障碍，46.67％的学生对在哪里找工作、怎么找工作没有头绪。外籍人员如果想要申请中国的工作签证，除了需要提供健康证明、无犯罪证明等基本材料之外，还需要满足已为用人单位拟聘或准聘、学历、工作经验等一些要求，刚毕业的国际生想要马上办理工作签证不是一件容易的事情。此外，虽然现行《学校招收和培养国际学生管理办法》第十六条规定"汉语和中国概况应当作为高等学历教育的必修课"，第十八条规定"中华人民共和国通用语言文字是高等学校培养国际学生的基本教学语言",但在现实的学习过程中,并没有针对国际生的统一的汉语课和中国概况课教材、教学大纲以及毕业考核。学习情况因人而异,教学效果也参差不齐。学生在语言和文化差异方面有所顾虑也是合理的。

(四)国际生偏爱的就业选择

几乎没有国际生选择毕业后进入一个纯粹的中国企业就业。53.33%的受访对象希望可以进入跨国公司或者国际化的企业工作,他们认为这样既可以发挥自己语言和文化的优势,也有助于未来职业的发展。23.33%的受访对象希望可以从事与国际贸易相关的工作,其中既有受家庭背景影响的,也有希望实现自己创业梦想的。或许与国际生跨文化交际的背景有关,国际生偏爱国际化企业或跨国类业务。他们普遍认为可以流利地用英语进行交际和工作是他们相较于中国学生的优势所在。当然,国际生也忧虑于中国企业能否为他们提供合适的工作和职位。因此,在受访过程中,也有国际生提到倾向于在自己的国家找一份与中国或中国企业相关的工作。

从问卷调查和访谈中可以总结,留在中国工作和生活是大多数国际生毕业后的选择之一,学生们自己也在考量其中的得与失。学生们希望可以在中国大城市的跨国公司、国际化企业或者国际贸易行业里寻得一份发挥自己专业特长的工作,在经济全球化的今天,这将成为他们宝贵的职业财富。同时,在中国的学习生活让国际生体会到中国经济的活力,特别是生活在中国数字经济第一城的杭州,学生们期待搭上中国经济发展的快车,创造属于自己的机遇。但不可否认,留在异国他乡工作确实需要一定的勇气。学生们因签证、语言、文化、家庭等原因而有所犹豫,既担心找不到合适的工作,也害怕在中国工作可能面临的文化冲突,更有学生表示家人并不支持自己在外国工作。正因如此,不论毕业后是否有留在中国的打算,只有少数的国际生在受访中表达了想一直留在中国工作和生活的意愿。

三、国际生人力资源的开发

由于多重原因,我国劳动力逐渐从过剩走向短缺,特别是在落实"一带一路"倡议的当下,国际化人才需求强烈,但人才供给并不充足。国际生作为我国自己培养的国际人才资源,既有语言的优势,也有跨文化交际的背景。如果培养得当,他们完全可以作为国际人力资源得到充分的开发和运用。结合国家的政策要求以及国际生自身的需求与顾虑,我们主张国际生人力资源的开发可从以下几个方面推进。

(一)科学规划汉语课程,培养优秀的知华友华国际生

与受访国际生担心在华工作存在语言障碍的现状不相符的是,部分国际生对汉语课并不重视,学习效果也不甚理想。张雨亭以山东大学医学院国际学生为调研对象,总结来华医学国际生(英语授课)"对汉语课程认同度低,整体教学效果不佳,致使汉语课程处于边缘化位置,汉语课程没有体现开设的重要价值和意义"[①]。汉语课和中国概况课作为来华留学学历生的必修课,其教学目标应该包含通过课程学习培养学生的汉语言技能,了解中国基本情况、重要政策、文化背景等内容,从而培养知华友

---

① 张雨亭:《来华医学国际生(英语授课)汉语学习动机与需求调查及应对思路——以山东大学医学院国际生为例》,山东大学硕士学位论文 2017 年,第 31 页。

华的国际人才。中国语言文化类课程的开设有助于学生在潜移默化中亲近中国、了解中国、理解中国,虽然是公共必修课,但意义非常。但目前的教学情况却不甚理想。魏敏的研究也反映出仅有少数国际生对目前学校安排的课程设置和教学内容满意或非常满意,不管是以汉语为教学语言的学生还是以英语为教学语言的学生,"约有 79%的学生认为汉语课很重要,但是目前开设的汉语课完全不能满足他们的需求"。① 事实上,虽然高校根据教育部的规定为国际生开设汉语课程和中国概况课程,但在培养方案、教材规划、毕业考核等方面均没有统一的要求和参考标准。各个学校的情况存在较大差异。因此,要培养优质的国际生,留住优秀的国际人才,科学规划汉语课程和中国概况课程、由相关部门牵头制订培养方案和知识大纲、规范教材的编订和选用、明确相关课程的毕业考核标准是非常必要且迫切的。汉语课和中国概况课应该成为提升学生汉语水平、增强学生对中国国情和历史文化了解的重要手段,为增进学生对中国的感情发挥实际作用,而不是变成"鸡肋"课程。

(二)开设职业规划课程和创新创业课程,为国际生提供就业知识

在我们的调研过程中,国际生普遍不了解外国人在华就业的相关政策。让人遗憾的是,目前国内开设相关就业政策介绍和职业规划课程的高校并不多。奥运比乐格在调查京穗两地蒙古国际生就业选择的过程中发现,熟人推荐、社会招聘和网络信息是在华国际生了解就业信息的重要

---

① 魏敏:《新时期外籍高校毕业生在华就业问题研究》,《管理观察》2017 年第 9 期,第 110—111 页。

途径，"但他们几乎不参与中国的校园宣传"。① 换言之，针对国际生的就业课程和招聘宣传，高校不够重视，学生的积极性也不足。如果要充分开发国际生人力资源，一方面学校需要开设职业规划课程，另一方面也要动员学生积极参与进来。

与职业规划课程的空缺相比，鼓励国际生创新创业已被各高校提上议事日程。以浙江省为例，为认真贯彻《国务院办公厅关于深化高等学校创新创业教育改革的实施意见》（国办发〔2015〕36号）精神，浙江省人民政府办公厅发布《浙江省人民政府办公厅关于推进高等学校创新创业教育的实施意见》（浙政办发〔2016〕9号）。在这一政策的号召下，各高校组织国际生参加创新创业主题的讲座和培训，并鼓励国际生参加中国互联网大学生创新创业大赛国际赛道的比赛，屡获佳绩。黄娟、周艳梅曾对四川大学国际学生创业意愿和创业教育中存在的问题与困境进行调研，84.82%的受访国际生表示愿意考虑在成都创业，而且，愿意在华创业的161名同学中有118名同学来自"一带一路"沿线国家。② 这一研究反映国际生对于在华创业有一定的兴趣，而受相关政策的吸引，"一带一路"沿线国家的国际生则更有热情。黄娟、周艳梅同时提到，"在国际生最关注的创业话题中，排在首位的是政策与法律问题，其次是签证问题，相关的还有注册公司流程的问题。另外，他们也很关注国际生创业经验的分享，希望更多了解行业现状"③。而学生的这些困惑都可以通过相关讲座、培训和课程得到解答。

---

① 奥运比乐格：《京穗蒙古国际生专业选择及就业意愿调查分析》，广东外语外贸大学硕士学位论文2016年，第28页。
② 黄娟、周艳梅：《四川大学国际生在华创业意愿及需求调研报告》，《当代教育实践与教学研究》2019年第16期，第116页。
③ 黄娟、周艳梅：《四川大学国际生在华创业意愿及需求调研报告》，《当代教育实践与教学研究》2019年第16期，第117页。

（三）各部门通力合作，为国际生提供就业途径

2017 年 1 月，人力资源社会保障部会同外交部、教育部印发《关于允许优秀外籍高校毕业生在华就业有关事项的通知》（人社部发〔2017〕3号），拟允许部分无工作经历的优秀外籍高校毕业生在华就业。虽然该《通知》将人员范围限定于"在中国境内高校取得硕士及以上学位且毕业一年以内的外国留学生，以及在境外知名高校取得硕士及以上学位且毕业一年以内的外籍毕业生"，但这一政策的发布无疑可视为国家为开发国际人力资源、吸引优秀国际人才所发出的积极信号。毕业生的就业工作不是教育部门一家可以完成的任务，国际学生在华就业更是一个复杂的课题，需要教育部、外交部、公安部、人力资源和社会保障部等多部门联动合作，综合考量，谨慎推进。但就当前形势来看，充分开发国际生作为国际人才资源的价值，留住优秀来华人才，既有利于中国全面对外开放的国际化国家形象的建构，也符合国家经济发展的需求，特别是"一带一路"倡议的推进和落实。因此，通过政策的制定和引导，为国际生提供就业的机会和途径，也有利于我们留住优秀的国际人才。

（四）展示城市魅力，为国际人才留华提供更多机会

国际生毕业后青睐的中国城市主要是北京、上海和广州等超一线城市。这些城市的国际化水平在国内首屈一指，但它们对外来人员的承载力毕竟是有限的。结合个人文化背景和求学经历，学生们也会选择其他一线城市，如有在杭求学经历的学生会乐于留在杭州工作，有在蓉求学经历的学生会选择成都作为自己创业的起点，等等。如何培养人才是一个课题，如何留住人才也是一个重要的课题。其他一线城市，特别是高等教

育发达的一线城市，也应该充分把握国际生人力资源开发的机遇，通过展示城市魅力和经济活力让国际生愿意留或愿意来，通过提高国际化水平让城市本身可以合理地接纳和管理相当数量的外籍人士，为国际人才留华提供更多选择。

第三节　给力不给力：汉语网络流行语

中国互联网络信息中心发布的第 44 次《中国互联网络发展状况统计报告》显示，截至 2019 年 6 月，我国网民规模已达 8.54 亿，其中手机网民规模达到 8.47 亿。基数庞大的网民群体通过网络建立连接，各种社会思想、思潮交互碰撞，形成一个个带着鲜活时代印记的社会流行语，并借助网络推动社会情绪、社会创造的连续接力，深刻映射和关照当下社会心态，建构出具有突出时代特征的集体记忆。生活日新月异，语言中的新词和流行语全方位反映了社会发展的最新阶段。众所周知的事实是，任何语言的词库都在不断变化和更新，旧词消失，新词出现。流行语的出现是由于社会生活中新的对象、现象和概念需要新的语言表达。因为有了网络，今天的社会正在迅速变化，流行语的出现和消失非常频繁，这使得一个语言的系统更加丰富和多样化。

一、老外学习网络流行语的途径

为了更好地学习汉语，为了更好地与中国人实现无障碍的沟通，为了更好地融入中国社区生活，掌握网上各种资讯，外国人对于汉语网络流行语迷之热爱。按照他们的说法，他们一般通过网络、中国朋友、影视作品和汉语课堂等途径学习网络流行语。以下是对浙江工商大学商务汉语近 100 名来自 20 多个国家的国际生进行问卷调查的结果，国际生比较喜欢使用并且使用比较正确的网络流行语 Top10。

Top1：有钱就是任性　A rich man is capricious

Top2：吓死宝宝了　scared to death

Top3：油菜花（有才华）　have talent

Top4：高帅富　handsome boy

Top5：辣眼睛　hurt my eyes

Top6：亲，么么哒　love you, my darling

Top7：佛系　buddha-like

Top8：吃瓜群众　on-looker

Top9：你的良心不会痛吗　what a pity

Top10：都是套路　all in routine

美国小伙阿伦（Aaron）于 2007 年开始在美国杨百翰大学东亚学院的中文专业学习，同时辅修商业管理。2010 年 9 月，阿伦来到南京大学并给自己起了个中文名字叫王鸿涛。虽然来南京时用中文会话已经没有问题，但他还是觉得"融不进中国人的圈子"。他觉得自己的中文水平可以"交际"，但没法"聊天"。"周围的人常说一些听不懂的话，我记下来了回去查，却发现又不在字典里。"这些中文中有意思的俗语、俚语、流行语让王鸿涛非常感兴趣。因为没有学习资源，他最终决定自己创建，以刚学会的流行语"牛"命名，叫"牛词网"。网站于 2015 年正式上线，目前已经收集了上千个条目。"吃不了兜着走：比喻受不了或担当不起。例：这件事你如果说出去，我叫你吃不了兜着走。"这是网站里一个很普通的例子，不仅标出拼音、词义解释，而且还列出一到两句例句。词语旁边，有"顶"或"踩"的标识，如果喜欢，还可以点击微博或 QQ 图标进行"分享"。网站里除了普通话中的俚语俗语，还有不少方言土语，以及最新流行的网络语言。其中"雷人""富二代""淡定"之类的网络语言，最受"老外网友"的关注。

　　绍兴文理学院的意大利外籍教师凯龙有个中国女朋友,也因此交往了不少中国朋友和中国师生,对于可以熟练运用各种中文网络 App 的他来说,网络流行语很熟悉,有时候也会恰到好处地运用,比如"HOLD 住""亚历(压力)山大"。不过也有令他困惑的流行语,比如他以为"绿茶婊"是喜欢喝绿茶的女孩子,"酱紫"是一种颜色,等等。

　　浙江工商大学会计专业研究生奥马尔来自也门,他知道的中文网络用语大多是听中国同学聊天提到或者在微信群和朋友圈中看到的,中文课上老师一般不会专门教授中文网络用语。对他而言,中文的网络用语挺难理解的,主要是因为之前没有见到过,而且这些网络用语的出处不一,查阅起来比较困难。此外,有些网络用语一般过了一段时间就会"过时",不再被大家使用,比如"围脖"等,因此随着时间的变化,要不断学习新的词语。但是他觉得学习网络用语的确有很大好处,其中最主要的好处就是当身边的人使用网络用语的时候,自己能够迅速理解其含义,交流就变得更加顺畅。

　　商务汉语专业的印尼学生说,他们在印尼华文学校上学时中文课本上偶尔也会出现一些和网络用语相关的词汇。记得课本中出现"博客"一词的时候,老师还把几个"博客"的界面添加到幻灯片上播放给他们看,使他们更加容易理解"博客"的意思。让他们印象最深刻的就是"虾米"。看到这个网络用语,学生们以为它的意思会和"虾"有关系,没想到这个词只是闽南话中"什么"一词的谐音,和虾一点关系也没有。

　　外国人学习网络流行语还有一个很重要的来源是影视作品。比如:

《手机》——做人要厚道

《无间道》——出来混总是要还的

《人民的义义》——请开始你的表演

《武林外传》——额滴神

《疯狂的石头》——顶你个肺

春晚小品——这个可以有、不差钱、神马都是浮云

二、汉语网络流行语的语言学解构

近 20 年来，不少网络流行语成为社会语言，特别是 2010 年以后，网络流行语进入社会语言的速度加快，数量增多，传播面明显扩大。"给力""屌丝心态""APEC 蓝""悲催""坑爹""伤不起""女汉子""暖男""土豪""大 V"等一大批网络流行语，不仅变成社会常用语，有的还出现在《人民日报》等主流媒体上、国家领导人口中。预计未来，会有更多网络流行语从网络空间到现实社会，从口头语言变为媒体用语，由"社会方言"变成"社会共同语"，而且从网络流行到媒体、社会流行的迟滞越来越小，对社会的渗入面也将越来越广。网络流行语虽主要流行于网络，但是它还是符合一般流行语的特征。因此我们从流行语的特点出发，简单概述一下"网络流行语"的特点。日本的汤浅茂雄认为流行语指的是"某个时期，突然被众人所熟知，并且广泛使用的词语"。因此流行语首先具有广泛性的特点，具体来说，流行语就是一定时间段内，反映当下社会真实样貌，广泛地在某个领域、年龄段之间使用的语言。近年来日本和中国都会评选年度流行语，"囧""给力""太南（难）了"都曾成功当选。当然，流行语除了广泛性外，还具有社会性、专业性、年龄层约束等特点。但是今天的流行语，由于媒体传播的发达，特别是依赖于网络传播的网络流行语，受众越来越广。其次，夏中华①认为，"流行语是一个历史范畴，是在一定时段内为人

---

① 夏中华：《关于流行语性质问题的思考》，《语言文字应用》2012 年第 1 期，第 92 页。

们普遍使用的词语,它必然带有明显的时段性特征。流行语都是在一个时期里显现出来,之后或者潜藏下来,或者进入一般词汇"。可见流行语的另一个主要特点就是时段性。其特有的时段性特点,也使流行语的最终归属有一定方向。一、成为普通词汇。即当下流行时的词义在今后的日常生活中也为大众广泛使用。例如,"山寨"一词,作为流行语时,指盗版产品。而现在这个词义也在当代社会中被正常使用。"土豪"早已经不是旧时地主的代名词,而是特指在改革开放中富裕起来但没有经过正规学校教育的行为举止不太高雅的群体,在讥讽他们没文化的同时也表达了自己吃不到葡萄说葡萄酸的嫉妒心理。二、沦为死语。即流行语当时的词义不再为人们所关注,词义消失在日常生活中。例如,"凡客体"和"梨花体"。凡客诚品公司在广告宣传中利用另类手法戏谑主流文化,从而彰显品牌个性,比如"爱谁谁"。网民们效仿凡客广告,由此出现了大批恶搞内容。随着凡客公司的没落,凡客体没有人提起了。梨花体是模仿某位诗人的写作手法用诗词的格式说大白话,随着诗人走下神坛,梨花体自然也在人们的语言交流中消失了。"最炫民族风""舌尖上的中国"等其归属也有一定方向,慢慢不再被提起也符合时段性的特点。

　　网络流行语顺应民意,是反映大众关注热点的产物,因此还具有社会性。一、源于一段时期内大家的共同话题:比如依靠一张照片走红的"犀利哥",比如股市熔断机制下的"为国护盘"。二、情绪上的放松(作为笑料、噱头):"方了"就特别形象地表达了遇到麻烦事头昏脑涨的状态。三、精准的表达(为了更好地理解新事件或者新变化):"中国大妈"栩栩如生地树立了精明、群体意识极强、生活富足、外形富态的中国中老年妇女形象,被收入牛津词典。四、(为了给人留下)深刻、鲜明的印象:"奥斯卡欠你一个小金人"说明你装腔作势,演技精湛。五、模仿发言:黄晓明的"闹太套",傅园慧的"洪荒之力"。六、标语或是广告词:比如"打 CALL"本来是电信服务商的广告,现在是加油助力的意思。"车到山前必有路"本来是丰田车的广告,现在说的是事情总有办法解决的。

综上所述,所谓网络流行语就是反映当下社会关注热点或真实样貌,在一段时间内人们在生活中特别在网络世界里高频使用的语言。简单来说有三方面的特点:广泛性、社会性、时段性。

网络流行语的来源可以归为两类:一类从语言学角度分析,网络流行语很大一部分来自方言和外来语,或者是缩略语借用语,还有的是旧瓶装新酒,给旧词赋予完全不同的新意。另外一类从社会学角度分析,来自全新的概念,或来自强势经济,或来源于热点事件和名人效应。

(一)源于全新概念

"一带一路""新冠病毒""区块链""人工智能""人类命运共同体"这些都是随着科学发展和社会进步新创的。大家都知道语言是社会现象,是人类社会的产物。同样,网络语言也是一种虚拟化了的社会现象的反映,是现代化网络生活的产物。像"弹幕""刷屏"这种近几年才由广大网民创造的词现在早已经是见怪不怪了。

(二)源于社会热点

1.体现集体认同,推动舆论升温

因为雾霾严重生出的"十面霾(埋)伏",杭州斑马线上撞死路人的醉驾司机测速居然只有可疑的"70码",硅肺病患者为了工伤待遇不惜"开胸验肺"。这些新名词瞬间成为网络流行语,并在各个热点事件中表现不俗,吸引了不少受众的眼球。

2.充分反应阶层群体问题和民生诉求

生活在最底层的民众自称"蚁族""草根""屌丝",在朋友圈晒各种豪宅豪车度假游艇的富家子女被称为"富二代",计算平均工资、人均住房面积时候"被代表",因为涨价而遭遇了"豆(逗)你玩""蒜(算)你狠",实在承受不了大城市的压力而上演的"逃离北上广"。

3.人以群分贴标签

"奇葩"指的是为人处世与众不同、令人讨厌的人,"白骨精"是白领丽人的另类说法,"小鲜肉"专门指代年轻帅气小男生,"宅男宅女"来自日语,就是工作生活都依赖快递外卖解决的那群人,"月光族"当月工资当月花完毫无积蓄,"绿茶婊"是心机深重的女孩子。

4.来自热点人物

"我爸是李刚"表现的是权力不受约束的肆无忌惮的狂妄,马伊琍的"且行且珍惜"鼓励了多少丈夫出轨却因为各种原因舍不得离婚的姐姐妹妹。

(三)源于强势经济

阿里巴巴、腾讯、百度、京东走强,因此"电子商务""物流""互联网""物联网""共享经济""比特币""扫码支付"都成了流行语。现代汉语中原本就有很多词来自日语,像"壁咚""打卡""熟女""吃瓜""便携式""白名单""黑名单""过劳死""料理""量贩"等都来自日本。来自英语世界的,用WC替代"厕所","拷贝"来自copy,"黑客"是hacker的翻译,更不用说用"CEO""COO"直接替代"总裁""总经理"了。还有歌迷影迷流行"磕CP",就是配荧幕情侣的意思,"CP"来自英文couple,朋友圈还流行说你的 EX（前任）。

（四）谐音、方言和外来语的引用吸收

汉语词汇本来就有借用的习惯，比如"尴尬"来自吴方言，"看好"来自粤方言。网络流行语很大一部分来自谐音，包括数字谐音、拼音谐音，如"油菜花"是有才华、"米国"是美国、"大虾"是大侠、"美眉"是美妹、"驴友"是一起旅游的朋友、"520"是我爱你、"666"是溜溜溜（太顺利了）、"1314"是一生一世、"5555"是呜呜哭泣、"886"是拜拜再见了、"GGJJ"是哥哥姐姐、"BT"是变态。

用南宁方言"蓝瘦""香菇"来形容一切难受想哭的情绪；"内牛满面""蓝朋友绿朋友"是南京方言，其实是泪流满面和男朋友女朋友；"赶脚"来自湖南湖北方言，意思是感觉；"灰机""稀饭"是福建人口中的飞机和喜欢。

cheese"芝士"（借音）、honeymoon"蜜月"（借意）、exciting"一颗赛艇"、interesting"因吹丝汀"等这种类似洋泾浜的语音直译的流行语层出不穷。另外还有一些是外来词经方言再进入现代汉语的现象，例如：tips—粤方言—贴士；bus—粤方言—巴士（公交）；dear—吴方言—嗲。①

（五）复化造词、简缩造词和复合造词

"清华""两会""超女"这种减缩造词的方法在新词语的造词过程中十分常见，主要是汉语构词的双音节化趋势和语言的经济性原则在起作用。

---

① 　齐建涛：《现代汉语流行语生成源起考略及其英译》，《大连大学学报》2007 年第 2 期，第 138—140 页。

包括近几年流行的"人艰不拆"：人们已经够艰难的了就不要去拆穿他们了，让他们过过小日子吧；"不明觉厉"：不明白是怎么回事但是感觉很厉害很神秘的样子；"普大喜奔"：普罗大众都很高兴，纷纷奔走相告喜讯。

另外一种类仿造词（比如利用前缀后缀的类推性）例如 X 门——拉链门、诈捐门；X 热——编程热、国学热、汉语热；X 二代——官二代、拆二代、银二代、贫二代、农二代；很 X 很 XX——很傻很天真演变出很黄很暴力；XX 党——剁手党、学生党；XX 族——低头族、考公族；神 XX——神转折、神预测、神回复。

（六）旧词新意

顾名思义，老词具有了新的意思，经典的就是"囧"，原来是光明的意思，现在就是一张衰脸。"干爹"也不是真的干爹了，而是跟英语世界里的"糖爹"一个意思。"偶像"不再是崇拜的对象而是作呕的对象。"恐龙"不是动物而是丑丑的女人，"蛋疼"是麻烦而不是疼，"杯具"（悲剧）不是器皿是戏剧冲突，等等。①

三、老外热爱网络流行语的心理学分析

对于外国汉语学习者来说，缺少流行语的产生和使用背景等知识的介绍，要想理解这些中文网络流行语有一定的难度。

（一）流行语层出不穷，更新太快

（1）表示惊讶：汗、囧、雷人、细思极恐、吓死宝宝了、内心是崩溃的。

---

① 杨琦：《现代汉语流行语及其英译》，《牡丹江大学学报》2009 年第 7 期，第 89—90 页。

情况一个比一个严重。

（2）表示令人难以忍受：无语、给跪了、毁三观、重口味、何弃疗、家里人知道吗、你妈喊你 XXX。语气一个比一个严厉。

（3）表示正能量：高端大气上档次、画面太美、霸气外（侧）露。

（4）表示压力的就更多了：心塞、伤不起、时间都去哪儿了、累觉不爱、整个人都不好了、臣妾做不到。①

（二）网络流行语与时事密切相关

"打酱油"来自贾平凹的文章《笑口常开》，是指以前的酱油都是零卖零买的，自己拿着瓶子到商店，你要多少，人家就给你称多少。网络上就泛指那些不关心社会不关心他人，与自己无关的就什么都不知道的人。又有一种说法是这一流行语来源于一个外景采访，记者问一个路人对香港明星陈冠希事件有什么看法？路人回答说："关我什么事，我就是出来打酱油的！"从此这个梗便火了起来。

"996"是指工作日早 9 点上班，晚上 9 点下班，中午和晚上休息 1 小时（或不到），工作时间总计 10 小时以上，并且一周工作 6 天的工作制度，是一种违反中华人民共和国劳动法的工作制度。"996"工作制出处：某著名电商公司人力资源部口头通知，要求员工实行"996"工作制，不能请假，并且没有任何补贴和加班费。消息一出，不少公司职员利用社交媒体表达了不满。老板居然还出来解释说年轻时候不努力，老大徒伤悲，年纪大了想要加班都没人聘用了，引发网民不满。

网络流行语是中国文化的一部分，是了解当代中国人思想、思潮、价

---

① 盛烨、卜朝晖：《网络流行语的起源、词义分析及分类——以 2014 年～2016 年"网络用语"为例》，《现代语言学》2018 年第 2 期，第 335—341 页。

值观的重要途径。不仅如此,由于现代网络搜索引擎比较发达,想要短时间内得到网络流行语的资讯几乎没有难度。外国汉语学习者在基本汉语训练之外,适当了解一下这些"活色生香"、有些调皮的网络用语,对中文学习还是挺有好处的。很多在中国生活的老外也认为系统学习中文网络流行语是有必要的。因为如果想深入学习中文、了解中国人,不仅要学习基础的中文词汇,也要了解中文网络流行语,从而更好融入社会生活,融入中国人的圈子,至少在朋友圈里有共同的话题和笑点。当然外国汉语学习者是否需要学习中文网络用语,应视自身的情况而定。网络用语之于基础中文学习,就像调料之于菜品,是否加、加什么,都应该根据食客的口味、偏好、需要等具体情况来确定,盲目地加调料不仅不利于做出可口的菜品,可能还会适得其反。国际生们最好根据自己学习的目标来决定如何学习中文网络用语。若是定位于从整体上提高语言素养或是了解当下语言生态,不妨熟悉一下最近几年的网络流行语,以自娱自乐;若是定位于想要和中国网友们顺畅地交流,最好是从具体聊天中掌握鲜活的修辞技巧;若是定位于塑造自我形象,那么建议首先确定相应的身份,再决定其对网络用语的态度。这 3 种情况,在相互区分的同时,也可能彼此渗透。

(三)老外们喜欢网络流行语折射的社会心理

(1)渴求新知:很多老外把他们学习的网络流行语作为谈资,来炫耀自己的汉语水平,以及对社会热点时事新闻的掌握度。他们最喜欢也最容易学习的是那些谐音的流行语,比如"打 Call""666",对于跟他们自己生活比较接近的流行语他们也会如数家珍运用自如,比如"屌丝""亚历山大"。当然有时候也会有误读,比如看见老师穿了名牌衣服他们会拍马屁,说老师是土豪。

(2)猎奇探究:有时候他们也对一知半解的流行语有疑问,会询问老师或中国同学,问得比较多的是那种跟意识形态有关的流行语,比如"一带一路""中国梦"。

(3)彰显个性:曾经有国际生在 T 恤上写"渣男""花花公子",并不是他们没有了解流行语的意思,而完全是为了显得自己与众不同。

(4)娱乐时尚:老外天性幽默,因此喜欢自黑,有时候运用流行语纯粹是为了搞笑,比如很多年纪比较小的外国人说自己是单身狗。

(5)减压宣泄:这个时候大多使用网络流行语中的脏话和骂人话比较多。

(6)跟风从众:不同的外国人对于流行语的偏好是不同的,他们使用流行语也有扎堆现象。比如巴基斯坦学生喜欢两个字的新词,比较简单,朗朗上口,比如"扎心""剩女""闺蜜""点赞""锦鲤";而英语世界的学生显然对来自英文的 skr、"粉丝"(fans)、"好嗨哦"(high)、"C 位"等运用自如。刚来中国的外国人学会说"亲""么么哒"就觉得自己了不起了,在中国待久了,他们甚至成为段子手,比如网红德国阿福,他会说"吃土""葛优躺""友谊的小船说翻就翻"。①

语言是生活的镜子,随着现代生活日益丰富多彩,网友的语言智慧不断显现,刷新着汉语的表现力,拓展着汉语的可能性,跃入视野的网络流行语也渐渐成了年度生活热点、亮点的标识性符号,是语言系统对现实社会迅速、直接的反映,是反映社会文化的符号,不仅代表着当下人们的生活状态与精神面貌,而且一定程度上反映着社会文化环境的变化。因此,网络流行语成功引起国际生们的关注就不难理解了。

---

① 王仕勇:《我国网络流行语折射的社会心理分析》,《探索》2016 年第 6 期,第 172—178 页。

第四节　理解万岁:国际生影评《别告诉她》

　　一部讲述中国人普通家庭生活的电影《别告诉她》(The Farewell)获得了第77届金球奖,影片讲述一个华人家庭的奶奶被诊断患上了晚期癌症,家人为了不让奶奶感到恐惧而选择隐瞒,并假借一场婚礼的名义让全体家人回家见奶奶最后一面。在纽约长大的碧莉(Billi)是家中的长孙女,她认为掌握自己的病况是奶奶的人权,因此上演了一场中西文化的冲突。因为对中国式亲情有了亲身感知,女主角到最后还是选择撒了善意的谎言。电影涉及的不仅有东西方生死观、人生观、婚姻观的冲突,还有中国人的尊老传统、代沟以及再婚家庭的关系等反映中国人日常生活情感模式的镜头。浙江工商大学的国际生在观影后,在钉钉家校本和班级群里纷纷发表看法和评价。

一、完整影评三篇

(一)《学业　爱情　生死:中西方家庭的最大不同》

　　首先,中国家庭与西方家庭之间最大的差距就是教育模式。中国的教育体制着重于应试教育,孩子从小就必须应付不同的教学科目,当中包含了语言、数理科学、自然地理、社会历史、美术音乐及体育。父母因此对孩子的考试成绩抱有非常高的要求,并对孩子施加压力,给予批评和责骂。孩子们的学习环境不活跃,精神非常紧绷。除此之外,父母也会在空闲的时间让孩子去上各种才艺班。中国父母认为孩子亏欠了父母,就好像股票市场一样,孩子就像一个投资项目。中国父母普遍都将希望寄托在孩子的身上,望子成龙,认为以后孩子成功了才能回报父母。相反的,西方教育着重于专业发展,更多地要求孩子参与实践和创造。西方孩子的学习环境比较活跃,孩子在学习过程中大多进行案例学习讨论、分析和提出自己意见,孩子也可以选择自己想要学习的新事物,父母给予的更多是鼓励与表扬。西方父母不觉得孩子亏欠自己,最重要的是孩子在以后的生活中能自给自足,快乐地生活下去。

　　另外,中国人与欧美人对爱情的观念也有很大的差别。中国人比较看重一个人的外在,女方希望男方有一定的月收入,认为赚钱是男方的责任,男方则希望女方才貌双全,眼光特别挑剔。现在的中国人对婚姻的期望很高,考虑的因素包括经济能力、家庭条件、思想观念、脾气秉性等。特别是在筹办婚礼的时候,中国人的特点就是非常爱面子。女方希望男方给聘金彩礼,最好要有车有房。婚礼要办得隆重得体,尽量要让朋友们都参加婚礼。新婚佳人甚至还可能在婚礼上看到一些根本不认识且没见过的人。相反,西方国家的人在爱情方面则比较着重于一个人的内在。男女两方都有独立的经济能力,不需要对方来养活。只要两个人相爱,无论什么问题都无法阻止他们在一起。西方的婚礼也比较简单朴素,不需要豪华的房车,只需要一些重要的亲人好友见证就可以了。

　　再来,就是中国人与西方国家对死亡的观念差异。中国人害怕死亡,不敢面对死亡,所以在中国家庭里若有年长的人将要死去,家人是不会告诉他们的,因为他们担心长者会因此产生恐惧且接受不了事实。面临死亡,中国人普遍都表现得比较沉重,而且会通过焚烧祭品来悼念逝者。西方国家的人不惧死亡,他们认为来到这个世界上的那一刻就是在倒数死亡。所以他们面对死亡的时候心情都比较坦然,不会为此伤心而影响学

业和事业。欧美人认为坟场就只是一个平安的场所,但中国人却害怕坟场,害怕幽灵。(马来西亚华裔学生明慧,题目老师加)

(二)《人类共同的情感》

The film is based on Billi who is a girl who lives in NYC, and a day after going to her parents' house, she finds out that her grandmother has terminal cancer and has only a few months to live.

Although they live far away, Billi and her grandmother have a very close relationship and she wants to call her grandmother when she finds out, but her mother tells her that she cannot because her grandmother does not know and explains that in China there is a saying: "When people who has cancer dies."

It is not cancer that kills them, it is fear.

Trying to enjoy their last moments together and in the most peaceful way possible without raising the suspicions of the old woman, they all agree on the perfect excuse to unite the family dispersed abroad, celebrate the wedding of one of the members of the family in China, where grandmother lives.

It is a beautiful and fun film that knows how to use its moments of humor very well especially in family gatherings, and especially when there is food involved and also emotional, without falling into sentimentality.

Outside of the obvious to compare "East vs. West" that is part of the film, something important for the grandmother as well as for Billi herself is how human feelings are universal such as love, longing or even the same fear and feeling of loss towards a loved one make empathy with this honest story is the simplest.

译：这部电影是根据住在纽约的女孩碧莉的家事改编的，在去了她父母家后她得知她的奶奶患了晚期癌症，只有几个月的寿命了。虽然他们住在很远的地方，但碧莉和奶奶有着非常亲密的关系。当她发现的时候，她想打电话给她的奶奶，但她的母亲告诉她，她不能，因为她的奶奶不知道（自己患癌），并解释说，在中国有一句谚语："当人们患癌症时就会死去。"但是杀死他们的不是癌症，而是恐惧。为了在不引起老人怀疑的情况下尽可能和平地一起享受最后的时光，他们都同意找一个完美的借口，把分散在国外的一家人团聚起来，这个借口就是在奶奶生活的中国庆祝一个家庭成员的婚礼。这是一部美丽而有趣的电影，它知道如何利用好幽默，尤其是在家庭聚会上，尤其是当涉及食物和情感的时候，不会令观众过于陷入感伤。除了电影中明显揭示的"东西方（文化）对比"之外，对于奶奶和碧莉本人来说，重要的是彰显出人类的情感是如何普遍存在的，比如爱、渴望，甚至对所爱的人具有同样的恐惧和失落感，这是最简单的真实故事，但是会让人生发同情和共情。（墨西哥硕士生百莉，题目老师加）

（三）《东西方亲子关系有差异》

In this movie we see the life of Billi, we see her life in America and her going back to China. Where she has to ask herself is she really happy with her life? You realize that not everything is as it seems from this movie because the family coming to learn the condition of their grandmother changes everything.

In my life，my family is an important thing for me，but I should take good care of myself，but not in the film. My parents and I are very good friends，but in the film，she lives far away from her parents. She may have different ideas，but every parent wants his children to be happy，and the child's responsibility is to make their parents happy.

译：在这部电影中，我们看到了碧莉的生活，我们看到了她在美国的生活和她回到中国的经历。她不得不问自己，她对自己的生活真的很满意吗？你意识到并不是所有的事情都像这部电影里看起来的那样，因为一家人关心奶奶的情况而改变了一切。

在我的生活里，我的家人是我重要的事情，但我也应该好好照顾我自己，可电影里不是这样。我跟我的父母是特别好的朋友，但是电影里她跟父母住得很远，可能观念不一样，然而每个爸妈都希望他的孩子开心，孩子的责任也是使父母快乐。

In China parents often have pressure to ensure the best for their child，from a young age expectations are high and every parents wants the best for their child. Whether it is academics or talent parents invest the best they can in their children. It is also very important for a child to know not to disrespect their parents，family and privacy is very important. A child is like an invest，you have to try and invest in the best possible way in your child so that they may have a better future and bring great fortune. The relationship between a parent and a child in the east can be a little challenging because the child is born into expectation sometimes making them believe that they don't have a choice，Billie felt as if her life changed drastically with their move to America she felt she had no choice therefore making her feel out of place, but her family she wanted better opportunities for their family. Even though as she grew she felt different.

In western culture, children have a lot of freedom, including the freedom to decide whether to marry or not. They don't have much to be judged or expected. Sometimes this can be a bad thing, because we grow up without a sense of responsibility. We tend to be content with the status quo rather than worry about the future. Our parents give us freedom, and sometimes this freedom is the reason why we make many mistakes. I also grew up in western culture. Although I will not abuse or use this freedom because of my moral concept, not everyone is like this.

译:在中国,父母常常有压力以确保他们的孩子得到最好的,对孩子从小期望值就很高,每个父母都希望他们的孩子得到最好的,父母都尽最大努力为孩子投资。对孩子来说,知道尊重父母也是非常重要的,家庭是非常重要的。一个孩子就像一笔投资,你必须尝试并以最好的方式投资于你的孩子,这样他们才能拥有更好的未来,带来巨大的财富。在东方,父母和孩子之间的关系可能会有点挑战性,因为孩子出生在期望之中,有时会让他们认为他们别无选择。碧莉觉得随着他们移居美国,她的生活发生了翻天覆地的变化,她觉得她别无选择,因此感到不自在,她的家人当初希望他们的家庭有更好的机会,现在她长大了,感觉不一样了。

在西方文化中,孩子有很多自由,包括决定是否结婚的自由,没有太多的被评判或期望。有时候这可能是一件坏事,因为我们在缺乏责任心的情况下长大,我们倾向于安于现状而不必担心未来。我们的父母给了我们自由,有时这种自由也是我们犯许多错误的原因。我也是在西方文化中长大的,虽然我因为自己的道德观念不会滥用这种自由,但并非每个人都是这样。

Cultural difference plays a huge role in our futures, although the western is widely admired it comes with a lot of responsibilities and a lot of consequences you have to be emotionally equipped. Whereas the East children are protected and grow up without high expectations except to make their parents happy. Marriage is a sensitive topic when it comes to us. Because we feel we are so young and we tend to want to run away when our parents speak of marriage. I understand marriage as something that happens between two people who are in-love and want to be together. That marriage unites families and social status does not matter as long as you are in love and keep to your vows. Marriage does not have to happen at a young age, whenever you are ready and you find someone who is suitable for you, you can marry. This is my understanding of marriage.

However, in China and many other Asian countries / regions, social status is very important, and family origin(whether boys or girls) is also very important. Sometimes couples can't get married if their parents don't bless them. Age is also an important factor. You can't be too old to get married. The important thing is to get married when you are "young and rich". In this regard, they have many differences. Moreover, because getting married determines your life and future, I think the Western way of thinking is better.

译:文化差异在我们的未来发挥重大作用,尽管西方国家广受赞赏,但它伴随着许多责任和后果,你必须在情感上做好准备。在那里,孩子们受到保护,长大后除了让父母高兴之外,没有什么高期望。婚姻对我们来说是个敏感的话题。因为我们觉得自己太年轻了,当我们的父母谈到婚姻时,我们往往想逃避。我把婚姻理解为两个相爱并想在一起的人之间发生的事情。婚姻把家庭联系在一起,社会地位在婚姻中并不重要,只要相爱并信守誓言。结婚不一定要在年轻的时候发生,只要你准备好了,找到适合你的人,你就可以结婚。这就是我对婚姻的理解。

但是,在中国和其他许多亚洲国家/地区,社会地位很重要,家庭血统(无论是男孩还是女孩)也很重要,有时,如果父母不加祝福,夫妻就无法结婚。年龄也是一个重要因素,你不能太老不结婚,重要的是要在你"年轻而富裕"的时候结婚,在这方面,他们与西方有很多差异,而且因为嫁人决定了你的生活和未来,我认为西方人思维方式更好。(南非学生明妙,题目老师加)

二、对于电影中的东西方文化冲突,学生们有话要说

(一)关于生死观

In the *Farewell* movie, we can watch the real life of the common chinese people nowadays, we can see the Chinese people, the attitude to the death, to marriage and we can find the generation gap. We can see the old people in the traditional Chinese family. Therefore, it is a movie that should be watched by those who are interested in learning about China. The concept of death is also expressed in the film, and I would like to share the Buddhist concept of death. Buddhist Sayings About Death：When you can accept this truth，you will live a more fulfilling life. "Life is uncertain；death is certain." This short quote sums up the idea death is inevitable and cannot ever be avoided or controlled. In the Dhammapada it is told Buddha said，"You too shall pass away."

译：在影片中，我们可以看到当今中国老百姓的真实生活，可以看到中国人对死亡、对婚姻的态度，可以发现代沟。我们可以看到中国传统家庭中的老人。因此，这是一部值得那些有兴趣了解中国的人观看的电影。死亡的概念在电影中也有表达，我想和大家分享一下佛教中的死亡概念。佛教关于死亡的格言意味着当你能接受这个事实时，你的生活就会更加充实。"生命是不确定的，死亡是确定的。"这句简短的引语概括了死亡是不可避免的，永远无法避免或控制。在佛法中，佛陀说："你也会死的。"（泰国学生 Myar Thu Zar）

Before sharing my own opinion，I will like to share some sayings about death.

"Remembering that I'll be dead soon is the most important tool I've ever encountered to help me make the big choices in life. Almost everything—all external expectations，all pride，all fear of embarrassment or failure—these things just fall away in the face of death，leaving only what is truly important." —Steve Jobs.

"Death is something inevitable. When a man has done what he considers to be his duty to his people and his country，he can rest in peace." —Nelson Mandela

"Three things cannot be long hidden：the sun，the moon，and the truth. " —Gautama Buddha

So to my own opinion, Billi attempt to reveal truth to her grandmother is not a problem. Although it will sound not good and may affect her health condition, but at the same time is an opportunity for her to revealed her unsaid words if she have any. and the family as well have their reason for hiding the truth to her which is also not bad. There is a saying, "People fear death even more than pain. It's strange that they fear death. Life hurts a lot more than death. At the point of death, the pain is over. " —Jim Morrison. So I think the family is hiding it in order to overcome her the fear of death.

译:在分享我自己的观点之前,我想分享一些关于死亡的说法。

"记住我很快就要死了,这是我遇到的帮助我做出人生重大选择的最重要的工具。几乎所有的东西——所有外在的期望,所有的骄傲,所有对尴尬或失败的恐惧——这些东西在死亡面前都会消失,只留下真正重要的东西。"——史蒂夫·乔布斯。

"死亡是不可避免的。当一个人做了他认为对他的人民和国家有责任的事,他就可以安息了。"——曼德拉

"有三样东西不能长久隐藏:太阳、月亮和真理。"——释迦牟尼

所以依我看,碧莉试图向她奶奶透露真相并不是问题。虽然这听起来不好,可能会影响她的健康状况,但同时是一个机会,让她透露她未说的话,如果她有。而家人也有理由向她隐瞒真相,这也不错。俗话说"人们对死亡的恐惧甚至超过了对痛苦的恐惧。奇怪的是他们害怕死亡。生命比死亡更痛苦。在死亡的关头,痛苦已经结束了。"——吉姆·莫里森。所以我认为这个家庭隐藏它是为了让她战胜对死亡的恐惧。(英国学生

Abudulla）

The movie is very similar to my life when my mother was severely diagnosed and only my father knew she had 3 months left but we knew nothing. In the film，however，only Billi says that his grandmother must have known that she was ill，yet no one believed her，and she hide all the tears for herself.

The film tells the story of the grandmother of a Chinese family who was diagnosed with cancer，but the family chose to hide the grandmother，under the guise of a wedding to let all the family go back home to see the grandmother for the last time，but Billi，who grew up in New York．Thinks Knowing that her condition is the human right of her grandmother，she staged a conflict between Chinese and Western cultures in Chinese families.

Billi is more humane than others，but sometimes we don't know which one is best，when your lovely person will die，after few days.

Trust me，it is very difficult when you are sitting and counting days，then hours，minutes，seconds.

译：这部电影和我的生活非常相似，当时我母亲被确诊为重症，只有我父亲知道她还有 3 个月的时间，但我们什么都不知道。在影片中只有碧莉说，奶奶一定知道她生病了，但没有人相信，她隐藏了所有的眼泪。影片讲述了一个中国家庭的祖母被诊断出患有癌症，但一家人却选择把真相藏起来，打着婚礼的幌子让全家人最后一次回家看奶奶，但在纽约长大的碧莉却没有（藏）。她认为知道自己的状况是奶奶的人权，从而在中国家庭上演了一场中西文化的冲突。也许碧莉比其他人更人性化，但有时我们不知道哪一个是最好的方式,当你爱的人生命进入倒计时,相信我,你坐着数数天,然后数小时,数分钟,数秒,这时候是很困难的。(哈萨克斯坦学生妮妮)

(二)关于谎言和诤言

The film was the history of Billi's family decisions. We can see that most of the family members were not around her grandmother throughout the years yet they want to have a major decision about the last of her days.

I feel identified by Billi's emotion because I am currently going through a similar situation that I take care of my grandparents and their child (my mom and aunt) are not in the same country because they live abroad. Yet they think they know what's the best decision in order to take care of them while I am the one taking care of them day by day, taking them to the hospital, helping them when something it's wrong, etc.

We can see how strong the Chinese culture is when taking a decision and how strong the respect it's to elders compared to most westerns cultures (which are the cultures that I know). Because if I had been on the same situation, I'd argue with my parents in order to do what I think is correct no matter what they think. Even if they are older and have more experience I believe that everyone has a valid opinion and can help in taking the right decisions.

译:这部电影是关于碧莉家的决定,我们可以看到,大多数的家庭成员并不在她祖母身边，但他们有一个重要的决定，关于她最后的日子。我对碧莉的情绪感到认同，因为我现在正经历着类似的情况，那就是我照顾我的祖父母，而他们的孩子（我的妈妈和阿姨）不在同一个国家，因为他们住在国外，但他们认为他们知道我每天照顾老人的时候最好的决定是什么，比如白天带他们去医院，有什么不对劲的时候帮助他们，等等。我们可以看到中国文化在做决定时有多么强烈，与大多数西方文化（我知道这些文化）相比，中国文化对长辈的尊重有多么强烈。因为如果我遇到同样的情况，我会和我的父母争论，以便做我认为正确的事情，不管他们怎么想。即使他们年纪大了，经验多了，我相信每个人都有正确的意见，可以帮助他们做出正确的决定。（印尼学生 Chelsie）

The film *The Farewell* offers a loving glimpse into Chinese culture. The film has much to say about the tensions between the individual and the family and between those who leave their country and those who stay behind. Billi, the granddaughter, who arrives in Changchun along with the extended clan, was preparing to say farewell to their adored grandmother who had been diagnosed with a very serious illness (cancer). But as we learn in the film, Chinese families routinely withhold this kind of information, believing that it would break the spirit of their loved ones. To western audiences this situation seems unbelievable as there is practice of individualistic values rather than collectivism. I believe both cultures are right in their own way. Receiving such news might damage the patient at the same time it is within one's rights to know about his health. It's an interesting story.

译：电影为我们提供了对中国文化充满爱的一瞥。这部电影讲述了个人与家庭之间的紧张关系，以及那些离开自己国家的人与那些留在自己国家的人之间的紧张关系。孙女碧莉和大家族一起来到长春，她正准备向他们敬爱的奶奶告别，奶奶被诊断患有非常严重的疾病（癌症）。但正如我们在影片中了解到的，中国家庭通常会隐瞒这种信息，认为这会破坏亲人的精神。在西方观众看来，这种情景似乎令人难以置信，因为个人主义高于集体主义。我相信两种文化都有各自的特点。收到这样的消息可能会影响病人，但同时了解他的健康状况也是一个人的权利。这是一个有意义的故事。（刚果学生 Tetenda）

In my opinion：Western belief as in the United States（Billi who lived in NY）or at least in my country Mexico is："We must tell the truth in that kind of situation." Chinese culture in this movie is "no, you shouldn't say it." What the film implies is the question of why ruin the time that remains with the weight of fear of death. This makes me think a lot about love and family that care about each other's, however I believe that each person should have the opportunity to face their destiny and their own reality.

译：在我看来，在美国（碧莉住在纽约）或至少在我的国家墨西哥，西方的信仰是："在那种情况下，我们必须说实话"。这部电影中的中国文化是"不，你不应该这么说。"这部电影暗示的问题是，为什么要用对死亡的恐惧来毁掉剩下的时间。这让我想到了很多关心彼此的爱情和亲情，但是我相信每个人都应该有机会面对自己的命运和自己的现实。（墨西哥学生马艺）

（三）关于面子及其他

The *Farewell* give us a glance about the Chinese culture and social life . In Chinese culture, they have what they call "mianzi" which means prestige and dignity that a person feels in life situation. In this movie they had to hide Billi her grandma illness to keep her away from the struggle and fear so that their family looks healthy and happy (it's all about mianzi), this movie does not only give a glance about Chinese culture but it takes us in a journey about family, love, laugh, foods, society and so on.

译:电影使我们对中国文化和社会生活有了一个大致的了解。在中国文化中,他们有他们所说的"面子",意思是一个人在生活中感受到的威望和尊严。在这部电影里,他们不得不把碧莉奶奶的病隐瞒起来,让她远离挣扎和恐惧,让他们的家庭看起来健康快乐(这是关于面子的),这部电影不仅让我们看到了中国文化,还带我们走进了一个关于家庭、爱、笑、食物、社会等的旅程。(加纳学生 Norreen)

Chinese culture loves food. In the movie you see a lot of food scenes.

Love and care is depicted through the whole movie. Chinese family have love and care to their loved ones. Protecting their loved one is very important. Even if it means to keep the truth away from them. In the movie, grandmother does not know of her disease and we see this as a tradition.

译:中国文化重视吃,在这部电影里你看到了很多美食场面。爱与关怀贯穿整个电影。中国家庭对亲人有爱和关怀,保护他们所爱的人是非常重要的,即使这意味着对他们隐瞒真相。在电影中,奶奶并不知道自己的病情,我们把这看作一个传统。(津巴布韦学生凯瑟琳)

（四）关于价值观

In my opinion，it's a heartwarming story that is told from 2 perspectives the Chinese and about the American so it shows some cultural clash. I personally commend the movie for not painting whose right or wrong allowing us viewers to have our own opinions. Billi being a woman who experienced both worlds in terms of culture comes back home learning that her grandmother has a terminal illness and the family is withholding that information which is the twist in this movie. There's 2 sides to this：telling the truth or not telling the truth. Telling the truth will affect the person in character breaking her down. We all know that usually，soon after being told about fatal illnesses we tend not to react well and this takes away our freedom and joy，it's not easy living life when you know that you're going to depart. So on that note I understand why the family decided not to share that information. However telling the truth，which is painful will allow grandmother to address whichever issues she has to address before she departs. In the western culture it is utter taboo to withhold such information. In conclusion people are different hence the difference in appearance，race and cultures although we are all one as the human race；those differences are very visible and can hardly be changed so there's no right or wrong. We learn our differences everyday. It is a genuinely unique movie，heartbreaking and comical at the same time.

译：在我看来，这是一个温馨的故事，是从两个角度讲述中国和美国，所以它展现了一些文化冲突。我个人称赞这部电影没有简单区分对错，让我们观众有自己的看法。碧莉是一个在文化方面经历了两个世界的女人，回家后得知她的奶奶患了绝症，家人隐瞒了这个信息，这是这部电影的转折点。这有两个方面：说真话还是不说真话。说真话会影响病中的人使她崩溃。我们都知道，通常一旦被告知患上致命疾病，我们往往反应过激，这剥夺了我们的自由和快乐，当你知道自己将要离开时，生活并不容易。所以我明白为什么这个家庭决定不分享这些信息。然而，说真话，尽管它是痛苦的，但将使奶奶解决任何她必须在离开之前解决的问题。在西方文化中，隐瞒这些信息是绝对的禁忌。总而言之，人是不同的，因此在外貌、种族和文化上存在差异，尽管我们都是一个人，但这些差异是非常明显的，很难改变，所以没有对错。我们每天都在学习我们的差异。这是一部真正独特的电影，令人笑中带泪。（坦桑尼亚学生向阳）

I understand that a chronic or terminal illness can change the life not only of the patient but also of their relatives and loved ones. According to my previous experience, telling the truth to the patient, although it is a complicated decision, allows the patient to fix situations before leaving. It also allows you to make decisions about your treatment and whether or not you want to continue with it to prolong your life. On the other hand, I know elderly people who have not visited a doctor for years because they prefer not to know which diseases they may have contracted and that has allowed them to feel more calm, so even if the family does not agree with their positions, they must respect their decision even if that means prolonging life or not.

I believe that patients must have freedom over his life and as much as it hurts in the family, we must respect the decisions they make. Also this type of illness can generate a positive impact since families tend to reinforce their emotional ties to help the patients cope with the illness and when it is time to let them go, grief is usually easier to cope with since normally people can say goodbye. I think that in this type of decision we cannot judge whether it is correct or not since it depends entirely on the cultural and emotional issues around the family and the patients, it is not only an ethical or moral question. In the end, the best thing is to have an accurate communication with our loved ones regarding death and health issues to know the position of each one, which could help make better decisions in the future.

译:我知道慢性病或绝症不仅会改变病人的生活,还会改变他们的亲人和爱人的生活。根据我以前的经验,告诉病人真相,虽然是一个复杂的决定,但可以让病人在离开前解决他需要解决的问题,还可以让他决定治疗方案以及是否要继续治疗来延长生命。另一方面,我知道很多年没有去看医生的老年人,因为他们不想知道自己可能感染了什么疾病,这让他们感到更加平静,所以即使家人不同意他们的立场,也必须尊重他们的决定,即使这意味着是否能够延长生命。我相信病人就算痛苦也必须对自己的生活有自由,我们必须尊重他们所做的决定。此外,这种类型的疾病也会产生积极的影响,因为家庭往往会加强他们的情感联系,以帮助患者应对疾病,当是时候让他们走了,悲伤相对更容易应付,因为通常人们可以坦然说 goodbye。我认为,在这种类型的决定中,我们无法判断它是否正确,因为它完全取决于家庭和患者周围的文化和情感问题,这不仅仅是一个伦理或道德问题。最后,最好的办法是与我们所爱的人就死亡和健

康问题进行准确的沟通，了解每一个人的立场，这有助于将来做出更好的决定。（墨西哥学生丹尼尔）

影片的主题包含非常严肃的中美文化冲突，但影片并没有以剧烈的冲突来表达差异，所有人对于临终病人关于病情是否有知情权的观点，都隐含在他们日常的对白和表情里，没有夸张的眼泪，没有激烈的争吵。而影片的另一个主题——爱，也同样隐忍而克制，要不要告诉老人实情的选择其实是东西方不同的爱的表达方式。代表西方文化的"这（瞒着老人）在美国是违法的"和代表东方文化的"不告诉她就是在担心她情绪崩溃"，都是爱的表达。从小移民美国的碧莉在跟亲人的相处中完成对于自身的内心探索和身份认同，她既没有坚持"告诉奶奶才是对的"，也不能认同"大家陪着奶奶演戏"。而她最后愿意撒一个善意的谎言是因为梦到爷爷在窗边抽烟，睁开眼睛窗外有青烟散去，平常得如同每一个清晨。影片最让人感动的，除了含蓄的美感，就是那些亲切的日常：奶奶早起拉着孙女练习气功，订酒席时为了点螃蟹还是龙虾讨价还价，老人们急吼吼地给孩子们介绍对象，祭拜祖先的时候把供奉的点心带回去吃掉。生与死的界限被刻意淡化，中国人来自孔子的向死而生的价值观是将死作为生的尾声而呈现的。

/ 结束语
国际生笔下的中国、杭州和浙江工商大学

《中国国庆》

中国是一个伟大的国家,2019 年是中华人民共和国成立 70 周年,北京的大阅兵太壮观了,中国的军人整齐而有朝气,每一个人脸上的表情都是骄傲而幸福的。在中国你几乎可以吃到全世界的美食,但我最爱中国的食物,尤其是火锅,它们很神奇又很美味。中国的城市交通也很发达,高铁的速度令人不可思议。中国人非常聪明,他们发明了手机支付,非常方便。因为有了手机银行,在中国我没有看见过小偷、抢劫犯,夜晚 24 小时营业的餐厅、便利店随处可见,这里发达并且安全。而且每一个人都非常友好,他们热情好客。中国有很多美丽的城市和乡村,在这里我看见过美丽的风景。听我的朋友讲:中国是一个有着 5000 多年文化历史的国家。天哪!一个 5000 多年的古老国度,经历了兴衰与蜕变,还有更多的中国之旅等待着我,我爱中国。

中华人民共和国的历史并不长,但她发展很快,我来中国已经有四年了,在这里度过的每一天都有新发现,新感觉,新体验。

我眼中的中国,生活越来越便利,从第一次坐中国高铁,第一次骑共

享单车,第一次用微信和支付宝扫码支付,到现在的刷脸支付,从日常生活中就可以感受到中国科技的发展进步。

中国是一个历史悠久的文明古国,我去过万里长城,经过居庸关花海,也看过秦始皇兵马俑,穿过汉服,领略过《诗经》的唯美,品味过唐诗宋词的韵味,也了解到了傣族、回族、维吾尔族等少数民族的文化。

(塔吉克斯坦学生月亮)

《一个俄罗斯人眼中的中国》

来中国以前我浏览了很多网站,读了上百篇文章。上千年的中国历史、中国文化,包括中国哲学和学说都让我着迷。我了解到的所有一切激励着我一定要去中国!我的父母对我的决定感到有点惊讶,但是他们还是很支持我,对此我非常感激。然后全家人一起考虑我应该去哪个城市。当然,我们首先考虑的是北京、上海、广州。但经过一番思考,我们得出的结论是,在这些大城市生活的人太多了。毕竟中国不像世界其他国家,中国是特别的。从语言到文化,所有的一切在这个国家都是独一无二的。

我是一个非常年轻的女孩,从未自己独立生活过。所以我决定先从一个不是很大的城市来了解这个有趣的国家。于我而言,在这样的城市里开始独立的生活、学习语言比较容易,然后再去更大的城市。阳光、大海、有趣的自然环境、漫长的夏天深深吸引了我,所以我选择海口作为我中国之旅的第一站。

我在海南海口读了两年书。我非常喜欢海口这个城市,但是在某种程度上,我明白,想要真正了解这个国家,只在海口生活显然是不够的。这里的人们热情友好,文化氛围浓厚,但是文化历史古迹不够多。因此,在中国学习的第二年,我开始了新的探索。这次我不仅可以在互联网上搜索信息,还可以与在不同城市学习的人进行交流。听了他们的讲述后,我选择了几个城市作为自己的旅行目的地。我的旅行计划很快就实现了。到 11 月底我已经去过北京、广州、沈阳和三亚。冬天的时候我去了上海,并且还去我杭州的朋友家里做客。我先飞去杭州找我的朋友,过两天后我们再一起去另一个城市。

我读了关于杭州这个城市的书,看了电影,但是还是觉得没有找到我想要的东西,我觉得我应该亲自去走一走,看一看新鲜的东西。我在杭州找到了自己,我觉得这就是我的归属地,这里有我的人生之路。我无时无刻不在想着这个美好的地方,甚至当我到达上海的时候我还在想着杭州——美丽的风景、悠闲的生活。我如此钟爱这座城市,毫不迟疑地,我想在这里学习。

在杭州我找到了我梦中的、在书上读到的、在电影里见到的那个历史悠久文化深厚的中国。在这里我找到了中国式的和谐安宁。闭上眼睛,我仿佛看见自己站在以中国诗人白居易命名的堤坝上,目光穿过柳树,看到水平如镜的西湖,我可以想象到湖底玉龙和金凤凰的传说。在桥上,我看到一条白蛇和她爱人的剪影。杭州,这座城市实现了我的梦想,在这里我遇见了中国,那个在夜晚梦中见到的中国。

我非常希望能在这个城市生活和学习。我带着极大的好奇心,想要了解这座城市曾经的传奇和背后的故事,我享受这里的每一个日落与清晨,并期待着更加深入地了解中国文化。

(俄罗斯学生丽雅)

《我为泰中友谊鼓与呼》

2018 年 9 月底我获得孔子学院奖学金,有机会到浙江工商大学求学。我兴高采烈地告诉朋友们我要去中国留学这个消息时，他们都为我感到高兴。由于当时我从未去过中国，朋友都提醒我要注意许多事情。听了他们的话后，我开始担心得每天晚上睡不着觉。

到了中国以后，我发现之前的担忧都是杞人忧天。在中国认识的每一个朋友都非常善良，如果我在学习或生活上遇到什么问题，他们都二话不说地来帮助我，他们让我对中国的认识逐渐深刻起来。

我以前就听说中国人重视家庭，讲礼节。来到中国以后，我亲身感受到了中国人的这些特点，也非常同意这样的说法。我常常看到中国人对自己的家人很体贴，男士会细心照顾自己的孩子，孝敬自己的父母。中国的老年人也会互相关照，他们会牵着手过马路、一起跳舞、打麻将等。我觉得中国的老年人都很幸福。中国人还特别能吃苦，不像泰国人喜好安逸。在学校里，我常常看到很多学生在努力学习，这样的情景使我更想勤奋学习汉语。

中国人的爱国情结特别打动我。无论他们走到哪里，都不会忘本，都会为自己的祖国感到骄傲。记得老师在课堂上说过，居住在外国的中国人，也就是所谓的华侨，对中国的投资是世界上最高的，远远超过了其他国家的人对中国的投资。除此之外，无论中国人身在何方，他们都永远牢记自己是中国人，让自己的子女学好中文。我出生于泰国华侨家庭，爸爸妈妈为了让我不忘记自己是中国人的后代，常常在家里说中文。每个星期我还会陪妈妈去佛堂，在那里学习汉语。可惜我的汉语水平一直没有得到提高，因此我下了很大的决心辞职来中国学习汉语。因为我想用流利的汉语和爸爸妈妈交流。

我很喜欢中国，对我来说，学习汉语和理解中国文化是最重要的。这次留学的经历改变了我的生活，让我学会了很多新知识。中国和泰国长期友好,作为一个泰国公民,我一直受益于两国的长期合作,也希望通过自己的学习,致力于促进我们两国之间经济文化的发展。我相信教育和有效的沟通是成功的关键,因此我将用我的学习成果来促进中国和泰国之间的合作,为双方的经济发展贡献一份自己的力量。

（泰国学生顺成）

《初到中国》

中国是一个与众不同的国家,和其他国家都不一样,它有着独有的特点。第一次来中国的时候,离开天津机场,坐上出租车,当出租车慢慢驶向市中心之时,我感受到了浓浓的文化差异。在中国,比比皆是的高楼大厦映入眼帘,这和也门是完全不一样的,也门没有高楼,只有小平房。中国的高楼大厦建得井然有序,雄伟浑厚,十分气派。尤其到了晚上,这些高楼大厦伴随着不停闪烁的霓虹灯,充分展现了这个国家的繁华。

其次是中国商店的营业时间与也门也存在差异。在中国,除去一些24小时营业的便利商店,绝大部分商店都会在晚上十点左右陆陆续续关门,然而在也门的一些海岸地区,很多商店会营业到凌晨。

接下来不得不提到的就是食物方面的差异,中国的美食有很多,酸的、甜的、辣的,种类繁多。但在中国的食物中,香料的使用不是很普遍,这和也门不一样,也门什么食物都会添加很多香料烹饪,而且偏辣。所以刚到中国,我不是很能接受中国的饮食口味,但随着在中国待的时间越来越久,我也开始慢慢爱上中国食物了。

除此之外,与也门不同的是,中国有很多节假日,比如端午节、国庆节、劳动节等一系列的节日,这些节日都会放假休息。来了中国后,我也入乡随俗,体验了一番中国的节日,都是非常有意思的,比如在端午节的时候吃粽子、划龙舟等，十分开心。

最后想说说中国人和也门人在穿着方面的差异。在也门，女性基本都会带黑色头巾，大多带着黑色面纱，但在中国，女性是不会带黑色头巾与面纱的，这就是中国与也门不同的文化差异造成的吧。

中国是一个十分有意思的国家，我在这里体验到了全新的生活，我想我已经深深地爱上了中国！

（也门学生奥马）

《百闻不如一见》

百闻不如一见，我从小就爱学中文，想去中国各地旅游。成为大学生后，我终于在中国开始了留学生活，也开始了在中国的旅游。

我先去了内蒙古，10月份去的时候，那里沙漠的天气比较暖和，不过温差很大，夜晚很冷。晚上我在沙漠里睡觉的时候感觉特别冷。但是夜晚的时候我们一边喝酒一边跳舞，玩得特别开心，忘记了寒冷。在那里我见到了中国的沙海，也见到了闪闪烁烁的星辰。我体验到了中国国土的辽阔和自然风光的美丽。

然后我去了上海，上海是中国经济发展的中心之一。上海旅游景点也很多，外滩夜景、豫园、大韩民国临时政府旧址等都是值得去看一看的地方。当然北京也是，北京是名副其实的中国首都，北京有许多看点。我在这两个城市看到了中国大城市的样子。

我还在西安待了几天，游览了兵马俑、西安钟楼、西安城墙等景点。古城西安以历史悠久闻名于世，也是中国中西部最大的城市。去西安的经历使我了解了中国的历史。

此外，我在哈尔滨感受到了中国的寒冷，在大连看到了中国的大海，在青岛尝到了中国的啤酒。其实旅游的时候最让我印象深刻的是中国人的生活方式。中国很大，方言很多。旅游中我听到了各地的方言。中国人大部分都爱喝茶，甚至在餐厅也要给顾客倒一杯茶。因为韩国人一般在餐厅不喝茶，喝冷水，所以我第一次来中国的时候有点吃惊。但是现在已经习惯了。我们韩国留学生常常聚在一起喝茶。中国的手机结算也很方便。似乎没有支付宝人们就一天都生活不下去。我喜欢这里的生活，有那么多好吃的菜、好玩儿的地方和热情的人们。

今年是中华人民共和国成立 70 周年，住在杭州的我在国庆节的时候去了西湖。国庆节时候的西湖人山人海。我也跟中国人一起祝贺了中华人民共和国成立 70 周年。谢谢中国给我留下了美好的回忆。

（韩国学生允智）

《祝福中国》

我在中国已经三年了。我 16 岁的时候就来到中国，为什么在这样一个年轻的年龄决定来中国学习？因为我从小对中国很感兴趣。这一切都是从我父亲开始的。那时他经常去中国，当他回来的时候，他告诉我关于中国的有趣的事情，并带回来很多好玩儿的玩具。我对中国的兴趣慢慢地增长。2016 年当我到达中国时，我发现中国不像我想象的那样，中国原来是一个非常发达的国家。许多中国人对外国人都非常有礼貌，随时会帮助你。例如：有一次我从秦皇岛到北京转机回国，我带着一个非常沉重的行李箱，但在火车上，一个中国男人决定帮我把行李箱送到机场，虽然他的目的地在别的地方。我们到机场后，他给我他的名片，说如果需要帮助就找他。那一刻我很感动，觉得中国人真的很热情。

还有，中国是一个非常干净和重视环保的绿色国家。说实话，因为中国人口众多,我以为在中国会有肮脏的环境,但实际上的情况恰恰相反。我很高兴中国通过绿化项目为全球环境保护进程做出了决定性的贡献。这对全世界有好处!

"一带一路"有利于促进世界和平发展,我觉得是一项伟大事业。我非常喜欢旅游,特别想到"一带一路"沿线各国去看看。我毕业以后想为"一带一路"建设做点什么,尽我自己的一份力量。总之,我意识到我喜欢留在中国,我想与中国一起发展、进步。我眼中的中国是一个非常伟大的国家,前途无量。祝福中国。

(哈萨克斯坦学生天丽)

《遇见》

我是一名来自英国的留学生。在中国的传统文化里,"缘分"这个词,有着特殊的含义。我与浙江的相遇,就像是命中注定的缘分。我的妻子是一名浙江姑娘,我和她在杭州相遇,这是一座历史文化名城,也是一座浪漫之都,这里诞生了许多经典的爱情故事。

《白蛇传》是中国古典四大民间故事之一,描述的是一个修炼成人形的蛇精白娘子与许仙之间曲折的爱情故事,他们在断桥邂逅,在西湖一见钟情。《白蛇传》这个故事流传至今并享誉海外。在万松书院的毓秀阁,梁山伯与祝英台同窗三年,心心相印。如今,这座城市也见证着我的爱情,我感到无比幸福。

这是一座经济快速发展、科创产业密集的现代化城市,很多知名的互联网企业诞生于此,比如阿里巴巴和网易。移动互联产业从这里改变了中国,在这里,只要一部手机,几乎可以解决你日常生活中遇到的一切问题。与西湖隔江相望的钱江新城,是 G20 杭州峰会的主办地,如今正以

"浙江速度"飞速发展,迎接 2022 年的亚运盛会。

　　这是一座人文底蕴深厚的美食之城,走在河坊街,能体味到这座城市的悠闲。逛集市、买东西,有琳琅满目的泥人挂件与香气四溢的各色美食。这也是一座开放包容、注重教育的城市,一共有 44 所大学云集于此,我就读于浙江工商大学国际学院。我们的校园就像这座城市一样美丽,墨湖边的垂柳、出蓝园中的青草常常让我驻足,无论是在校内还是校外,这里的人对我们留学生都非常热情、友好。

　　与浙江结缘 7 年,我遇见了杭州,遇见了爱情,遇见了幸福。我爱杭州,我爱浙江。

(英国学生沈一久)

/ 参考文献

［1］陈登原.中国文化史（上）［M］.北京：商务印书馆，2014.

［2］关世杰.中华文化国际影响力调查研究［M］.北京：北京大学出版社，2016.

［3］岑红，周棉.留学生与中外文化交流［M］.南京：南京大学出版社，2020.

［4］塞缪尔·亨廷顿.文明的冲突与世界秩序的重建［M］.周琪，译.北京：新华出版社，2010.

［5］郭树勇.文化国际主义：新型国际治理的逻辑［M］.上海：上海人民出版社，2019.

［6］费孝通.中华民族的多元一体格局［J］.北京大学学报（哲学社会科学版），1989（4）：1-19.

［7］费孝通.乡土中国·生育制度［M］.北京：北京大学出版社，1998.

［8］王晓华.儒家实践智慧说［M］.杭州：浙江工商大学出版社，2017.

［9］刘萍.论汉语委婉语的语义衍生途径［J］.修辞学习，2001（5）：4-5.

［10］魏晓阳.中日委婉表达方式比较［J］.日语学习与研究，2002（1）：44-49.

［11］彭文钊.委婉语——社会文化域的语言映射［J］.外国语（上海外国

语学院学报),1999(1):66-71.

[12] 冯洁.论"集体主义"概念在近代中国发展的历史脉络和内在逻辑[J].理论月刊,2012(9):137-142.

[13] 吴祖鲲,王慧姝.文化视域下宗族社会功能的反思[J].中国人民大学学报,2014(3):132-139.

[14] 邢家伟.文化定型和认知再植[J].社会科学辑刊,2011(2):46-48.

[15] 刘萍.论汉语委婉语的语义衍生途径[J].修辞学习,2001(5):4-5.

[16] 魏晓阳.中日委婉表达方式比较[J].日语学习与研究,2002(1):44-49.

[17] 彭文钊.委婉语——社会文化域的语言映射[J].外国语(上海外国语学院学报),1999(1):66-71.

[18] 朱碧波.论中华民族共同体的多维建构[J].青海民族大学学报(社会科学版),2016(1):26-32.

[19] 韩震.论国家认同、民族认同及文化认同——一种基于历史哲学的分析与思考[J].北京师范大学学报(社会科学版),2010(1):106-113.

[20] 何星亮.中华民族文化的多样性、同一性与互补性[J].思想战线,2010(1):9-13,112.

[21] 张颖.阅读中国:论克里斯蒂娃《中国妇女》的文本张力[J].上海大学学报(社会科学版),2016,33(2):93-101.

[22] 潘娜娜.十九世纪西方人眼中的中国女性形象解读[J].福建师范大学学报(哲学社会科学版),2013(2):87-89.

[23] 罗迪.国际调查:中国青年注重形象[J].小康,2007(5):74-75.

[24] 王晓焘.青年媒体形象的特征与变迁——基于《中国青年》杂志的内容分析(1980—2009)[J].中国青年研究,2011(4):54-60.

[25] 范晓玲.乌克兰国民心目中的中国形象调查研究[J].新疆大学学报

（哲学·人文社会科学版），2014,42（5）:93-99.

[26] 徐科.网络媒体报道"90后"形象的特色——以《中国新闻网》《中国青年在线》《新华网》为例[J].山东青年政治学院学报,2011,27（4）:38-41.

[27] 王宇航,宋成方.当代中国青年国际形象的媒体建构——基于"七国集团"主要媒体2009—2016年网络报道的实证分析[J].南京社会科学,2017（05）:103-110.

[28] 许纪霖.重建知识与人格的立足点——徐复观的知识分子论[J].学术月刊,2003（8）:97-104.

[29] 姜向群.中国传统尊老文化的社会成因及特点评析[J].东南大学学报（哲学社会科学版）,2003（6）:34-38.

[30] 王海燕.中西方养老文化差异及其启示[J].中共山西省委党校学报,2014,37（1）:100-102.

/ 后　记

　　随着综合国力的不断提升和开放力度的不断加大,中国已成为世界上最受欢迎的留学目的国之一。浙江作为中国的东部强省,地理位置优越,发展势头强劲,是国际生来华最偏爱的地区之一。国际生人数的增加为浙江省高等教育国际化注入了动力,要开展高效规范的国际生教育,培养更多“知华友华”的国际人才,首先应当了解国际生心中的中国和中国人。国际生是观察者,中国、中国人、中国文化是被观察者,国际生心中的中国形象是观察结果,在观察与被观察中中国形象被不断建构、再建构。如何在中国文化的宣传和国家形象的建构中达到扬长避短、减少误读的目的,了解国际生的真实想法是极为重要的。

　　浙江工商大学秉持“建设立足浙江,服务国家,贡献人类的卓越大学”的办学目标,每年都会吸引来自 40 多个国家和地区的国际生就读于学校经济、会计、旅游、工商管理、电子商务等十几个本科专业。从 2014 年开始,国际教育学院王晓华老师领衔的教学团队在担任全校全外文授课国际生“Outlines of China”课程教学的同时,搜集了近千篇国际生基于中国概况课程的论文。这些论文及基于教学活动而开展的相关调研、讨论活动为了解国际生眼中的中国提供了真实的研究材料,从中外国人眼中的中国人、中国智慧、中国习俗、中国生活以及新时期的中国可见一斑,并构成了本书的主体内容。

　　本书是王晓华老师主持的教育部人文社会科学研究规划基金项目《人类命运共同体构建中的中国文化镜像研究——基于 3 年千名国际学历生研究论文数据分析》(项目批准号 18YJAZH093)的研究成果,也是 2020 年度浙江省线下一流国际化课程的教研成果。由王晓华老师策划、总撰并统稿,王晓华、王晓慧、吴雅云三位浙江工商大学国际教育学院专任教师共同撰稿,具体分工为:

　　王晓华撰写绪论,第一章第一节、第三节,第二章第一节、第五节,第三章第一节、第三节,第四章第一节,第六章第三节、第四节;

　　王晓慧撰写第一章第四节,第二章第二节,第四章第二节、第三节、第四节,第五章第二节、第三节;

　　吴雅云撰写第一章第二节,第二章第三节、第四节,第三章第二节,第五章第一节,第六章第一节、第二节和后记。

　　本书从国情、文化、哲学、民俗、生活、就业等方面展示了外国人眼中的中国形象。它既可作为中国人了解外国人想法的一个窗口,也可用于纠正某些外国人关于中国文化的误读。当然,囿于时间和样本的限制,本书仍有诸多不足之处,作者也将在未来的教学和研究中不断改进、充实和完善。欢迎方家批评指正。

作者
2021 年春于杭州西溪我心小庐